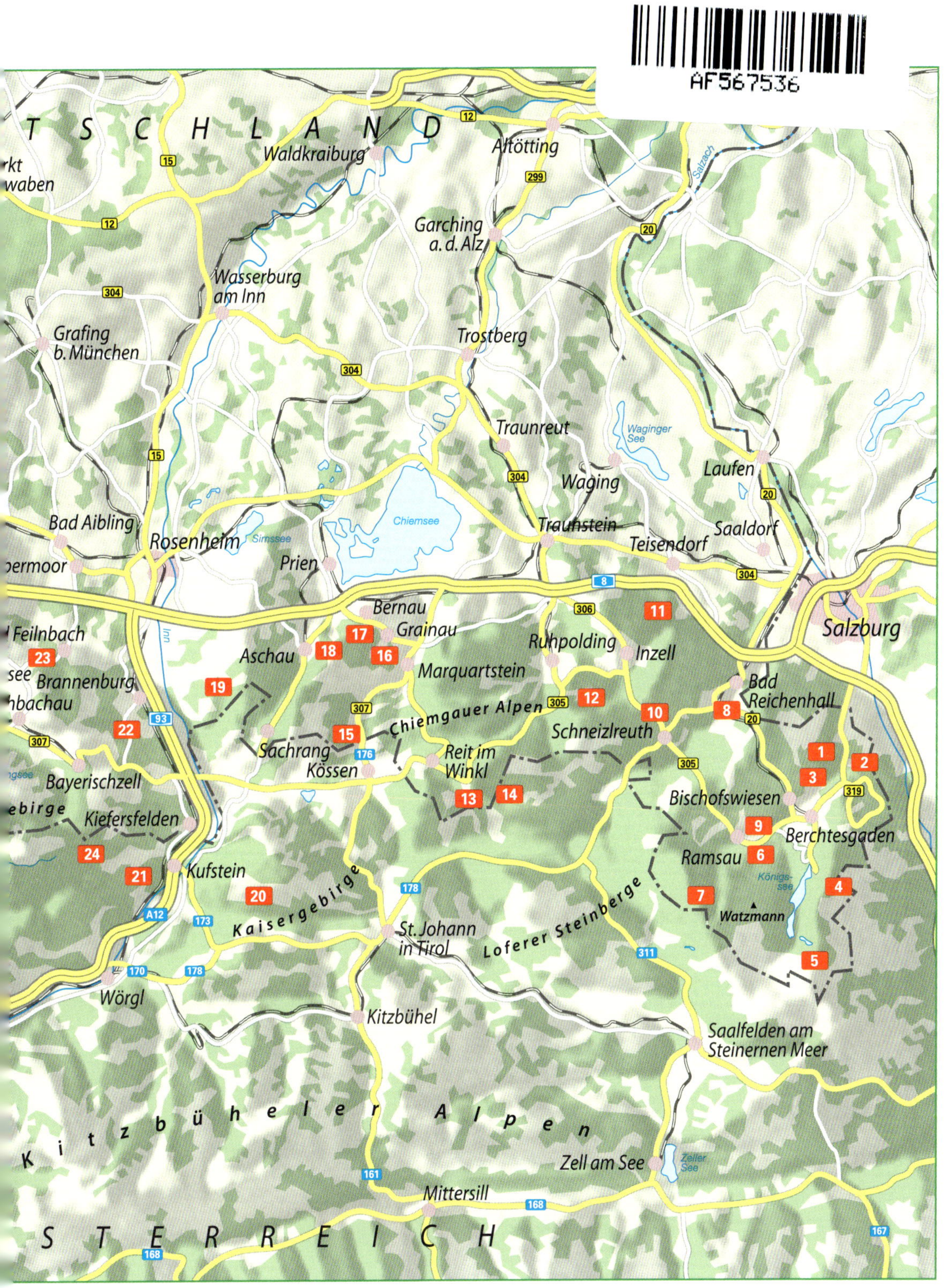

D E U T S C H L A N D
Waldkraiburg
Altötting
Garching a. d. Alz
Wasserburg am Inn
Grafing b. München
Trostberg
Traunreut
Waginger See
Laufen
Waging
Chiemsee
Bad Aibling
Rosenheim
Simssee
Prien
Traunstein
Teisendorf
Saaldorf
Salzburg
Bernau
Grainau
Ruhpolding
Inzell
Feilbach
Aschau
Marquartstein
Brannenburg
Bad Reichenhall
Chiemgauer Alpen
Schneizlreuth
Sachrang
Kössen
Reit im Winkl
Bayerischzell
Bischofswiesen
Kiefersfelden
Berchtesgaden
Ramsau
Kufstein
Königssee
Watzmann
Kaisergebirge
St. Johann in Tirol
Loferer Steinberge
Wörgl
Kitzbühel
Saalfelden am Steinernen Meer
Kitzbüheler Alpen
Zell am See
Zeller See
Mittersill
Ö S T E R R E I C H
Salzach
Inn

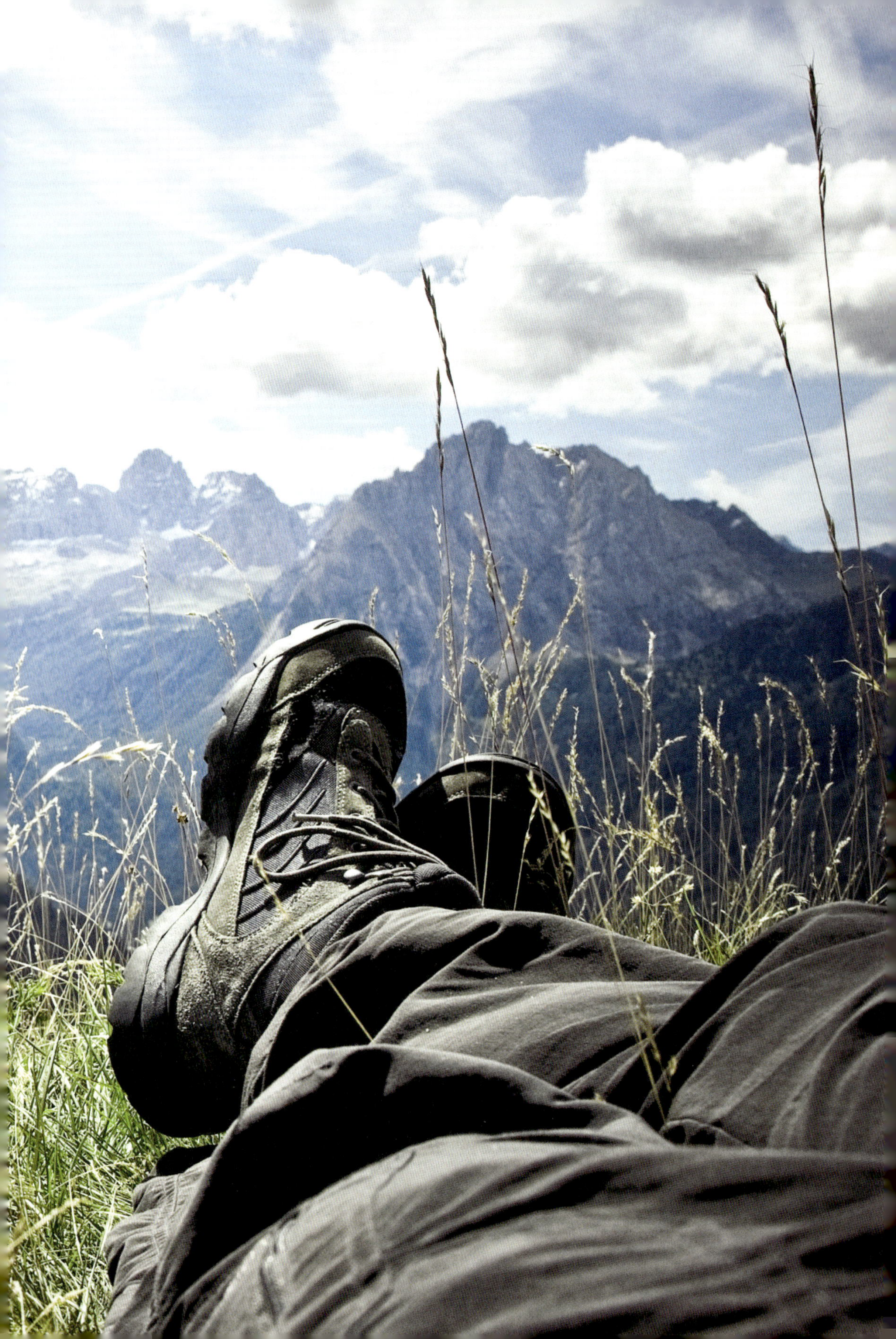

Simon Auer

50 entspannte Wandertouren in den Bayerischen Alpen

Bassermann

ISBN 978-3-8094-4186-1

2. Auflage 2023

Die Originalausgabe erschien unter dem Titel *Wandern für Faulpelze.*

Projektleitung: Dr. Iris Hahner
Umschlaggestaltung: Atelier Versen, Bad Aibling
Kartographie: Heike Boschmann, München
Satz: Britta Dieterle, Berlin
Herstellung: Elke Cramer

Bildnachweis: istockphoto: S.4 (gioadventures); Peter Dinter: S. 96; Siegfried Garnweidner: S. 72; Georg Jung: S. 86, 100/101, 110, 116, 128, 132, 134/135, 140, 142, 142/143; Stefan Herbke: S. 13 o., 15, 20, 22, 28, 70, 80, 112, 114, 155; Karl-Heinz Modlmeier: S. 88, 91; Wolfgang Rauschel: S. 44/45, 65, 68/69, 108/109, 148; Andreas Strauß: S. 13 u. (2), 14, 16, 18/19, 24, 30, 32, 34, 37, 48, 51, 56, 59, 62, 64, 66, 76/77, 78, 92, 93, 120/121, 122, 126; Ingrid Thullner: S. 50; alle übrigen Fotos von Simon Auer

S. 18/19: Die Halsalm auf der Südseite der Reiter Alm
S. 44/45: Schloss Hohenaschau am Eingang ins Priental
S. 68/69: Das Kufsteiner Haus hoch über dem Inntal
S. 76/77: Blick vom Fockenstein auf den Tegernsee
S. 100/101: Am idyllischen Walchensee
S. 120/121: Rastplatz mit Panoramablick (von links): Wettersteinwand, Alpspitze, Zugspitze und Waxensteine
S. 134/135: Blick über Schloss Neuschwanstein auf die Ostallgäuer Seenplatte

Penguin Random House Verlagsgruppe FSC® N001967

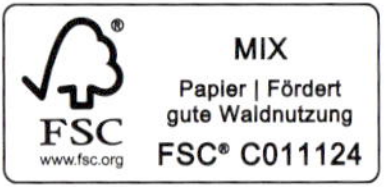

Druck und Bindung: Mohn Media Mohndruck GmbH; Gütersloh

Printed in Germany

67433770317

INHALT

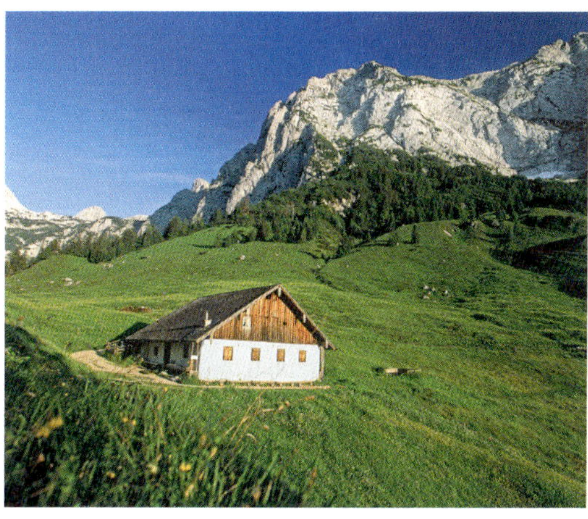
Die Halsalm auf der Südseite der Reiteralm

INHALT

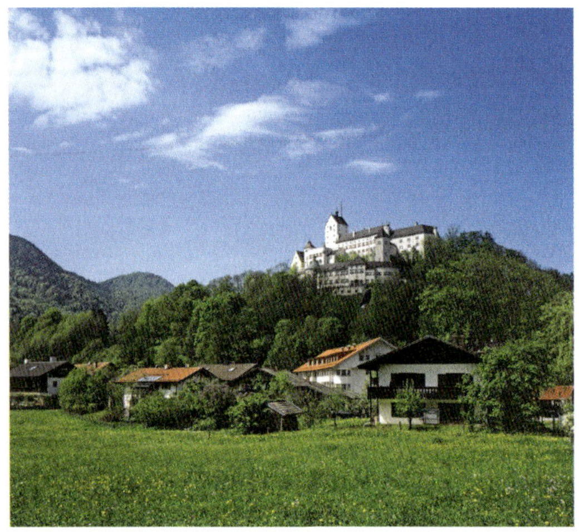

Schloss Hohenaschau am Eingang ins Priental

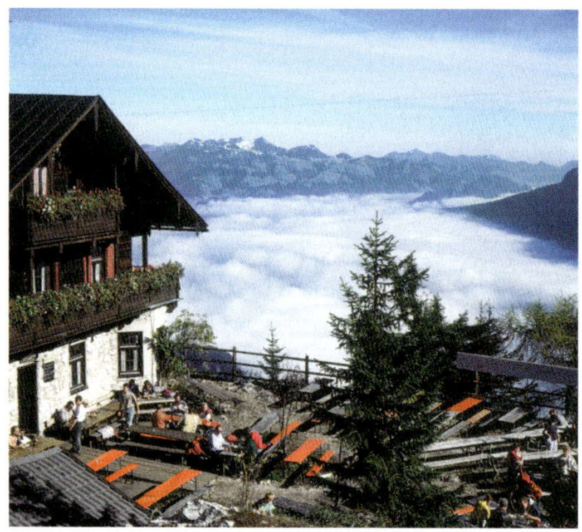

Das Kufsteiner Haus hoch über dem Inntal

LINKS UND RECHTS DES INNTALS

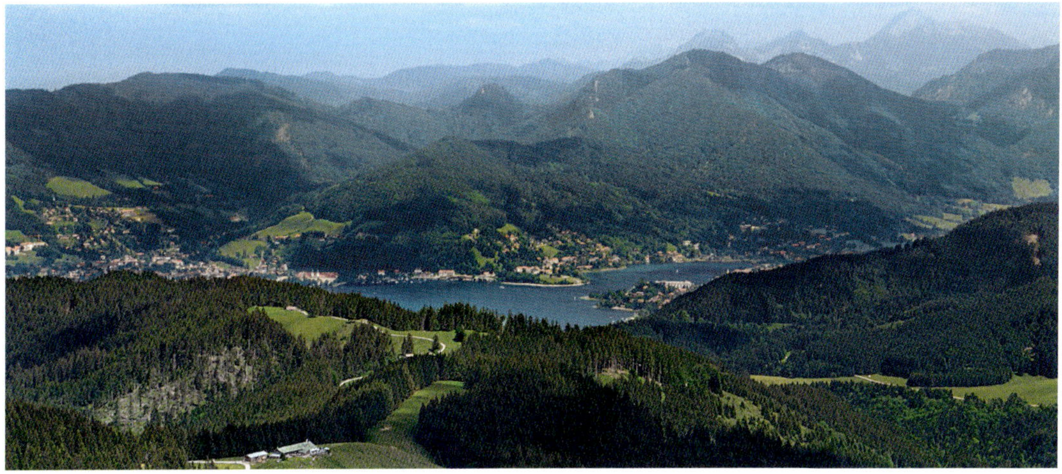

Blick vom Fockenstein auf den Tegernsee

TEGERNSEER UND SCHLIERSEER BERGE

INHALT

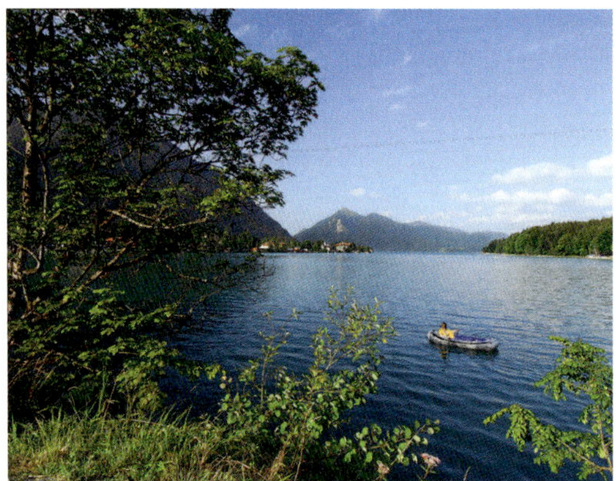

Am idyllischen Walchensee

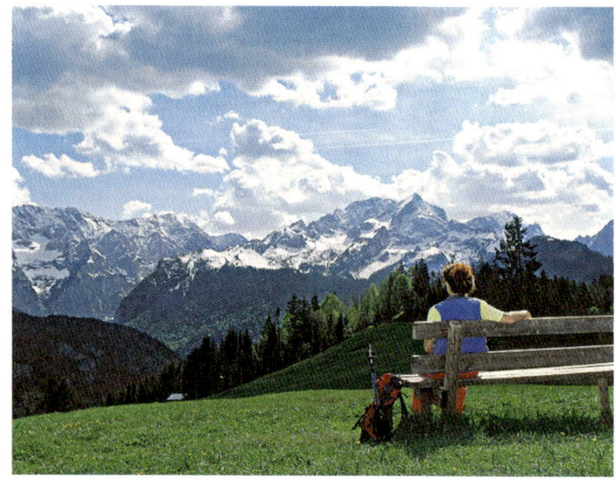

Rastplatz mit Panoramablick (von links): Wettersteinwand, Alpspitze, Zugspitze und Waxensteine

ISARWINKEL

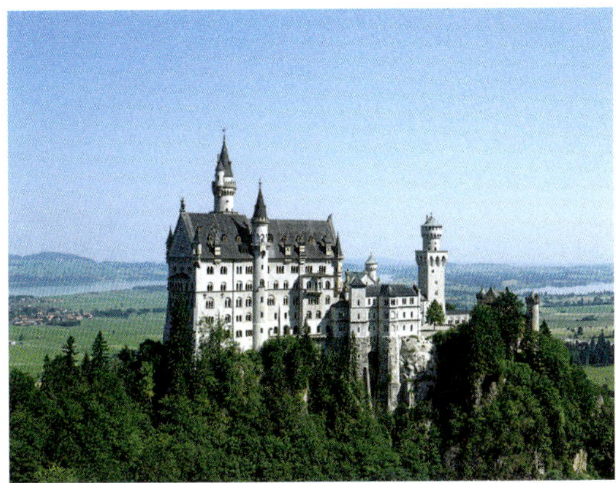

Blick über Schloss Neuschwanstein auf die Ostallgäuer Seenplatte

ALPENVORLAND UND WETTERSTEIN

AMMERGAUER ALPEN

ANHANG

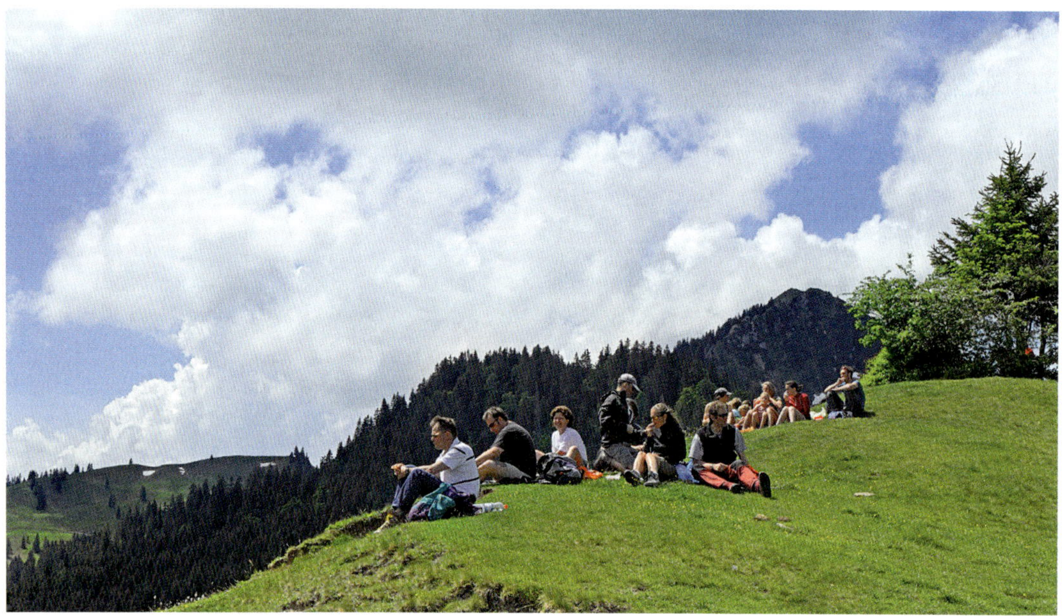

Rast bei der Aueralm

Gipfel ade!

Nicht dass ich Ihnen empfehlen will, die Gipfel nur noch von unten anzuschauen. Ganz sicher nicht, aber sie sollten auch nicht unser vorrangiges Ziel sein – nicht in diesem Wanderbuch! Wandern ist Bewegung und nicht das Bezwingen von Höhenmetern. Ein klarer Blick vom Gipfel zu imaginären Eisriesen in den Zentralalpen – das ist recht schön.

Aber Hand aufs Herz:

Sie stehen bei einem Gipfelkreuz und rundum erhebt sich das Gipfelmeer – können Sie wirklich die unzähligen Erhebungen auseinanderhalten, sie benennen? Außerdem ist es an den heißen Tagen eh zu diesig, der Fernblick nur eine Fata Morgana. Ist auch nicht so wichtig! Lassen Sie sich Zeit, konzentrieren Sie sich auf das Naheliegende. Genießen Sie die Natur, eine kleine kulturelle Nuance am Weg, die Einkehr in Alm oder Hütte – Ein kleines kulturelles Highlight!
Und wenn ein Gipfel dabei sein sollte? Auch recht! Wir bieten auch hier ein paar Aussichtsberge an. Leicht erreichbare natürlich! Denn dies ist ein Wanderbuch für gemütliche und entspannte Menschen. Auch „Faulpelze" wollen sich bewegen, aber in Maßen. Daher sind alle Touren so ausgewählt, dass der Genuss überwiegt!

Außerdem versprechen wir Ihnen:

Keine Tour dauert länger als zwei bis drei Stunden Gehzeit bergauf, keine Tour weist eine größere Höhendifferenz als 500 Meter im Anstieg auf! Bergab darf es schon ein bisschen mehr sein! Da können Sie die Brotzeit oder den Kaiserschmarrn auf einer gemütlichen Alm oder

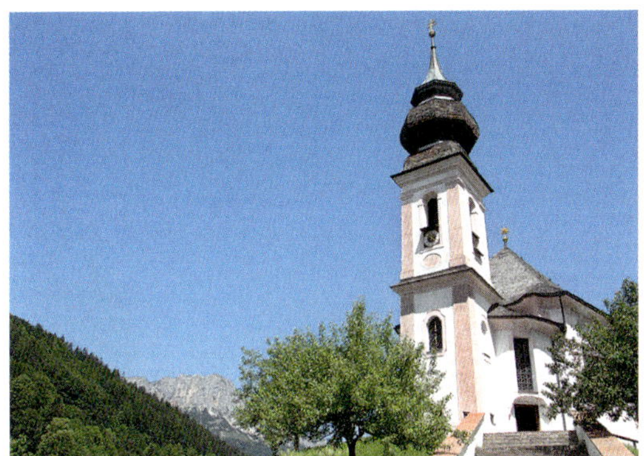

Die Wallfahrtskirche Maria Gern

Hütte sofort genießen und müssen nicht erst nach Luft schnappen, wenn Sie ankommen. Und jede Wanderung wurde so ausgewählt, dass mindestens eine Einkehrmöglichkeit am

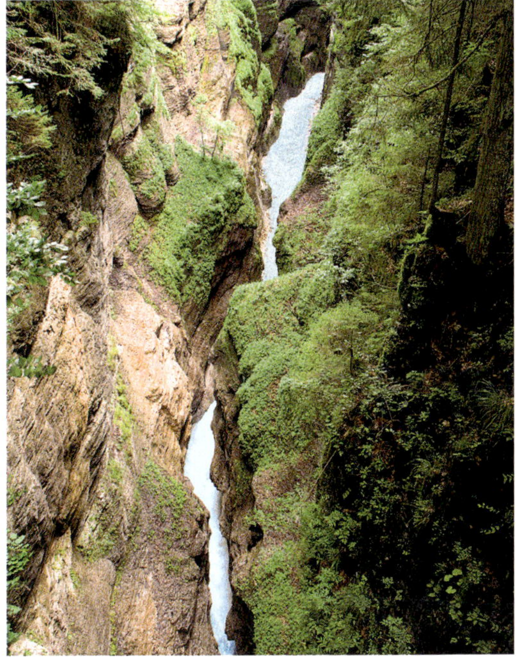

Ein Seitenarm der Almbachklamm

Wege liegt, oder sie ist sogar das Ziel unserer „kleinen" Anstrengung. Oft sind es sogar mehrere. Doch keine Sorge, nicht jede dieser Routen ist überlaufen: Natürlich haben wir auch einige Touren für Einsamkeitssucher dazu gepackt.

Und natürlich haben wir uns überlegt, wie Sie günstig zu den Ausgangspunkten dieser Touren kommen (vielleicht sogar über einen kleinen Umweg). Damit Sie nicht im Stau stehen und schon die erste Energie in einen Wutanfall verpufft. Einige Routen sind sogar so gewählt, dass Sie das Auto zu Hause lassen können und ihr Ziel bequem mit öffentlichen Verkehrsmitteln erreichen können.

Außerdem geben wir Ihnen noch ein paar Extra-Tipps:

Für die Einkehr, für Sehenswürdigkeiten am Weg oder ein wenig abseits und für die Zeit danach. Lassen Sie sich überraschen! Genießen Sie unsere heimatlichen Berge.

Stressfreie Touren und alles Gute wünscht Ihnen

Ihr Simon Auer

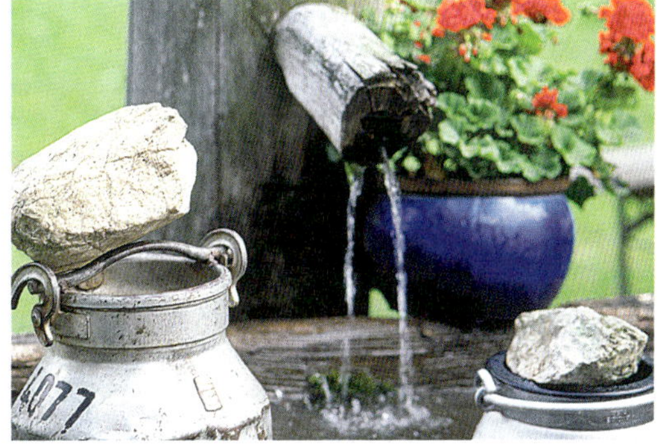

Oberbayrisches Stillleben

Wandertipps für Entspannte

Damit wir nach unseren Wanderungen auch wieder sicher und zufrieden nach Hause kommen, bedarf es trotzdem einer gewissen Planung und Vorbereitung - auch wenn es sich „nur“ um einfache Ausflüge handelt.

Nachfolgend einige Empfehlungen und Hinweise, die jeder Wanderer nach seinem Gusto als Anregung annehmen mag.

Allgemeine Wandertipps

Die wesentlichen Informationen zu jeder Wanderung in diesem Vorschlagsband finden Sie in den ausführlich gestalteten Info-Kästen, die jeder Tourenbeschreibung folgen; sie enthalten die notwendigen Angaben zur Anfahrt, damit Sie den Ausgangspunkt Ihrer ausgewählten Tour auch sicher finden, die Gehzeiten, die körperlichen und technischen Anforderungen, die Öffnungszeiten der angesteuerten Hütten oder Almen sowie eine Kartenempfehlung und die Adresse des nächstgelegenen Tourismusbüros.

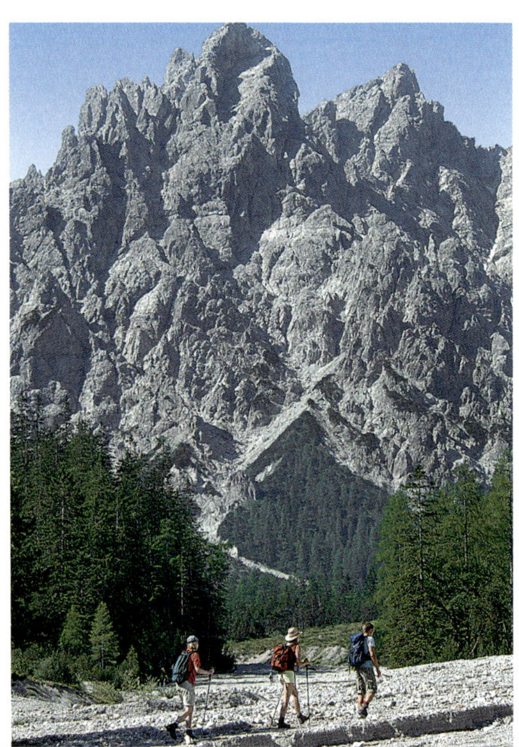

Unterwegs im Wimbachgries

Anfahrt

Natürlich wollen Sie sich den Wandertag nicht schon durch eine ermüdende Anfahrt vergraulen. Nehmen Sie Schleichwege, oder noch besser, fahren Sie mit der Deutschen Bahn oder der Bayerischen Regionalbahn (BRB) in die Berge. Wer will schon seine Zeit - besonders im Sommer - im Stau auf der Autobahn verbringen? Oder planen Sie eine Übernachtung vor Ort ein, das nimmt den Zeitdruck und macht den Ausflug zu einer runden Sache.

Mit dem Auto: Das Wandergebiet der Bayerischen Alpen ist über mehrere Autobahnen (A 8, A 95, A 96 und A 7) bzw. zahlreiche Bundes- und Staatsstraßen gut zu erreichen. Für die Anreise mit dem Auto wurde jeweils der am günstigsten gelegene Parkplatz zum Ausgangspunkt der Tour angegeben. Bitte an Kleingeld denken, denn viele der inzwischen eingerichteten Wanderparkplätze sind gebührenpflichtig.

Mit der Bahn: Alle Ausgangspunkte unserer Tourenvorschläge, die mit öffentlichen Verkehrsmitteln - Bahn und Bus - ohne großen Zeitverlust gut zu erreichen sind, finden eine besondere Erwähnung, um auch eine alternative, manche würden sagen umweltfreundliche Anfahrtsmöglichkeit vorzustellen. Das günstige Bayernticket macht diese Entscheidung noch leichter, es hilft sogar Geld sparen. Von den Bahnhöfen der Deutschen Bahn bzw. der Bayerischen Regionalbahn (BRB) fahren regelmäßig - wenn auch nicht immer sehr oft – Busse zu den Ausgangspunkten unserer Wanderungen.

Schwierigkeiten? Aber jein!

In unserem vorgestellten Tourengebiet, den bayerischen Alpen, bewegen wir uns auf einem sehr guten Wegenetz, das von den alpinen Vereinen sowie den örtlichen Gemeinden gewartet und bei Bedarf auch saniert wird. Alle hier beschriebenen Wanderungen führen über ausgeschilderte und markierte Bergwege und Bergsteige. Auf einigen wenigen Wegpassagen ist jedoch Trittsicherheit erforderlich; dies trifft vor allem auf einen Teil der angesteuerten Gipfel zu. Siehe dazu die Tourenübersicht am Ende des Buches.

Was ziehen wir an? Was nehmen wir mit?

Auch bei den faulen Wanderern hat sich bereits herumgesprochen, dass feste Schuhe mit entsprechendem Profil das A und Ü des Bergwanderns sind; wichtig ist, dass sie vor allem den Knöcheln einen guten Halt geben. Kein Weg kann so gut ausgebaut sein, dass der Fuß nicht auch mal umknicken kann, ein grober Stein im Weg liegt, den man dann auch noch übersehen hat usw. Ein Rucksack mit Reservekleidung, ein Anorak oder Poncho, eine gefüllte Trinkflasche sowie etwas Proviant gehören in jeden Rucksack. Auch ein Erste-Hilfe-Set und eine Trillerpfeife für die Signalgebung sollten immer zur Grundausstattung gehören. Als sinnvoll erweist sich im Sommer auch ein Hut oder eine Mütze sowie die Mitnahme von Sonnencreme. Für den Aufenthalt auf der Hütte empfehlen sich: Hüttenschuhe, Hüttenschlafsack (bei den AV-Hütten obligatorisch) und eine kleine Taschenlampe sowie Oropax! Vor Schnarchern sei gewarnt!

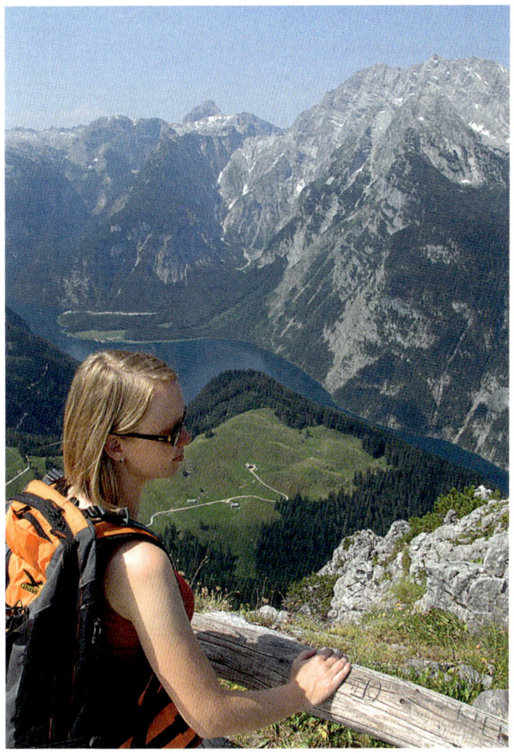

Blick vom Jenner auf den Königssee

Beschwingt bergauf! Bergbahnen lehnen wir nicht ab

Wer ein richtiger Faulpelz in den Bergen sein will, stürzt dankbar auf jede Gondelbahn oder jeden Sessellift zu. Wir haben ja nicht ewig Zeit – und vor allem wollen wir schnell das Bergpanorama genießen. Bergbahnen sind in der Regel ganzjährig in Betrieb, im Frühjahr und im Spätherbst müssen wir jedoch wegen Wartungsarbeiten auf diese Kniegelenkschoner für einige Wochen verzichten.

Zu Beginn der Wandersaison im Mai bis Anfang Juni sind manche der Bergbahnen wegen der geringen Auslastung nur am Wochenende in Betrieb. Auch während der Mittagszeit muss damit gerechnet werden, dass einige Bergbahnen eine Auszeit nehmen. Also bitte vorher Erkundigungen einziehen.

Wer hilft uns, wenn etwas passiert?

Auch auf der einfachsten Wanderung können einmal Probleme auftreten: Wettersturz, plötzlicher Schneefall oder Hagel, Blitzschlag und Nebel.
Aber auch ein Abrutschen in steilem Gelände, ein Verstauchen des Knöchels usw. gehören nicht zu den seltenen Vorkommnissen. Daher sollte jeder Bergwanderer das international eingeführte Notsignal beherrschen: Innerhalb einer Minute wird sechsmal in regelmäßigen Abständen, mit einer Minute Unterbrechung, ein hörbares oder sichtbares Zeichen (Pfeifen/Blinken, z.B. mit Trillerpfeife oder Taschenlampe) gegeben. Der Empfänger antwortet mit dreimaliger Zeichengebung in der Minute.

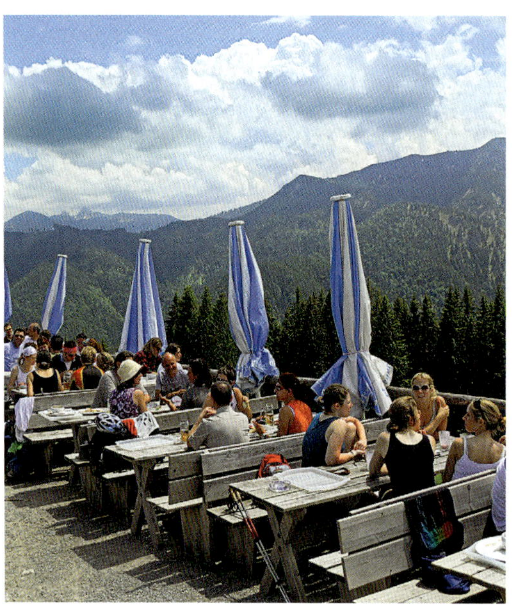

Auf der Terrasse der Aueralm

Die Mitnahme eines Handys bietet nicht immer eine Gewähr dafür, schnelle Rettung oder Hilfe anfordern zu können. Es gibt trotz der alpenweiten Notrufnummer (112) sogenannte Funklöcher; aber auch der Akku kann schnell mal leer sein. Um sicherzugehen, also besser zusätzlich ein Pfeiferl mitnehmen.

Wie viel schaffe ich?

In der Regel werden bei einem durchschnittlichen Gehtempo 400 Höhenmeter im Anstieg und etwa 600 bis 700 Höhenmeter im Abstieg pro Stunde Gehzeit bewältigt. Diese Zeiten verstehen sich natürlich als reine Gehzeiten, also ohne Pausen.

Wanderkarten

Für das Gebiet der Bayerischen Alpen bietet sich die Mitnahme der Topographischen Blätter des Bayerischen Landesamtes für Digitalisierung, Breitband und Vermessung (LDBV) im Maßstab 1:50000 an. Folgende Sonderblätter decken unser behandeltes Wandergebiet ab: „Berchtesgadener Alpen“ (hierzu gibt es auch eine Karte im Maßstab 1:25000, die den Nationalpark abdeckt), „Chiemsee – Chiemgauer Alpen“, „Mangfallgebirge“, „Tölzer Land – Starnberger See“, „Karwendelgebirge“, „Werdenfelser Land“, „Ammergauer Alpen“, „Füssen“.

Tourenplanung

Vor Aufbruch zur Tour sollten Sie sich über die allgemeine Wetterlage kundig machen. Über das Internet bzw. die Tourismusämter lassen sich am schnellsten die nötigen Informationen besorgen. Gehen Sie auch sicher, dass das Hüttenziel am geplanten Ankunftstag geöffnet hat. Manche Alpenvereinssektionen reservieren sich ein Wochenende im Sommer oder Herbst für Ihre Mitgliedertreffen. Bei kleinen

Die in diesem Buch abgebildeten Karten finden Sie auch zum Download unter www.randomhouse.de/bassermann/entspannte-wandertouren-karten

Hütten können auch private Umstände zu einer kurzfristigen Schließung führen.

Wie stille ich Hunger und Durst?

Die hier vorgestellten Touren sind natürlich so ausgewählt, dass zu Beginn, auf oder am Ende der Wanderung eine reizvolle Einkehrmöglichkeit wartet. Dies kann ein Berggasthaus sein, eine bewirtschaftete Alm, eine private Berghütte oder eine Hütte der alpinen Vereine wie der Deutsche Alpenverein oder der Touristenverein „Die Naturfreunde".
Es steht trotzdem jedem frei, sich aus dem Rucksack zu verpflegen. Doch die meisten von uns werden sich einem frisch zubereiteten Kaiserschmarrn, einer guten Suppe oder einem deftigen Fleischgericht am Ziel unserer Tour nicht verweigern. Ja, für manchen ist das sogar ein wichtiger Inhalt der Wanderung.

Schon mal auf einer Hütte übernachtet?

Einige der hier vorgeschlagenen Wanderungen führen auch zu Übernachtungshütten. Sie alle sind über markierte Wege und Steige zugänglich. Sie bieten uns Erfahrungen besonderer Art, wir können Sonnenuntergänge wie auch Sonnenaufgänge erleben. Sie stärken das Gruppengefühl und wer alleine unterwegs ist, findet dort oben auch leicht Anschluss. Die meisten Hüttenbesucher sind recht kommunikativ.

Gut zu wissen!
Auf diesen Hütten gibt es neben einigen wenigen Zimmern meistens Mehrbettlager mit etwa sechs bis 30 Schlafplätzen. Die großen „Schnarchlager" sind passé. Der Trend geht zu kleineren Einheiten. Alle Schlafplätze in den Alpenvereinshütten der Kategorie I dürfen nur mit einem sogenannten Hüttenschlafsack benutzt werden. Daneben gibt es auch noch einige Privathütten, die von ihren Besitzern bewirtschaftet werden. Dort legt der Hüttenwirt selbst die Regeln fest.

ZUSÄTZLICHE INFORMATIONEN

Alpine Auskunftsstelle des Deutschen Alpenvereins:
Seit einigen Jahren gibt es keine telefonische Auskunft mehr. Nun ist der Service 24 Stunden am Tag auf der Website www.alpenvereinaktiv.com abrufbar. Auf dem neuen Tourenportal können alle Fragen beantwortet werden, die bisher telefonisch oder per Mail gestellt wurden.

Deutscher Wetterdienst
(Regionalwetter Bayerische Alpen):
Tel. 09001 11-11 oder
www.alpenvereinaktiv.com.de/bergwetter/

Dort finden Sie alle wichtigen Informationen zu den Übernachtungshütten sowie weitere Informationen rund ums Bergwandern.
Bei den Tourensteckbriefen ist die jeweilige Homepage der örtlichen Tourismusbüros angegeben. Dort gibt es manchmal umfangreiche Informationen zu den Orten, Gasthäusern, Berghütten, Sehenswürdigkeiten sowie zusätzliche Wandertipps.

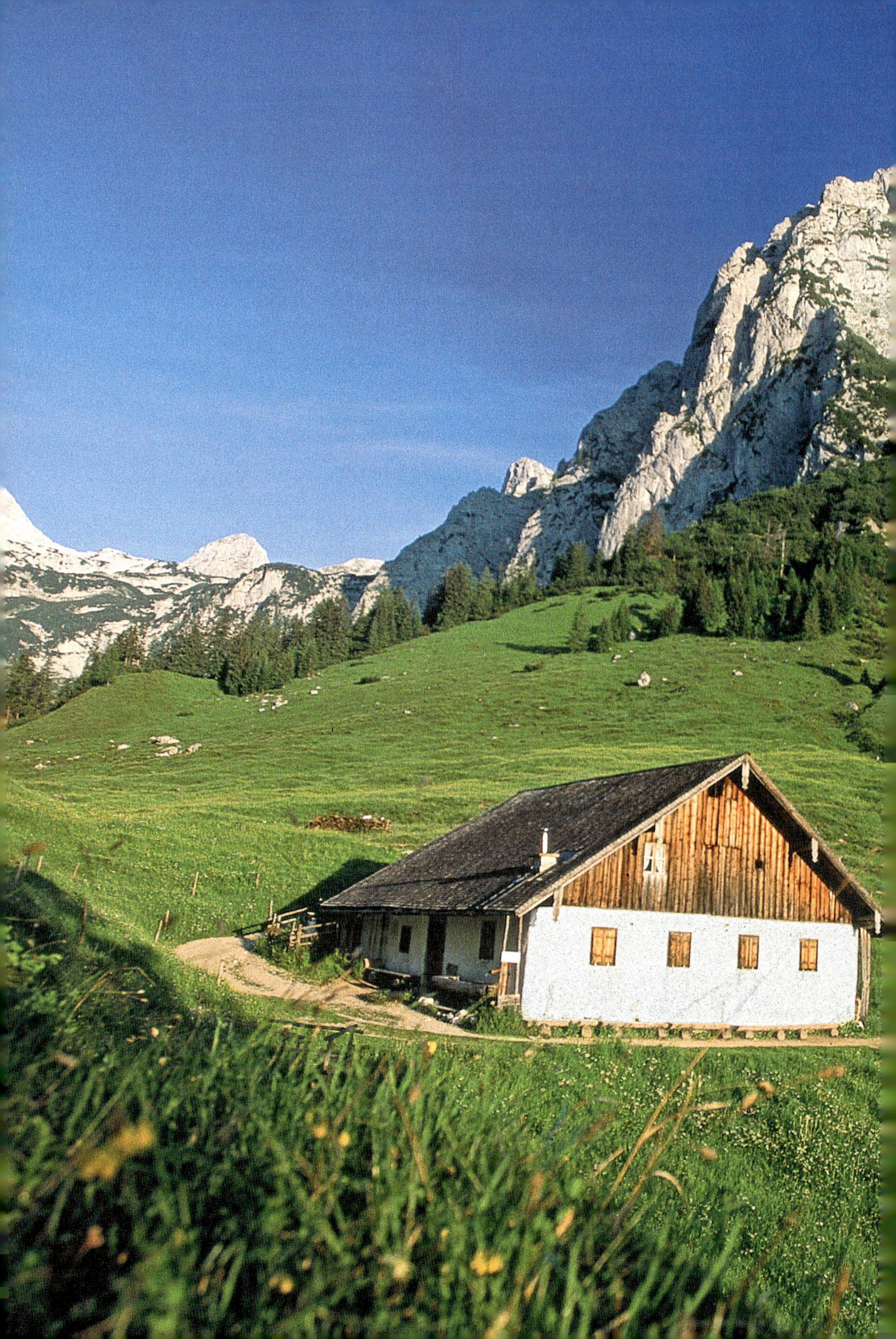

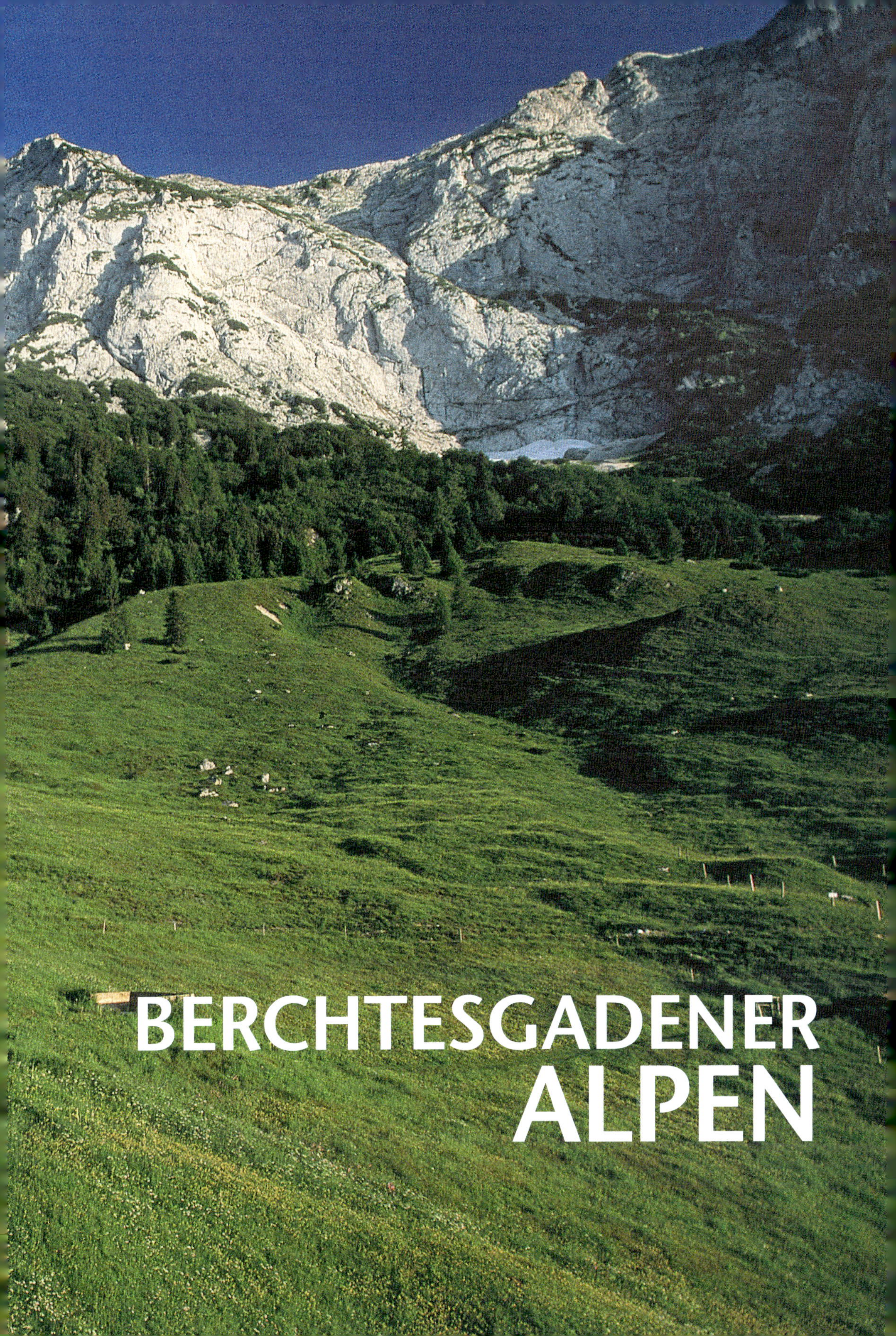

BERCHTESGADENER ALPEN

AUF DEM TRIFTSTEIG DURCH DIE ALMBACHKLAMM

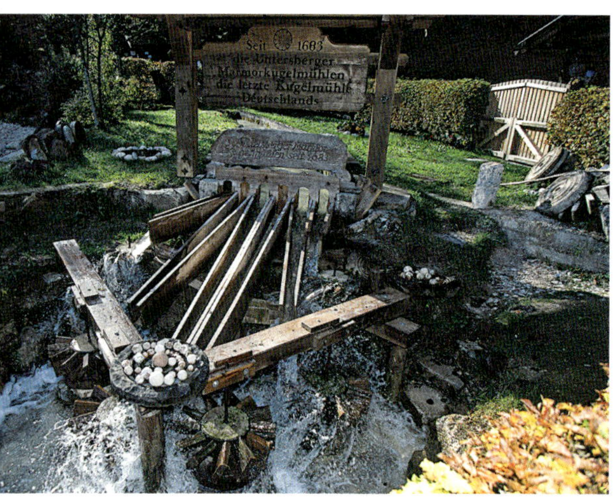

Die letzte Kugelmühle an der Almbachklamm

Murmeln und tosendes Wasser

Der Berchtesgadener Salzstock ist schier unerschöpflich. Bis zum Jahre 1805 wurde auch direkt vor Ort die im Unterirdischen gewonnene Sole zu Salz „gesotten“. Um den enormen Energiebedarf befriedigen zu können, wurde unter anderem auch durch die Almbachklamm Holz gedriftet. Am oberen Ende der Klamm, bei der Theresienklause, wurde damals das Wasser dafür gestaut, um die Holzstämme talwärts bringen zu können. Im 19. Jahrhundert wurde von den königlich-bayerischen Pionieren ein Klammsteig mit 29 Brücken und Stegen errichtet sowie 320 Felsenstufen geschlagen und ein Tunnel in den Fels gesprengt. Seit 1894 ist dieser Steg auch für das touristische Publikum zugänglich und ermöglicht uns somit eine erlebnisreiche Wanderung.

Die Klammwanderung

Vom Gasthaus Kugelmühle folgen wir dem ausgeschilderten Wanderweg zum Bergfuß (beim Kiosk zahlen wir unseren Obolus), wo sich der Eingang zur Klamm befindet. Schon bald empfängt uns der gut gesicherte Steig, der uns über zahlreiche hölzerne Brücken, Eisenstege und Treppenstufen ins Innere führt. Das Wasser rauscht in Kaskaden herab, einige Wasserfälle stürzen von den Seitenbächen über die Felswände herab. Nach einer Dreiviertelstunde zweigt rechts der Steig nach Ettenberg ab. Wir folgen jedoch weiter dem Almbach, durchschreiten sogar einen Tunnel, bis wir zur Theresienklause gelangen. Dort ist auch der Wendepunkt unserer Tour. Wir gehen über die Klammmauer nach links und folgen dann dem breiten Wanderweg durch den Wald hinauf nach Hintergern, wo wir im Gasthaus Dürrlehen einkehren können. Von dort halten wir uns links, ein ausgeschilderter Wirtschaftsweg führt hinab zum Ausgangspunkt.

FÜR DEN GAUMEN

Im Gasthaus Dürrlehen sitzt es sich bequem auf der Terrasse mit freiem Blick auf die Berchtesgadener Bergwelt. Die Küche ist gut bayerisch und macht auch Ausflüge ins Tirolerische und ins Steirische.

EXTRA-TIPP

Der Untersberg ist nicht nur wegen seiner zahllosen Höhlen bekannt, vor Jahrhunderten schon wusste man den Untersberger Marmor zu schätzen. Als kleiner Nebenerwerb wurden dabei große und kleine Marmorkugeln hergestellt. Von den Dutzenden von Steinmühlen ist nur mehr eine übrig geblieben, sie ist Deutschlands letzte Marmorkugelmühle und stammt aus dem Jahre 1683. In all den Jahrhunderten wurden diese „Schusser“ in die ganze Welt verschickt.

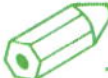

TOURISTINFO

Tourist-Information Bergerlebnis Berchtesgaden
Maximilianstraße 9 • 83471 Berchtesgaden
Telefon: 08652/65650700
www.berchtesgaden.de

ANFAHRT

Mit dem Auto: Auf der Salzburger Autobahn (A8) bis zur Ausfahrt Piding, dann auf der B20 über Bad Reichenhall und Bischofswiesen nach Berchtesgaden und weiter auf der B305 in Richtung Marktschellenberg bis zur Abzweigung Almbachklamm. Großer Parkplatz vor dem Gasthaus Kugelmühle. **Mit Bahn & Bus:** Mit der Bahn nach Berchtesgaden; weiter mit dem RVO-Bus in Richtung Marktschellenberg bis zur Haltestelle Almbachklamm.

CHARAKTER

Leichte Wanderung auf mit Geländern und Drahtseilen gesichertem Klammsteig; der Rückweg über die Theresienklause und das Berggasthaus Dürrlehen erfolgt überwiegend auf breitem Wanderweg bzw. Wirtschaftsweg.

HÖHENUNTERSCHIEDE

Vom Ausgangspunkt bis zur Theresienklause 200 Hm, zum Berggasthaus Dürrlehen weitere 110 Hm.

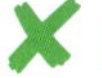

AUSGANGS- UND ENDPUNKT

Wanderparkplatz beim Gasthaus Kugelmühle (505 m). Von Hintergern Rückkehr mit Bus möglich.

GEHZEITEN

Vom Wanderparkplatz durch die Almbachklamm zur Theresienklause 1 1/2 Std.; Anstieg nach Hintergern 20 Min., Rückweg über das Berggasthaus Dürrlehen zum Wanderparkplatz 1 Std. Gesamtgehzeit: ca. 3 Std.

KARTENHINWEIS Topographische Karte 1:50000 „Berchtesgadener Alpen" (LDBV)

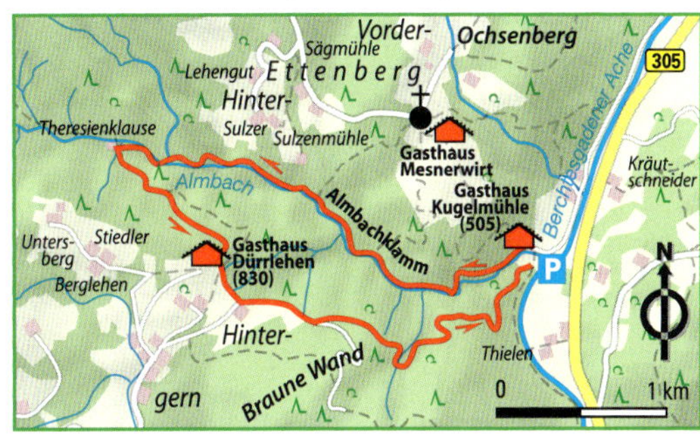

EINKEHR

Gasthaus Kugelmühle (505 m), ganzjährig bewirtschaftet, Freitag Ruhetag (Tel. 08650/461). **Berggasthaus Dürrlehen** (830 m), ganzjährig bewirtschaftet (Tel. 08652/3473). Beide Gasthäuser sind jeweils mit einer großen Terrasse ausgestattet.

FÜR DEN GAUMEN

Im Gasthaus Dürrlehen sitzt es sich bequem auf der Terrasse mit freiem Blick auf die Berchtesgadener Bergwelt. Die Küche ist gut bayerisch und macht auch Ausflüge ins Tirolerische und ins Steirische. Da wir uns von nun ab bergab begeben, ist eine Einkehr nicht verkehrt.

... UND NOCH EIN TIPP

In Maria Gern hat sich seit 2006 ein Lamapark etabliert. Insgesamt sind es zehn Tiere, davon zwei Jungtiere. Diese Tiere werden zielgerichtet für Lama-Wanderungen eingesetzt und können dementsprechend gebucht werden. Tel. 08652/9788922, www.lamawandern.de

2 REIZVOLLE STEIGE AUF DIE BARMSTEINE

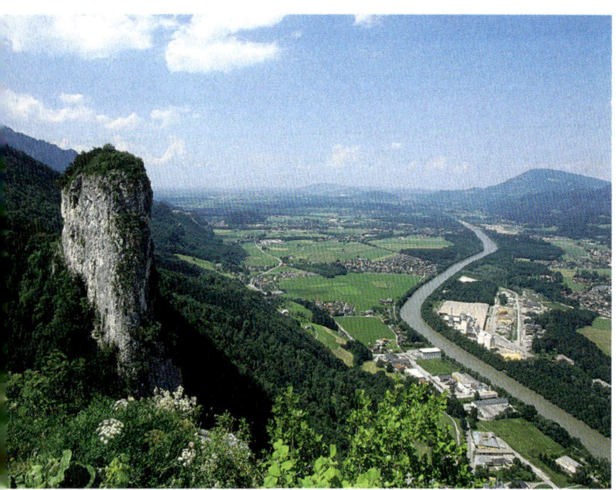

Blick vom Kleinen auf den Großen Barmstein

Freier Blick ins Salzachtal

Aus dem Tal der Berchtesgadener Ache sind die beiden kecken Felstürme der Barmstein nicht zu erkennen, doch von der Salzburger Seite umso besser; sie gelten als eines der Wahrzeichen von Hallein.

Die Gipfelwanderung

Vom Wanderparkplatz ein paar Meter zum Wegweiser und durch Wald an den Fuß des Kleinen Barmsteins, wo uns der gesicherte Steig (Treppen und Geländer) zum Gipfel leitet. Anschließend wieder zurück und am Wegweiser rechts und im Auf und Ab durch Wald zum Großen Barmstein; rechts um diesen herum zum Einstieg und über eine gesicherte Stelle zum Nordgrat und weiter zum Gipfel. Der Zugang zu den Barmsteinen kann auch über den Mehlweg erfolgen.

FÜR DEN GAUMEN

Der Zillwirt in der Scheffau bietet bodenständige Küche. Viel los ist hier, wenn Ende Oktober der Scheffauer Leonhardiritt stattfindet und die Pferde samt Gespann zur Kapelle in Zill ziehen.

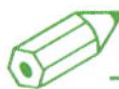

TOURISTINFO

Touristinfo Marktschellenberg
Salzburger Straße 2 • 83487 Marktschellenberg
Telefon: 08650/998830
www.marktschellenberg.de

ANFAHRT

Mit dem Auto: Auf der Salzburger Autobahn (A 8) bis zur Ausfahrt Piding, dann auf der B 20 nach Berchtesgaden und weiter auf der B 305 in Richtung Marktschellenberg; 500 Meter nach der Abzweigung zur Rossfeldstraße rechts ab und hinauf auf schmaler Straße nach Scheffau-Zill; dort rechts zum Wanderparkplatz am Ende der öffentlichen Straße.

EXTRA-TIPP

Der kleine Ort Marktschellenberg an der Berchtesgadener Ache war seit dem frühen Mittelalter – und damit der erste – Salzsiedeort in der ehemaligen Fürstpropstei. Seit 1286 gab es dort ein Salzamt und ebenfalls im 13. Jahrhundert wurde dem Ort das Marktrecht verliehen. Im Jahre 1805 wurde die Saline jedoch geschlossen. Das hübsche Ortsbild blieb bis heute erhalten und ist einen Rundgang wert. Doch Marktschellenberg ist auch heute noch aktiv: So gibt es Anfang Juli die Schellenberger Dult mit Verkaufsständen, Livemusik und einem Festzelt. Am letzten Sonntag im Juli findet in Ettenberg das traditionelle Annafest der Bergknappen statt mit anschließender Lichterprozession.

KARTENHINWEIS Topographische Karte 1:50000 „Berchtesgadener Alpen“ (LDBV)

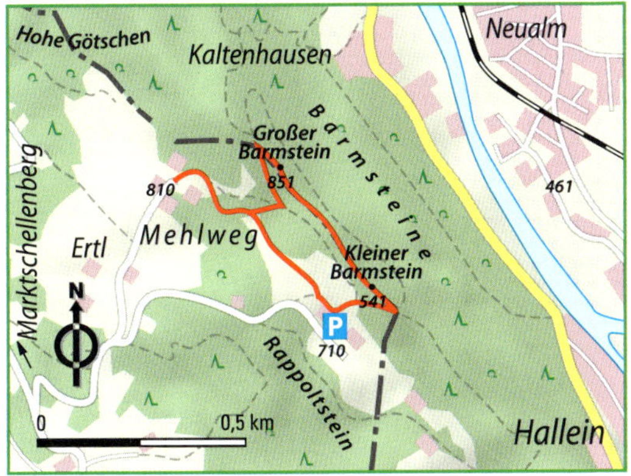

Oder über den Grenzübergang Walserberg und auf der Tauernautobahn bis Ausfahrt Salzburg Süd; weiter in Richtung Berchtesgaden bis Marktschellenberg und links hinauf nach Scheffau-Zill; bei der Wegverzweigung rechts weiter (ausgeschildert) zum Wanderparkplatz am Ende der öffentlichen Straße (710 m).

Mit Bahn & Bus: Mit der Bahn über Freilassing bis zum Endbahnhof Berchtesgaden, von dort weiter mit dem RVO-Bus nach Marktschellenberg. Von dort weiter zu Fuß (es führt ein ausgeschilderter Wanderweg hinauf zur Hohen Götschen, von wo es nicht mehr weit ist zu den markanten Barmsteinen).

CHARAKTER

Bis zu den steil aufragenden Felsen leichte Wanderung; Kleiner Barmstein: der Anstieg ist gut gesichert mit Holztreppen, Felsstufen, Geländer, Drahtseilen und Eisenrohren (Alpenvereinssteig aus dem Jahre 1885; letzte Erneuerung 1983). Auch für Anfänger steiler Steige geeignet, Trittsicherheit und Schwindelfreiheit sind jedoch erforderlich; Großer Barmstein: am Einstieg 20 Meter langes Drahtseil, ansonsten ungesicherter Bergsteig; Trittsicherheit und Schwindelfreiheit jedoch erforderlich.

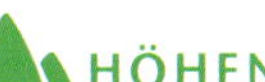

HÖHENUNTERSCHIEDE

Kleiner Barmstein (841 m): 130 Hm im Anstieg; Großer Barmstein (851 m): 140 Hm

AUSGANGS- UND ENDPUNKT

Wanderparkplatz am Ende der öffentlichen Straße (710 m)

GEHZEITEN

Vom Barmstein-Parkplatz zum Kleinen Barmstein: 10 Min.; vom Barmstein-Parkplatz zum Großen Barmstein: 20 Min.; Gipfelanstieg 20 bzw. 30 Min.; Rückweg zum Barmstein-Parkplatz 20 Min. Gesamtgehzeit für beide Gipfel: gute 2 1/2 Std.

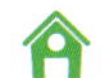

EINKEHR

Gasthaus Oberstein (660 m) in der Scheffau

... UND NOCH EIN TIPP

Das bereits 1897 gegründete Heimatmuseum Adelsheim befindet sich seit 1968 im gleichnamigen Renaissance-Schlösschen am Ortsende von Berchtesgaden (Schroffenbergallee 6; Tel. 08652/4410). Auf etwa 600 m² und in 13 Räumen wird vornehmlich die „Berchtesgadener War“, handwerkliche Erzeugnisse wie Spanschachteln, Holzspielzeug, Bein- und Elfenbeinschnitzereien gezeigt, die früher in Heimarbeit hergestellt und „in alle Welt“ verschickt wurden. Außerdem gibt es ein Marionettentheater, Exponate zum Brauch des Wallfahrens, zur lokalen Tracht und sogar einen Waffenraum. Öffnungszeiten: Ganzjährig von Dienstag bis Sonntag von 10–17 Uhr, im November geschlossen.

3 VON VORDERGERN AUF DIE KNEIFELSPITZE

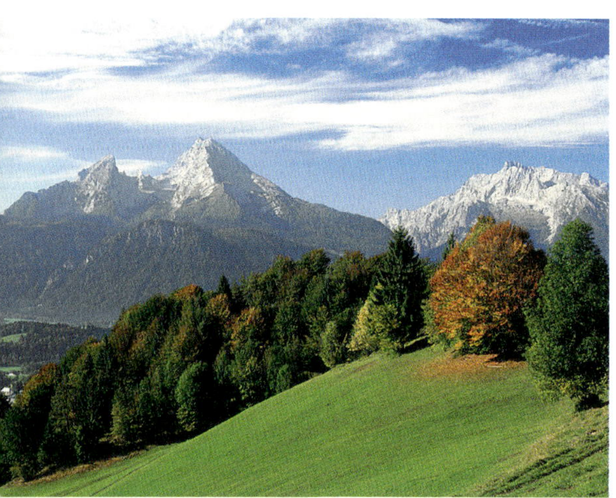

Watzmann und Hochkalter von der Kneifelspitze

Sattes Panorama der Berchtesgadener Berge

Zugegeben, die Kneifelspitze ist der kleinste unter den Berchtesgadener Bergen. Aber der kommt uns gerade recht, denn wir wollen zu viele Höhenmeter vermeiden.

Auf seinem Gipfel liegt die ganzjährig bewirtschaftete Paulshütte. Aber das Beeindruckendste ist das großartige Panorama. Als Inselberg bietet er eine Rundum-Aussicht der Extraklasse. Zum Abschluss unserer Tour schauen wir in die Wallfahrtskirche Maria Gern rein.

Und da wir ja noch genügend Zeit haben, ist auch ein Abstecher zum Aschauer Weiher drin, der klassische Badeplatz im inneren Berchtesgaden.

Die Gipfelwanderung

Wir gehen an der unverwechselbaren Wallfahrtskirche Maria Gern vorbei und folgen dem gesperrten und zunächst noch asphaltierten, schmalen Wirtschaftsweg ein kurzes Stück steil bergan. Unser ausgeschilderter Weg geht bald in einen Sandweg über und wird auch sogleich angenehm flach. Wir schlendern nun durch ein Waldstück weiter bis zu einer Wegverzweigung. Fünf Minuten von hier könnten wir beim Aussichtspunkt „Marxenhöhe" einen ersten Blick auf das unter uns liegende Berchtesgadener Talbecken werfen. Das Sträßchen macht hier eine Linkskehre, bei der folgenden Verzweigung halten wir uns rechts und steuern – weiter auf Fahrweg – auf das Kneifellehen zu. Links unterhalb entdecken wir das Schusterlehen, einer der letzten, vollständig erhaltenen Zwiehöfe im Berchtesgadener Land. Am Kneifellehen halten wir uns dann links und steigen auf einem Wirtschaftsweg in einer Diagonale durch den zunächst noch freien, dann weiter oben bewaldeten Hang bergan. Wir verlassen dann den Fahrweg nach rechts und steigen in steilen Serpentinen (Aber das schaffen wir schon!) durch Wald hinauf zum Gipfel der Kneifelspitze, wo direkt am höchsten Punkt uns die Paulshütte willkommen heißt. Und zunächst heißt es schauen und schauen – das Panorama ist überwältigend – bevor wir es uns auf der Terrasse schmecken lassen.

EXTRA-TIPP

Die Wallfahrtskirche Maria Gern gilt als Juwel des bayerischen Rokoko. Die in den Jahren 1708–1710 erbaute Kirche liegt frei am Eingang des Hochtales. Im Zentrum des Hochaltares steht die Madonna mit Kind aus dem Jahre 1666, die im Laufe des Kirchenjahres mit verschiedenen Barockgewändern bekleidet wird. Großartige Stuckdecke mit Fresken sowie zwei Seitenaltäre, der Kreuzaltar und der Josephsaltar.

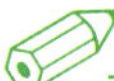 FÜR DEN GAUMEN

Auf der Paulshütte – korrekterweise Berggaststätte Kneifelspitze – gibt es nicht nur eine grandiose Aussicht von der Sonnenterrasse, bei schlechtem oder kühlem Wetter wärmt die mit viel Holz gestaltete Stube, die mit einem Kachelofen versehen ist. Es gibt Hausmannskost und selbst gemachte Kuchen.

TOURISTINFO

Tourist-Information Bergerlebnis Berchtesgaden
Maximilianstraße 9 • 83471 Berchtesgaden
Telefon: 08652/656507 00
www.berchtesgaden.de

ANFAHRT

Mit dem Auto: Auf der Salzburger Autobahn (A8) bis zur Ausfahrt Piding, dann auf der B20 über Bad Reichenhall nach Bischofswiesen; am Ortsende links hinauf in Richtung Anzenbach, kurz davor links ab und in Kehren hinauf nach Vordergern. Parkmöglichkeit bei der Wallfahrtskirche Maria Gern.
Mit Bahn & Bus: Mit der Bahn über Freilassing bis zum Endbahnhof Berchtesgaden, von dort weiter mit dem RVO-Bus nach Vordergern, bis zur Haltestelle Maria Gern.

CHARAKTER

Leichte Wanderung; zu Beginn breiter Wirtschaftsweg, im oberen Teil Wanderweg, die letzten Meter in steilen Serpentinen zum Gipfelhaus.

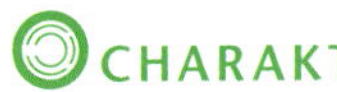

Vom Ausgangspunkt in Maria Gern bis zur Kneifelspitze 460 Hm im Anstieg

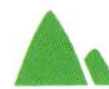

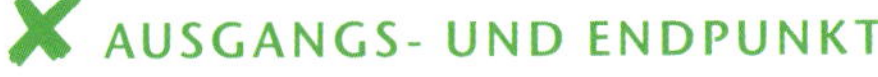

Kleiner Parkplatz bei der Wallfahrtskirche Maria Gern (730 m)

KARTENHINWEIS **Topographische Karte 1:50000 „Berchtesgadener Alpen" (LDBV)**

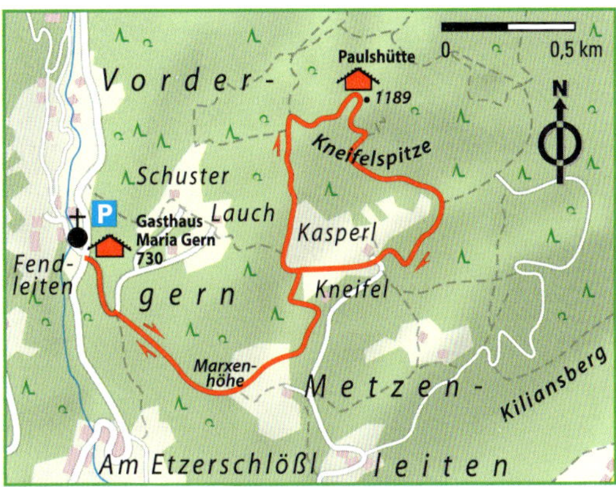

 GEHZEITEN

Vom Parkplatz in Maria Gern 1 1/2 Std.; Rückweg 1 Std. Gesamtgehzeit: 2 1/2 Std.

EINKEHR

Paulshütte (1189 m), nahezu ganzjährig bewirtschaftet, von Anfang März bis Anfang November durchgehend, dann an den Wochenenden, Januar bis Ende März geschlossen; Tel. 08652/62338, www.kneifelspitze-berchtesgaden.de
Gasthaus-Hotel Maria Gern am Ausgangspunkt sowie **Gasthaus Bachgütl** und **Berggasthaus Dürrlehen** in Hintergern (alle ganzjährig bewirtschaftet)

... UND NOCH EIN TIPP

Bei Bischofswiesen gibt es den beliebten Aschauer Weiher mit Badeanstalt und Einkehrmöglichkeit. Das Freibaderlebnis im Berchtesgadener Raum für den, der nicht in den weit kühleren Naturbadeseen nach Abkühlung suchen will.

4 AUF DEN JENNER UND ZUR BRANNTWEINBRENNHÜTTE

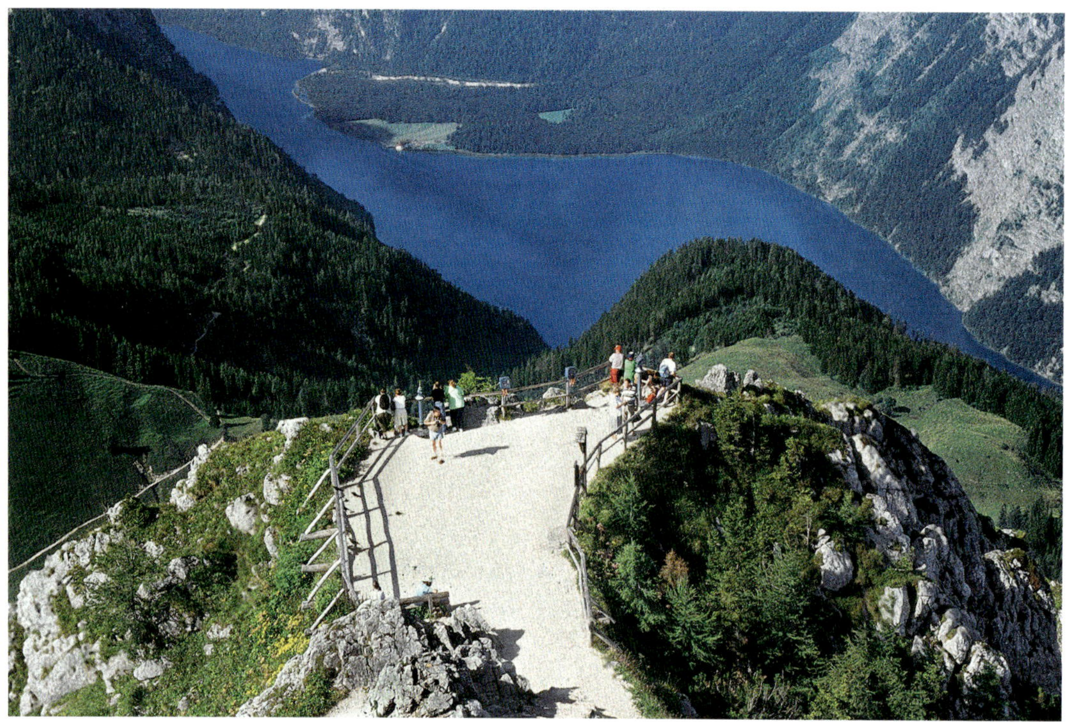

Die Aussichtsplattform am Jenner

Königsseeblick und Hochprozentiges

Wer nur mal schnell einen Blick auf die prächtige Bergwelt der Berchtesgadener Alpen werfen will, steuert dort die Jennerbahn an und lässt sich mit der neuen Kleinkabinenbahn bergwärts tragen. Dort oben eröffnet sich einer der schönsten Panoramablicke, die die deutschen Alpen zu bieten haben. Und dieses Highlight wollen wir uns nicht entgehen lassen. Aber ein bisschen Bewegung brauchen auch wir, denn anschließend fahren wir zurück bis zur Mittelstation und beginnen dort unsere eigentliche Wanderung (der direkte Abstieg von der Bergstation ginge doch arg in die Knie!). Wir begeben uns auf eine aussichtsreiche Höhenwanderung, machen dann einen Schlenker nach links und statten der Branntweinbrennhütte einen Besuch ab. Von dort geht es auf breiten Almwegen und dem Hochbahnweg hinab zum Ausgangspunkt. Ein gelungener Tag in den Bergen, mit viel Aussicht auf den Königssee und die Watzmann-Ostwand und ein paar reizvollen Einkehrstellen.

Die Höhenwanderung

Von der Mittelstation der Jennerbahn folgen wir der Ausschilderung „Königsbachalm“ und folgen dem breiten und aussichtsreichen Höhenweg durch die Westflanke des Jenners, durchschreiten dabei ein Waldstück, halten uns bei einer Wegverzweigung rechts und erreichen eine große Wegverzweigung oberhalb der Königsbachalm. Dort machen wir einen Abstecher nach links zur Branntweinbrennhütte, die am Weg zur Priesbergalm liegt, kehren dann um und wandern hinab zur nur wenig unterhalb gelegenen Königsbachalm, wo ein weiterer Einkehrstopp obligatorisch ist. Anschließend geht es auf dem breiten Almfahrweg weiter talwärts, bis links der Hochbahnweg (Mark.-Nr. 493) abzweigt, der uns gut ausgeschildert durch Wald und Wiesen – mit einem weiteren schönen Tiefblick auf den Königssee – zurück zur Talstation der Jennerbahn leitet.

Variante

Von der Mittelstation der Jennerbahn fahren wir weiter zur Bergstation und wandern auf breitem, gestuftem Wanderweg in einer Viertelstunde hinauf zur Jennerplattform und weiter in wenigen Minuten zum eigentlichen Gipfel. Der Tiefblick auf den Königssee und der Panoramablick auf den Watzmann und die anderen Gipfel der Berchtesgadener Alpen wird unvergesslich sein.

KARTENHINWEIS Topographische Karte 1:50000 „Berchtesgadener Alpen" (LDBV)

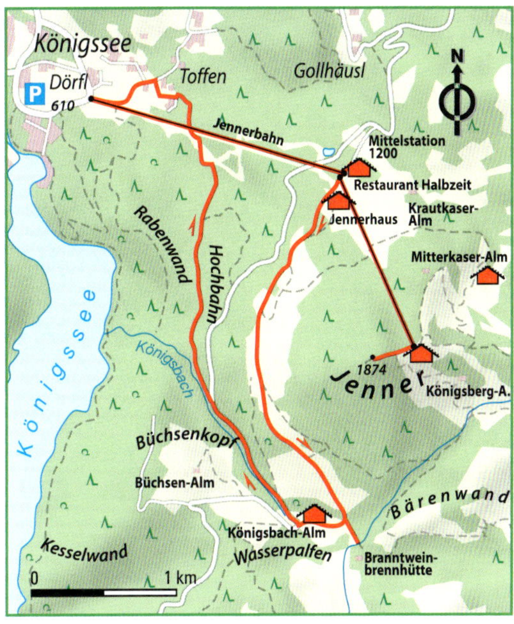

EXTRA-TIPP

Mit einem „Stamperl Enzian" verdaut sich jeder Schweinsbraten leichter. Doch wer weiß schon, wie und wo der Enzianschnaps hergestellt wird? Die Enzianbrennerei Grassl in Berchtesgaden ist jedenfalls eine Attraktion, denn sie ist wohl Deutschlands berühmteste. Und das bis heute existierende Monopol, Enzianswurzeln zu graben und daraus Schnaps zu brennen, liegt schon seit dem Mittelalter bei der Gastwirtsfamilie Grassl.

Vier Enzianarten – nicht jedoch der allseits bekannte stiellose blaue Enzian –, werden dafür in mühevoller Arbeit in den heimatlichen Bergen ausgegraben und verarbeitet. Auch wenn die moderne Verarbeitung heute im Tal stattfindet, es gibt, wie es früher üblich war, noch Branntweinbrennhütten an Ort und Stelle, wo wir auf unseren Wanderungen dem Schnapsbrenner bei der Arbeit zuschauen können. Das Destillat wird später ins Tal gebracht und in Eschenholzfässern drei Jahre lang in Felsenkellern gelagert, bevor der fertige Schnaps in handelsüblichen Flaschen abgefüllt wird.

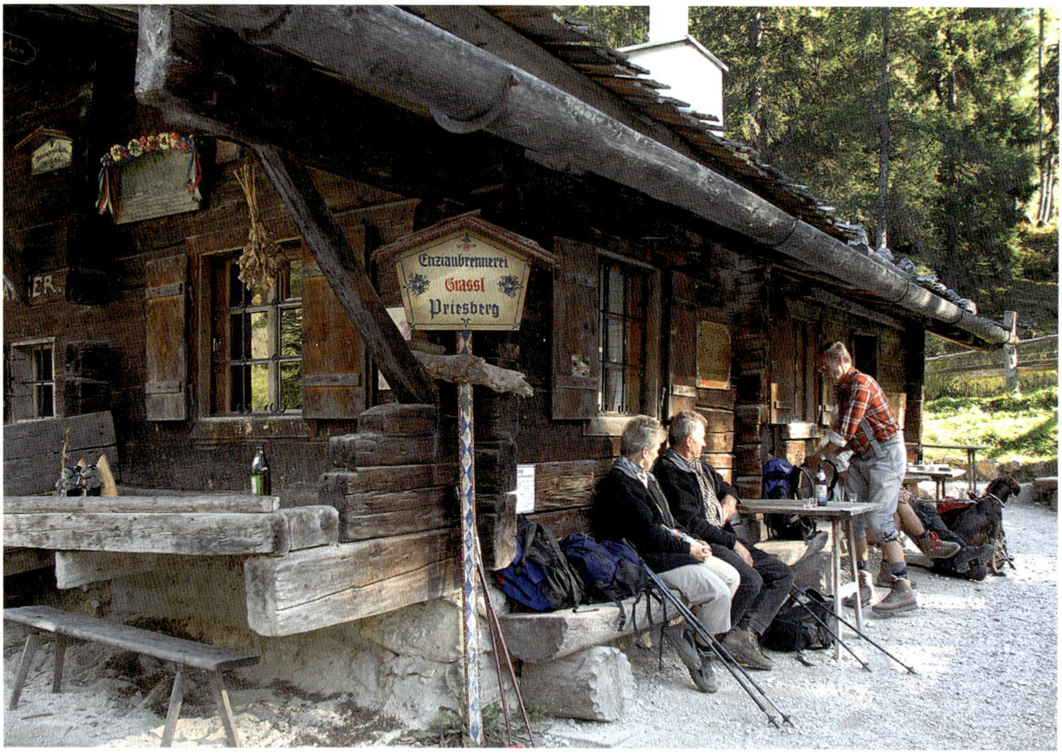

Die Branntweinbrennhütte am Priesberg

FÜR DEN GAUMEN

Auf der Jenner-Bergstation gibt es eine gute Einkehrmöglichkeit mit großer Sonnenterrasse. Dort haben wir eine reiche Auswahl an Speisen und Getränken. Deftig und wohlschmeckend geht es auf der Königsbachalm zu, es gibt almtypische Kost, heißt belegte Brote, Milch und Getränke.

TOURISTINFO

Tourist-Information Bergerlebnis Berchtesgaden
Maximilianstraße 9 • 83471 Berchtesgaden
Telefon: 08652/65650700
www.berchtesgaden.de

ANFAHRT

Mit dem Auto: Auf der Salzburger Autobahn (A8) bis zur Ausfahrt Piding, dann auf der B20 über Bad Reichenhall und Bischofswiesen nach Berchtesgaden; dort weiter nach Königssee zum Großparkplatz (gebührenpflichtig) am Ende der öffentlichen Straße. In wenigen Minuten hinüber zur Talstation der Jennerbahn.
Mit Bahn & Bus: Mit der Bahn über Freilassing bis zum Endbahnhof Berchtesgaden, von dort weiter mit dem RVO-Bus zur Talstation der Jennerbahn.

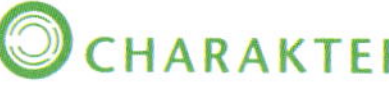

CHARAKTER

Von der Jenner-Bergstation auf breitem, gestuftem Bergwanderweg hinauf zur Aussichtsplattform (der kurze Weiterweg zum eigentlichen Gipfel erfolgt auf Bergsteig). Übergang von der Mittelstation der Jennerbahn zur Branntweinbrennhütte sowie auf dem Hochbahnweg hinab ins Tal auf leichtem Bergwanderweg bzw. Sträßchen.

HÖHENUNTERSCHIEDE

Von der Jenner-Bergstation (1780 m) bis zur Jennerplattform: 94 Hm; von der Jenner-Mittelstation (1206 m) zur Branntweinbrennhütte: 100 Hm; Abstieg ins Tal: 690 Hm

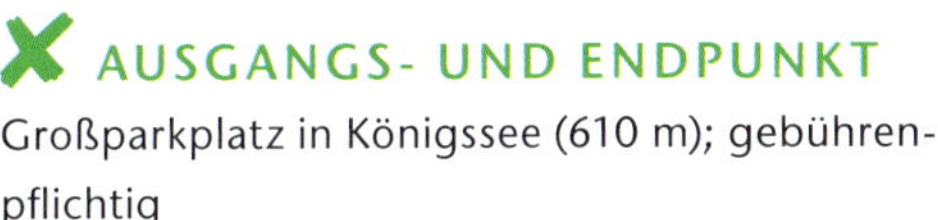

AUSGANGS- UND ENDPUNKT

Großparkplatz in Königssee (610 m); gebührenpflichtig

BERGBAHN

Jennerbahn (Kleinkabinenbahn), von 1. Mai bis Allerheiligen in Betrieb von 9 bis 16.30 Uhr, im Sommer bis 17 Uhr; Tel. 08652/95810, www.jennerbahn.de

... UND NOCH EIN TIPP

Hotel Schifferwirt an der Seelände am Königssee. Dort verbrachte der früher sehr beliebte Heimatschriftsteller Ludwig Ganghofer zeitweise seine Sommerferien – bei dem heutigen Trubel an der Seelände kaum mehr vorstellbar – und ging in den Berchtesgadener Bergen, mit königlicher Erlaubnis durch Ludwig II., seiner Passion, der Jägerei nach. Dabei entstand die Idee zu einem historischen Romanzyklus (z. B. *Der Ochsenkrieg, Der Klosterjäger, Das Gotteslehen, Forsthaus Hubertus* und *Das Schweigen im Walde*). In neun Romanen hat der dem Berchtesgadener Land ein literarisches Denkmal gesetzt.

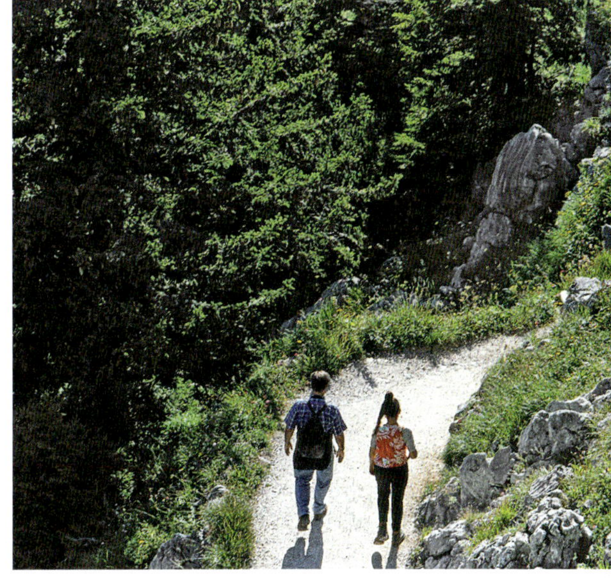

Abstiegsweg am Jenner

GEHZEITEN

Von der Bergstation der Jennerbahn zur Aussichtsplattform und zum Gipfel 20 Min.; Abstieg von der Bergstation zur Königsbachalm 1 1/2 Std. Übergang von der Jenner-Mittelstation zur Branntweinbrennhütte und zur Königsbachalm 1 1/2 Std., Abstieg von dort über den Hochbahnweg zur Talstation 1 Std. Gesamtgehzeit: 3 Std.

EINKEHR

Jennerhaus (Dr.-Hugo-Beck-Haus, 1200 m) bei der Mittelstation der Jennerbahn; nahezu ganzjährig bewirtschaftet, Dienstag Ruhetag, Übernachtung in Betten und Lagern; Tel. 08652/2727, www.hugobeckhaus.de

Restaurant Halbzeit bei der Mittelstation; Jenneralm in der Bergstation (1802 m), während der Betriebszeiten bewirtschaftet

Königsbachalm (1180 m), im Sommer bewirtschaftet; Tel. 08652/5551, www.königsbachalm.de

5 VON SALETALM UND ÜBERSEE ZUM RÖTHBACH-WASSERFALL

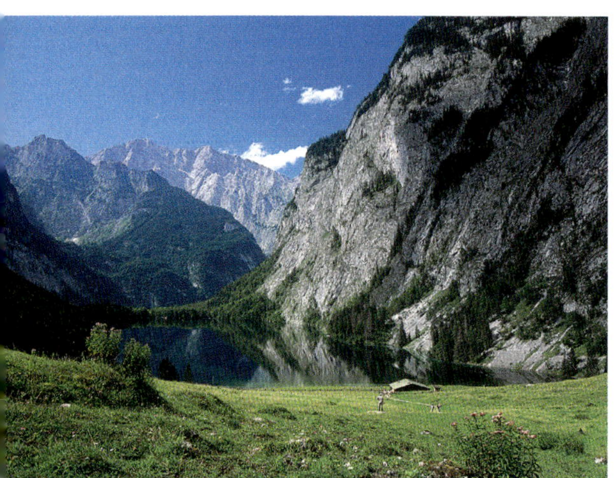

Die Fischunkelalm am Obersee

Großartige Bootstour mit Wandereinlage

Unsere Tour beginnt mit einer vergnüglichen Bootsfahrt auf dem Königssee in den Berchtesgadener Alpen. Mit von Elektromotoren betriebenen Schiffen fahren wir – immer schön ökologisch – von der Seelände am Nordufer über den fjordartigen Einschnitt, den die letzte Eiszeit hinterlassen hat, zum Wahrzeichen des Berchtesgadener Landes, nach St. Bartholomä. Die Option für einen Einkehrstopp halten wir uns für den Rückweg offen. Anschließend geht es weiter zur Bootsanlegestelle Salet, kurz vor dem Obersee. Dort beginnt unsere Wanderung zur Fischunkelalm im tief eingeschnittenen Talkessel jenseits des Obersees.
Neben der urigen Alm wird der von weit oben herabstürzende Röthbach-Wasserfall eine weitere Attraktion dieser Tour sein.

Die Seenwanderung

Vom Landungssteg Salet folgen wir zunächst in südlicher Richtung dem breiten Wanderweg am Ufer des Königssees entlang, passieren das Gasthaus Saletalm, überschreiten den Zufluss des Königssees auf einer Brücke und kommen so zu einer Wegverzweigung. Dort halten wir uns links und wandern ein Stück durch Wald und am kleinen Mittersee vorbei zum Ufer des Obersees. Rechts am Ufer entlang geht es direkt auf die Walchhüttenwand zu. Wir passieren dabei den Bergsturz, der im Jahre 1172 Königssee und Obersee getrennt hat, und folgen dann dem schmalen, teilweise gesicherten Steig den Felsen entlang zum oberen Ende des Obersees, wo wir auch bald die Fischunkelalm erblicken.

Abstecher zum Röthbachfall

Von der Fischunkelalm wandern wir über Almwiesen und durch ein kleines Waldstück auf einem Pfad direkt auf das Ende des Talkessels zu, wo Landtalwand und Röthwand steil abbrechen. Jenseits eines kleinen Sattels ist der Talschluss erreicht, von wo wir einen herrlichen Blick auf die über 400 Meter tief herabfallenden Wassermassen werfen können.

EXTRA-TIPP

Da der Zugang zu den Almen am Obersee auf dem Landweg zu beschwerlich ist, transportieren die Bauern ihre Kühe und das Jungvieh auf sogenannten Plätten über den Königssee dorthin. Besonders beliebt ist bei Einheimischen wie Touristen der Almabtrieb – der eigentlich eine Schifferlfahrt ist – des Almviehs im September. Geschmückt werden die Tiere aber erst an der Seelände, da die Gefahr besteht, dass sie die mühe- und liebvoll gestalteten Fuikln bei der Enge auf den Plätten zerstören.

KARTENHINWEIS Topographische Karte 1:50000 „Berchtesgadener Alpen“ (LDBV)

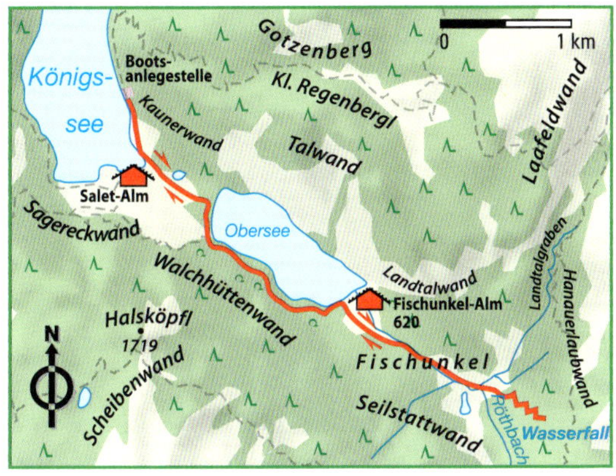

TOURISTINFO

Tourist-Information Bergerlebnis Berchtesgaden
Maximilianstraße 9 • 83471 Berchtesgaden
Telefon: 08652/65650700
www.berchtesgaden.de

ANFAHRT

Mit dem Auto: Auf der Salzburger Autobahn (A 8) bis zur Ausfahrt Piding, dann auf der B 20 über Bad Reichenhall und Bischofswiesen nach Berchtesgaden; dort weiter nach Königssee zum Großparkplatz (gebührenpflichtig) am Ende der öffentlichen Straße. In 5 Min. zur Anlegestelle der Boote am Nordufer des Königssees.
Mit Bahn & Bus: Mit der Bahn über Freilassing bis zum Endbahnhof Berchtesgaden, von dort weiter mit dem RVO-Bus nach Königssee.

CHARAKTER

Von der Bootsanlegestelle zur Saletalm und weiter zur Walchhüttenwand auf breitem Wanderweg; dann weiter auf stellenweise gesichertem Bergsteig zur Fischunkelalm. Der Abstecher zum Röthbach-Wasserfall erfolgt auf Bergwanderweg.

HÖHENUNTERSCHIEDE

Von der Bootsanlegestelle zur Fischunkelalm: nur wenige Höhenmeter; von dort zum Röthbach-Wasserfall: ca. 40 Hm

AUSGANGS- UND ENDPUNKT

Großparkplatz in Königssee (610 m); gebührenpflichtig

GEHZEITEN

Von der Bootsanlegestelle Salet über die Saletalm zur Fischunkelalm 1 1/4 Std., Abstecher zum Röthbach-Wasserfall 1 Std., Rückweg von der Fischunkelalm zur Bootsanlegestelle Salet 1 1/4 Std. Gesamtgehzeit: 4 Std. Fahrzeit der Boote einplanen.

EINKEHR

Gasthaus St. Bartholomä (605 m), ganzjährig bewirtschaftet, schöner Biergarten und Fischbraterei, Tel. 08652/964937, www.bartholomae-wirt.de/
Saletalm (610 m), von Mitte Mai bis Mitte Oktober bewirtschaftet, Tel. 08652/63007, www.saletalm.de
Fischunkelalm (620 m), von etwa Ende Mai bis Ende September bewirtschaftet; Tel. 08652/5549

... UND NOCH EIN TIPP

Am Hin- wie am Rückweg liegt St. Bartholomä, das ehemalige Jagdschlösschen der Fürstpröpste. Hier steigen wir aus, um dem Biergarten und der Wallfahrtskapelle mit ihrer unverwechselbaren Form einen Besuch abzustatten. Falls wir Mitte August unterwegs sind, haben wir die Möglichkeit, der großen Wallfahrtsprozession beizuwohnen, die ihren Ausgang im Pinzgau hat. Auskunft über den genauen Termin einholen!

6 DURCH DIE WIMBACHKLAMM ZUM WIMBACHSCHLOSS

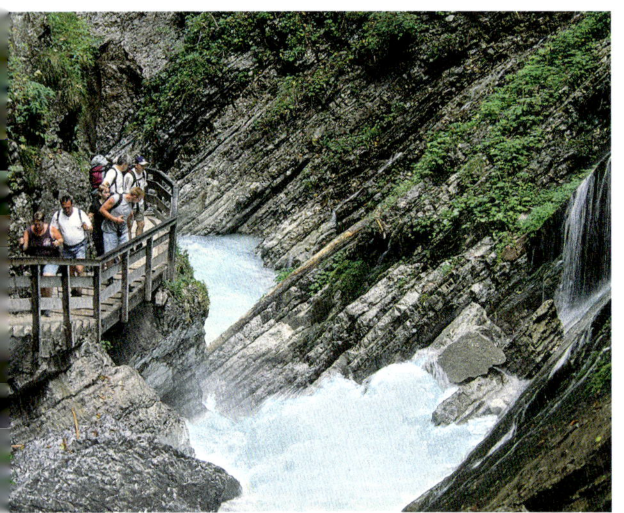

In der Wimbachklamm

Wo Watzmann und Hochkalter sich fast berühren

Das Wimbachtal gehört auch noch heute zu den ursprünglichsten Tälern im deutschen Alpenraum; es wird von den zwei Felsgiganten Watzmann und Hochkalter flankiert. Spektakuläre Felsstürze haben den wilden Charakter noch zusätzlich verstärkt. Seine Abgeschiedenheit sorgte für einen großen Wildreichtum, der von den früheren Fürstpröpsten und später von den bayerischen Regenten weidlich genutzt wurde. An unserem Weg liegt die großartige Wimbachklamm und am Ende der Route das ehemalige Jagdschlösschen der Fürstpröpste.

Der Hüttenweg durchs Wimbachtal

Vom Parkplatz Wimbachbrücke wandern wir zunächst auf einem geteerten Wirtschaftsweg hinauf zu einer Wegverzweigung, halten uns dort dann entweder links (wo bald der gesicherte Weg durch die Wimbachklamm beginnt) oder gehen rechts auf dem Wirtschaftsweg in das zunächst weite Wimbachtal. Beide Wege treffen sich wieder am Taleingang. Der breite Wanderweg (Mark.-Nr. 421) führt uns dann anschließend durch eine prächtige Hochgebirgskulisse zum bewirtschafteten Wimbachschloss. Vom Wimbachschloss können wir unseren Ausflug bis zur Wimbachgrieshütte verlängern, die im hintersten Talschluss liegt.

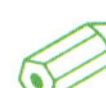

FÜR DEN GAUMEN

Im Wimbachschloss genießen wir die Gaststuben mit ihren historischen Öfen oder lassen uns auf der großen Terrasse nieder. Es gibt kalte und warme Speisen sowie diverse Kuchen.

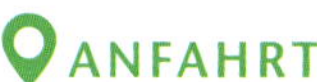

TOURISTINFO

Tourist-Information Ramsau
Im Tal 2 • 83486 Ramsau
Telefon: 08657/988920
www.ramsau.de

ANFAHRT

Mit dem Auto: Salzburger Autobahn (A 8) bis Ausfahrt Piding, dann über Bad Reichenhall (B 20) und Bischofswiesen zur Deutschen Alpenstraße; dort rechts in Richtung Ramsau, bis nach knapp 5 km links die Zufahrt zum gebührenpflichtigen Wanderparkplatz Wimbachbrücke abzweigt.
Mit Bahn & Bus: Mit der Bahn von München zum Endbahnhof Berchtesgaden; von dort weiter mit RVO-Bus bis zur Haltestelle Wimbachbrücke.

CHARAKTER

Vom Parkplatz Wimbachbrücke breiter Wanderweg ins Wimbachtal bis zur Wimbachgrieshütte. Der parallel zum Wirtschaftsweg verlaufende Steig durch die Wimbachklamm ist mit Brücken, Holzstegen, Geländern und Treppen gesichert.

KARTENHINWEIS Topographische Karte 1:50000 „Berchtesgadener Alpen“ (LDBV)

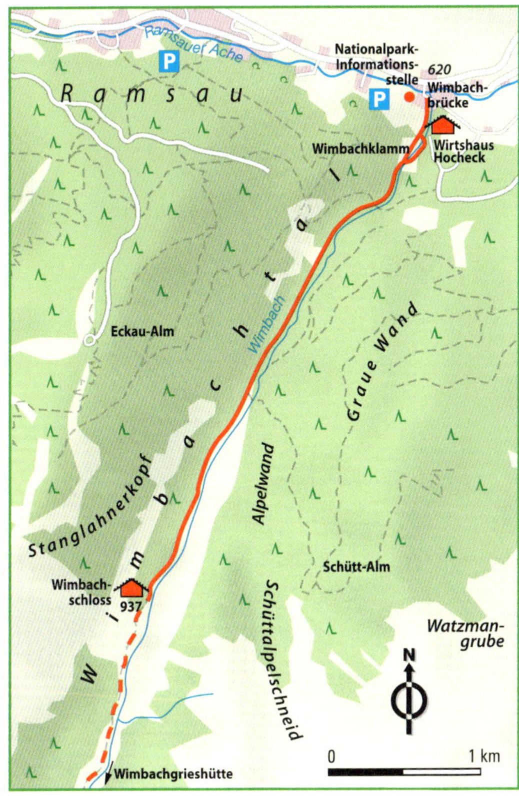

 **HÖHENUNTERSCHIEDE**

Vom Parkplatz Wimbachbrücke zum Wimbachschloss: 320 Hm; Weiterweg zur Wimbachgrieshütte: 390 Hm

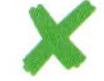 **AUSGANGS- UND ENDPUNKT**

Wanderparkplatz Wimbachbrücke (620 m)

 **GEHZEITEN**

Vom Parkplatz Wimbachbrücke zum Wimbachschloss 1 1/2 Std., Rückweg 1 1/2 Std. Gesamtgehzeit: 3 Std.

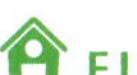 **EINKEHR**

Wimbachschloss (937 m) vom 1. Mai bis 1. November bewirtschaftet; Tel. 01 71/2 45 07 64
Wimbachgrieshütte (1327 m), Hütte der Naturfreunde, ist evtl. von Februar bis Mai an Wochenenden, von Mitte Mai bis Anfang Oktober durchgehend bewirtschaftet, 12 Betten, 72 Lager; Tel. 0 86 57/794 40 01, www.wimbachgrieshuette.de
Das **Gasthaus Hocheck** am Ausgangspunkt

EXTRA-TIPP

Der Eingang ins Wimbachtal ist durch die Wimbachklamm nahezu versperrt. Die in der letzten Eiszeit gebildete Schlucht entstand über Jahrtausende durch den Abfluss des im Wimbachtal gestauten Schmelzwassers. Jahrhundertelang wurde diese Schlucht für das Triften von geschlagenem Holz genutzt, das für die energiefressenden Salinen gebraucht wurde. Im Jahre 1843 war dann damit Schluss, denn die Berchtesgadener Saline hatte schon Jahre zuvor ihren Betrieb eingestellt, die Sole wurde nun in Bad Reichenhall und in Traunstein versotten. Und bereits im Jahre 1847 wurde die Klamm für den Ausflugsverkehr geöffnet. Heute gehört sie zu den großen Attraktionen im Berchtesgadener Land und zieht etwa 100 000 Besucher pro Jahr an.
Öffnungszeiten: 1. Mai bis ca. 10 November von 8 bis 17 Uhr. Der Eintritt beträgt 2,50 €. Achtung: Die Klamm kann seit Kurzem nurmehr von Norden, also von der Wimbachbrücke aus besucht werden, nicht mehr auf dem Rückweg vom Wimbachschloss. Die Eintrittschips gibt es 300 Meter vor dem Eingang zur Klamm.

KLAUSBACHTAL, BINDALM UND ÜBER DIE HALSALM

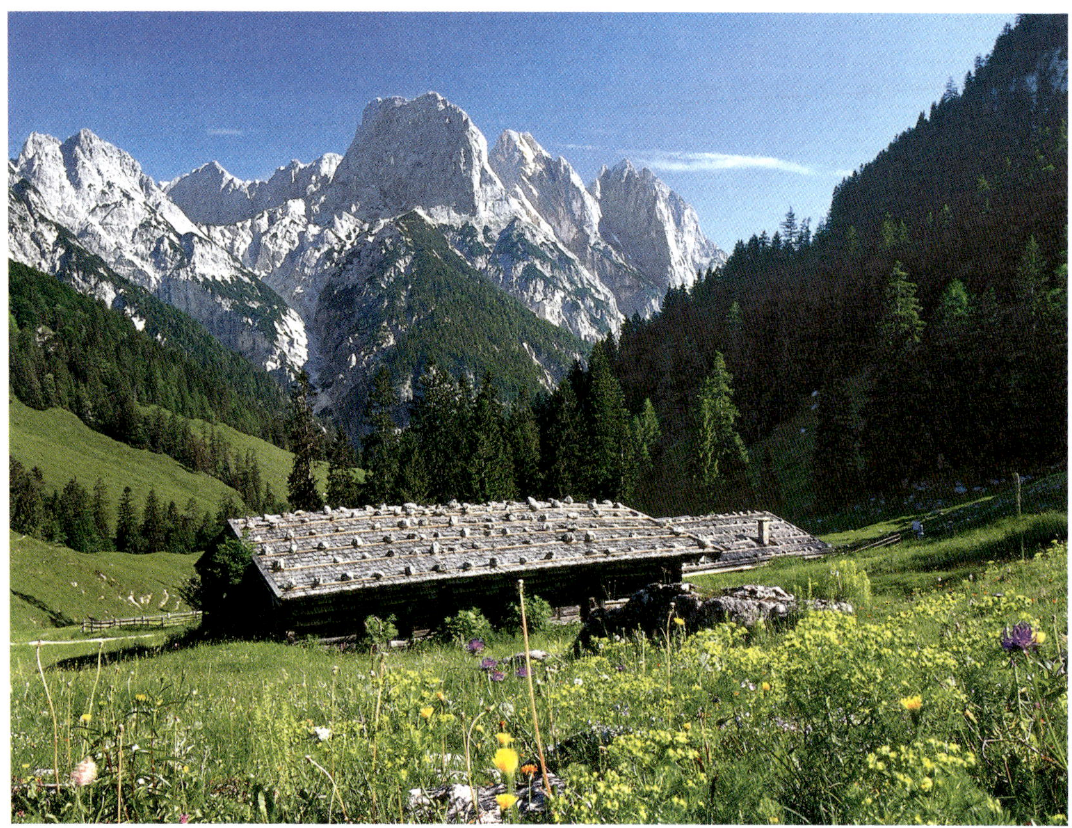

Auf der Bindalm

Ein Museumskaser mit Blick auf die Ramsauer Dolomiten

Das Klausbachtal, das den Gebirgsstock der Reiteralm von dem Hochkalter trennt, war seit dem Mittelalter ein viel begangener und befahrener Weg aus der Fürstpropstei Berchtesgaden hinüber in den Pinzgau und ins Tirolerische. Über den Hirschbichl, dem Passübergang am Ende des langen Tales, fuhren die Salzfuhrwerke und wanderten die Pilger. Heute ist dieser Weg für den allgemeinen Verkehr gesperrt und wird daher umso dankbarer von den Wanderern und Mountainbikern angenommen. Im Sommer verkehrt sogar ein Bus, um müden Wanderern den Heimweg zu verkürzen, oder sie vielleicht erst Mal dorthin zu bringen, falls sie beim Aufstehen Schwierigkeiten hatten.

Die Talwanderung

Falls noch Energie vorhanden ist, machen wir auf unserem Rückweg einen Schlenker über die Halsalm. Diese Route kann aber auch als eigenständige Route begangen werden.

Vom Wanderparkplatz folgen wir zunächst der gesperrten Fahrstraße taleinwärts und biegen bald in den ausgeschilderten Wanderweg nach

KARTENHINWEIS Topographische Karte 1:50000 „Berchtesgadener Alpen" (LDBV)

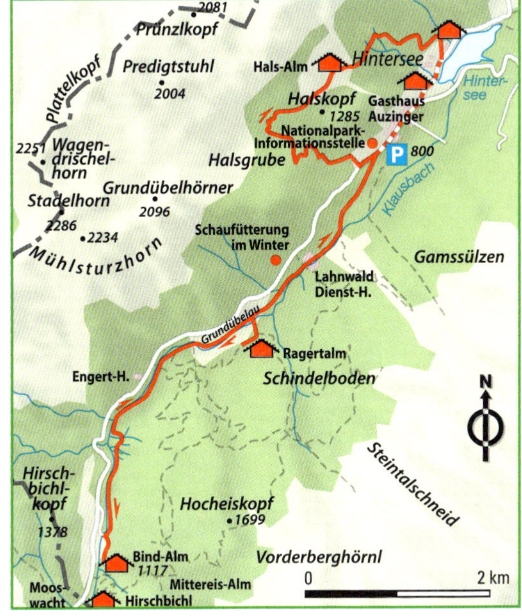

links ein. Dieser führt uns zunächst zur Grundübelau, wo wir einen Abstecher zur Ragertalm machen können. Anschließend wandern wir mit mäßiger Steigung hinauf zur Bindalm. Dabei passieren wir auch die neue Hängebrücke (kein Problem, auch für Nicht-Schwindelfreie geeignet).

Wir lassen den Hirschbichlpass Pass sein und machen bereits dort unsere Kehrtwendung. Denn wir bleiben, wo es am schönsten: Wir besichtigen die vier Museumkaser, wo es auch eine einfache Einkehrmöglichkeit gibt, genießen den Tag auf der Almwiese und schauen den Kühen beim Grasen zu. Direkt darüber erheben sich die beeindruckenden Ramsauer Dolomiten, markante Kalkgipfel der Reiteralm, die uns das Gefühl geben, mitten im Hochgebirge zu sein. Anschließend schlendern wir wieder hinaus durch das weite Klausbachtal.

Variante

Ist immer noch Energie übrig, machen wir einen Schlenker über die Halsalm und genießen von dort oben den Blick auf den Hintersee.

FÜR DEN GAUMEN

Auf der Bindalm gibt es vier Kaser, davon sind drei historisch, darunter die Schiedkaser, die übrigens aus dem Steinernen Meer von Denkmalschützern dorthin verpflanzt wurden. Der Möslerkaser, in dem heute almtypische Bewirtung geboten wird, wurde nach einem Brand im alten Stil wieder aufgebaut. Es gibt noch Milchkühe auf der Alm, und so wird gemolken und gekäst. Es gibt eingelegten Frischkäse und Schnittkäse, der auch an Wanderer zum Mitnehmen verkauft wird. Weitere einfache

EXTRA-TIPP

Am Hintersee hielten sich bereits zu Beginn des 19. Jahrhunderts zahlreiche Maler auf, um die Schönheit dieser Landschaft mit Palette und Pinsel auf der Leinwand festzuhalten. Die auch heute noch bekannten Künstler waren u. a.: Ludwig Richter aus Dresden, Carl Rottmann aus Heidelberg und Friedrich Gauermann aus Wien. Ihre bevorzugte Herberge befand sich neben dem heutigen Gasthaus Auzinger. Diese historische Tafernwirtschaft lag am Salzhandelsweg zwischen Berchtesgaden und dem österreichischen Pinzgau, die bereits im Jahre 1610 das Schankrecht erhalten hatte. Nachdem dieses traditionsreiche Gasthaus durch eine Lawine weggefegt worden war, erstand im Jahre 1863 direkt daneben das heutige Gasthaus Auzinger, das vor allem durch die berühmte Babette Auzinger zum Magneten für die Malerkolonie wurde.

Einkehrmöglichkeiten am Weg gibt es in der Ragertalm (die etwas abseits von unserer Route liegt) sowie in der Halsalm, über die wir beim Rückweg – falls noch Energie vorhanden ist – einen Schlenker machen wollen. Falls wir jedoch nach Schmankerl Ausschau halten wollen, und das bietet sich am Ende der Tour an, kehren wir am besten in der Nähe des Hintersees ein. Neben dem historischen Gasthaus Auzinger gibt es weitere Gaststätten direkt am See, so neben dem Wörndlhof und der Seeklause z. B. den Alpenhof, wo wir Hirschrahmkeulen, Gebirgsforellen und Schweinshaxn (im Frühjahr gibt es Bärlauchgerichte) oder auch Dampfnudeln mit Vanillesauce genießen können.

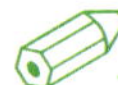

TOURISTINFO

Tourist-Information Ramsau
Im Tal 2 • 83486 Ramsau
Telefon: 0 86 57/98 89 20
www.ramsau.de

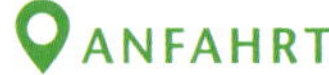

ANFAHRT

Mit dem Auto: Auf der Salzburger Autobahn (A 8) bis zur Ausfahrt Piding, dann auf der B 21 über Bad Reichenhall durchs Saalachtal nach Unterjettenberg; dort links ab und hinauf in Richtung Ramsau zur Schwarzbachwacht. Kurz nach der Passhöhe rechts ab und über die Ortsteile Taubensee und Antenbichl zum Hintersee (hierher natürlich auch über Berchtesgaden möglich).
Am See vorbei und bis zum Ende der öffentlichen Straße am Eingang ins Klausbachtal; dort befindet sich ein großer, gebührenpflichtiger Wanderparkplatz.
Mit Bahn & Bus: Mit der Bahn über Freilassing bis zum Endbahnhof Berchtesgaden, von dort weiter mit dem RVO-Bus zum Hintersee. Im Sommer verkehrt der Bus auch bis zur Engert-Holzstube bzw. bis zum Hirschbichlpass (Haltestelle Bindalm) im Klausbachtal.

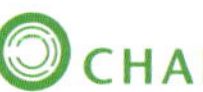

CHARAKTER

Leichte, zu Beginn nahezu ebene Wanderung auf breitem Wanderweg bzw. Wirtschaftsweg; erst im letzten Abschnitt steigt der Weg etwas an. Der Abstecher zur Halsalm auf unserem Rückweg erfolgt im Anstieg auf einem breitem Almweg, der Abstieg zum Hintersee auf einem Bergwanderweg.

HÖHENUNTERSCHIEDE

Vom Wanderparkplatz bis zur Bindalm: 320 Hm; Abstecher über die Halsalm: 411 Hm im Auf- wie im Abstieg

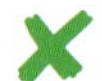

AUSGANGS- UND ENDPUNKT

Wanderparkplatz Klausbachtal (800 m)

NATUR-TIPP

Hoch über dem Klausbachtal, am 1285 Meter hohen Halskopf über der gleichnamigen Alm, gibt es einen Adlerhorst. Dort nistet ein Adlerpaar, und mit etwas Glück können wir erleben, wie diese großartigen Raubvögel ihre Schwingen ausbreiten und hinauf in ihr Jagdgebiet auf der Reiteralm fliegen. In der Nähe der Halsgrube können wir von einem Beobachtungspunkt aus den alten Adlerhorst hoch oben in den Felsen erkennen, der allerdings schon lange nicht mehr besetzt ist.
Im Frühjahr, nach der Schneeschmelze, haben wir überdies die Möglichkeit auf der Halsalm Gämsen zu beobachten, die dort gerne das erste frische Grün des Frühjahrs äsen.

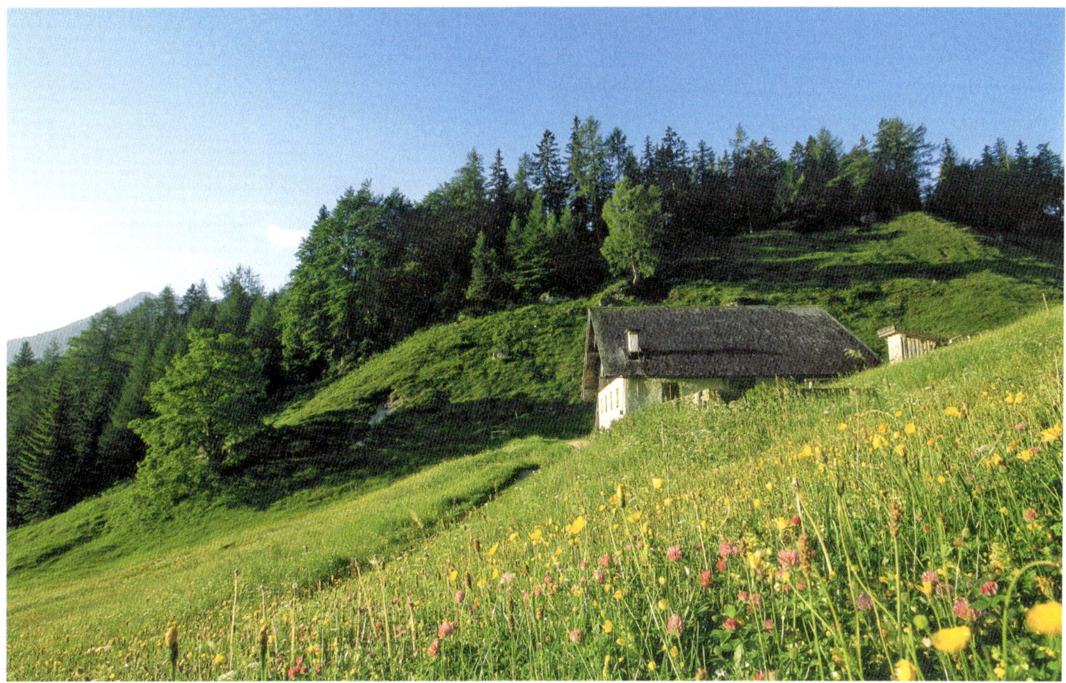

Die Halsalm über dem Hintersee

GEHZEITEN

Vom Wanderparkplatz Klausbachtal zur Bindalm knapp 2 Std.; Rückweg 1 3/4 Std.; der Anstieg zur Halsalm 1 1/4 Std., Abstieg von dort zum Hintersee und Rückkehr zum Wanderparkplatz 1 Std. Gesamtgehzeit: 6 Std. – Falls wir für die Rückkehr den RVO-Bus nehmen wollen, verkürzt sich die Tour natürlich erheblich.

EINKEHR

Bindalm (1117 m), von Juni bis Ende September täglich bewirtschaftet

Halsalm (1211 m), zur Weidesaison Getränke und Brotzeiten

Gasthaus Auzinger (796 m) am Eingang ins Klausbachtal, ganzjährig bewirtschaftet, Donnerstag Ruhetag; Tel. 08657/230, www.auzinger.de

... UND NOCH EIN TIPP

Am idyllischen Hintersee lassen wir dann den Tag ausklingen. Dort können wir entweder am stillen Ostufer einen Badestopp einlegen oder nach dem Abendessen einen Verdauungsspaziergang in den Zauberwald machen. Oder wir mieten uns einfach ein kleines Ruderboot und genießen den herrlichen See vom Wasser aus, in dem sich die umliegenden Berggipfel so schön spiegeln, die in früheren Zeiten so manchen Maler zum Pinsel haben greifen lassen und die den heutigen Besucher nahezu automatisch zum Druck auf den Auslöser seiner Kamera veranlassen.

8 AUF DEN PREDIGTSTUHL UND WEITER ZUM KARKOPF

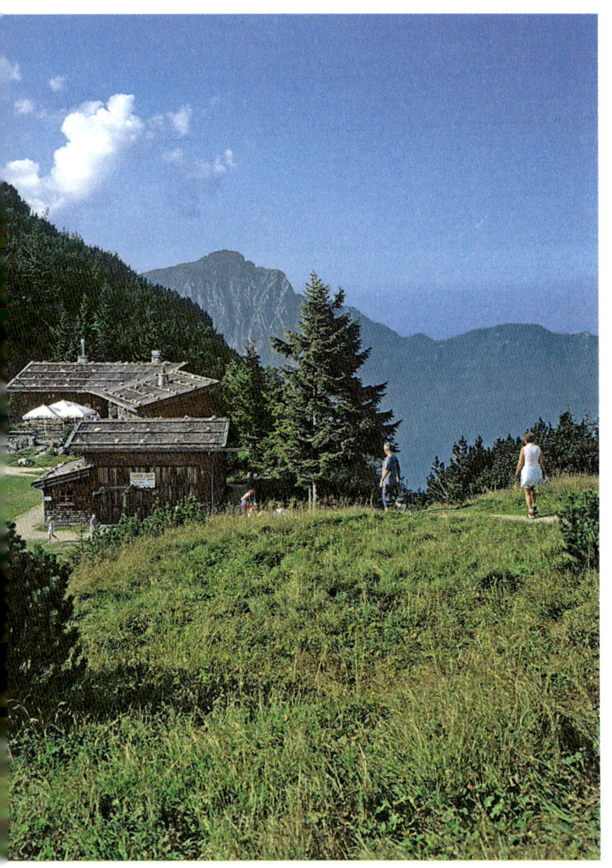

Bei der Almhütte Schlegelmulde

Hoch über den Dächern der Kurstadt

Wir unternehmen heute einen Ausflug mit der ältesten, original erhaltenen und noch in Betrieb befindlichen Kabinenbahn der Welt; sie versieht seit 1928 ihren Dienst am Predigtstuhl bei Bad Reichenhall. Dort oben ist der Karkopf, der höchste Gipfel des Lattengebirges, unser Ziel, der mit seinen 1738 Metern Höhe zwar nicht mal die Zweitausendmetergrenze erreicht, aber aufgrund seiner exponierten Lage ein großartiges Panorama nicht nur der Berchtesgadener Alpen, sondern zugleich der Chiemgauer Alpen bietet.

Die Gipfelwanderung

Von der Bergstation der Predigtstuhlbahn wandern wir auf dem ausgeschilderten Höhenweg hinüber zum gemütlichen Rasthaus Schlegelmulde. Von dort führt ein markierter schmaler Wanderweg (Mark.-Nr. 404 A) zunächst hinauf zum Hochschlegel (1688 m), dann hinab zur Wegverzweigung am Fuße des Karkopfs, den wir über einen schmalen Bergweg durch Latschen leicht erreichen. – Die Rückkehr erfolgt dann wieder auf dem Anstiegsweg.

FÜR DEN GAUMEN

An der Bergstation der Predigtstuhlbahn gibt es das ebenfalls denkmalgeschützte Bergrestaurant mit herrlichem Blick von der Terrasse auf die Kurstadt. Gleich nebenan, im Rasthaus Schlegelmulde, gibt es allerlei schmackhafte warme Gerichte zum Essen, nicht nur Bergwandererkost, also z. B. auch Dampfnudeln oder Germknödel.

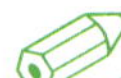

TOURISTINFO

Tourist-Information Bad Reichenhall
Wittelsbacherstr. 15 • 83435 Bad Reichenhall
Telefon: 086 51/71 51 10
www.bad-reichenhall.de

ANFAHRT

Mit dem Auto: Auf der Salzburger Autobahn (A 8) bis zur Ausfahrt Piding, dann auf der B 20 nach Bad Reichenhall; weiter dann auf der B 21. Auf der Höhe des Ortsteils Kirchberg rechts der Ausschilderung zur Predigtstuhlbahn folgend über die Stadtbrücke und jenseits links weiter zur Talstation der Predigtstuhlbahn; dort Parkplatz.

KARTENHINWEIS **Topographische Karte 1:50 000 „Berchtesgadener Alpen" (LDBV)**

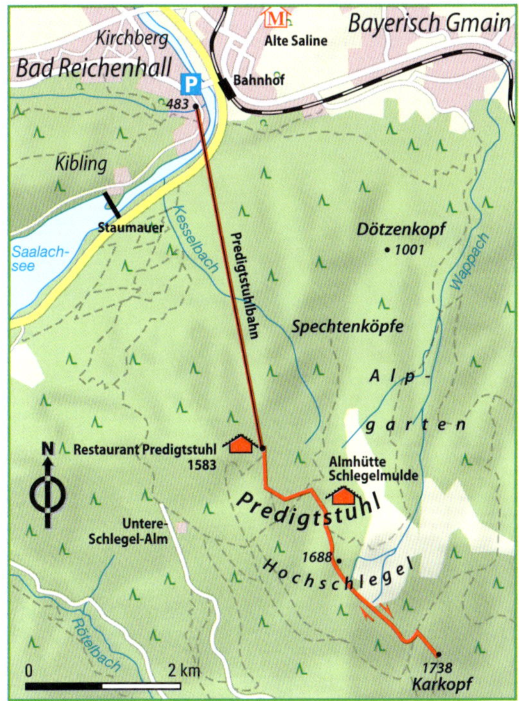

Mit Bahn & Bus: Mit der Bahn über Freilassing bis Bad Reichenhall-Kirchberg; von dort weiter zu Fuß unter der Unterführung hindurch und über die Stadtbrücke; am anderen Ende links haltend zur Talstation der Predigtstuhlbahn.

CHARAKTER

Übergang von der Bergstation zum Rasthaus Schlegelmulde auf breitem, leichtem und nahezu eben verlaufendem Wanderweg. Der Anstieg auf den Karkopf erfolgt auf Bergwanderweg bzw. Bergsteig.

HÖHENUNTERSCHIEDE

Von der Bergstation der Predigtstuhlbahn (1583 m) zum Rasthaus Schlegelmulde: 25 Hm; Anstieg von dort zum Karkopf: 160 Hm

AUSGANGS- UND ENDPUNKT

Bergstation der Predigtstuhlbahn (1583 m)

BERGBAHN

Predigtstuhlbahn: Kabinenbahn, ganzjährig, täglich im Einsatz, im Sommer in der Regel halbstündliche Abfahrt zwischen 9 bis 17 Uhr; Tel. 08651/96850, www.predigtstuhlbahn.de

GEHZEITEN

Von der Bergstation der Predigtstuhlbahn zur Almhütte Schlegelmulde 15 Min.; Anstieg von dort auf den Karkopf 1 Std., Rückkehr zur Bergstation 3/4 Std. Gesamtgehzeit: knapp 2 Std.

EINKEHR

Bergrestaurant Predigtstuhl (1614 m), mit großartiger Aussichtsterrasse und dem legendären Kaminzimmer, ganzjährig bewirtschaftet, Tel. 08651/968514, www.predigtstuhlbahn.de/restaurant/bergrestaurant
Almhütte Schlegelmulde (1607 m), nahezu ganzjährig bewirtschaftet; Tel. 08651/96850

EXTRA-TIPP

Die Alte Saline in Bad Reichenhall gilt als das bedeutendste Industriedenkmal Bayerns; dort wurde mittlerweile auch ein Salzmuseum eingerichtet. Im Quellenbau darunter entspringt die berühmte Reichenhaller Sole, die mittels eines weitverzweigten Stollennetzes abgebaut wurde. Heute können wir diese Unterwelt bei einer geführten Tour erkunden.
Alte Saline 9, 83435 Bad Reichenhall,
Tel. 08651/7002-6146,
www.alte-saline.de

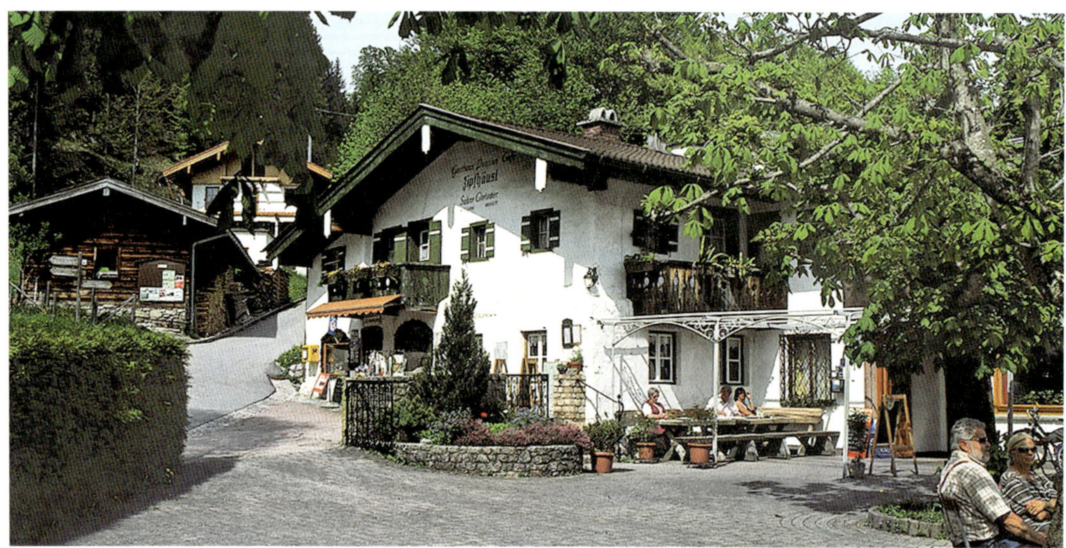

Das Gasthaus Zipfhäusl

Sahnegletscher und flüssiges Salz

Der Salzberg in Berchtesgaden ist schier unerschöpflich, und so wird dort seit Jahrhunderten Salz gefördert. Für das Sieden des Salzes wird aber viel Energie benötigt, das früher nun mal der Brennstoff Holz lieferte. Die Wälder waren jedoch irgendwann abgeholzt. So lag es nahe, das verflüssigte Salz, die Sole, dorthin zu transportieren, wo es diese Energie noch in Fülle gab: nach Bad Reichenhall. Im Jahre 1817 wurde daher eine Soleleitung gebaut, deren technisches Meisterwerk die Wassersäulenhebemaschine von Reichenbach war. Dieses kleine Wunderwerk der damaligen Technik beförderte vom Ortsteil Ilsank die Sole über eine Höhe von 356 Meter zum Brunnhaus am Söldenköpfl. Heute können wir dieses 14 Tonnen schwere Gerät im Salzbergwerk von Berchtesgaden bewundern. Um diese Soleleitung instand halten zu können, wurden entlang der sogenannten Deichln, in denen das „flüssige Gold“ transportiert wurde, Wartungswege angelegt. Bis zum Jahr 1961 wurde diese Soleleitung betrieben, bis eine „modernere“ sie ablöste. Die alten Wartungswege wurden dann zu Wanderwegen umfunktioniert. Und so haben wir heute die Möglichkeit, auf einem der schönsten und aussichtsreichsten Wanderwege der Berchtesgadener Alpen zu promenieren. Gut 400 Meter über dem Ramsauer Tal führt dieser Höhenweg durch die sonnigen Südhänge des Toten Mannes. Ein Weg für Wanderer, die es lieber gemütlich haben. Und ein Weg, der nahezu das ganze Jahr über begangen werden kann.

Der Panoramaweg

Vom großen Parkplatz steuern wir das Berggasthaus Zipfhäusl an, halten uns dort links und folgen sogleich dem ausgeschilderten Soleleitungsweg, der uns zunächst in ein Bachtälchen leitet, wo als erster kleiner Höhepunkt der Wasserfall des Schwarzecker Baches uns erwartet. Durch ein kleines Waldstück geht es dann weiter und bald erreichen wir einen Wirtschaftsweg, neben dem wir in einer Freiluftschau original hergestellte Deichln begutachten können. Sie gibt uns eine Vorstellung, wie anno dazumal die Sole transportiert wurde. In einem Rechtsbogen geht es dann nahezu eben durch aussichtsreiche Bergwiesen: rechts hinter uns baut sich die Reiteralm mit ihren nahezu undurchdringlich steilen Felswänden auf, gegenüber erhebt sich der Hochkalter, der in einer großen Mulde den nördlichsten Gletscher der Alpen versteckt hält, links davon liegt König Watzmann, das Wahrzeichen des Berchtesgadener Landes.

Wir schlendern nun hoch über dem Ramsauer Tal dahin und tauchen dann in den Wald am Südhang des Toten Mannes ein. Am Weg erkennen wir einige alte, original erhaltene Deichln, Sitzbänke laden zur Pause ein. Falls wir mit Kindern unterwegs sind, gibt es bald ein Highlight. Unser Weg führt durch einen dunklen Felstunnel (Variante außen herum möglich), die Holzrohre der alten Soleleitung

KARTENHINWEIS **Nicht unbedingt nötig, aber wer die Landschaft genauer betrachten will, greift zur Umgebungskarte 1:25 000 Nationalpark Berchtesgaden (LDBV)**

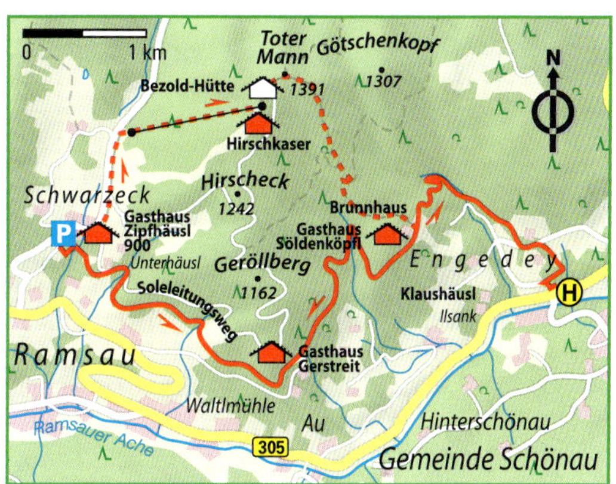

sind zwar verschwunden, der abenteuerliche Aspekt ist aber geblieben. Bis zum Berggasthof Gerstreit bleiben wir nun im schattigen Wald, treten dann aus diesem heraus und bewundern im Rückblick nochmals die Watzmannfamilie und überlegen kurz, ob eine Einkehr unserer Kondition förderlich ist. Jenseits der großen Terrasse des Gasthauses führt der Soleleitungsweg weiter. Nahezu eben wandern wir nun

EXTRA-TIPP

Passend zu unserer aussichtsreichen Wanderung sollten wir es nicht versäumen, sprichwörtlich ins Thema einzudringen und in den Salzberg einzufahren. Dort wird heute noch Salzstein abgebaut und das flüssige Salz über eine Soleleitung nach Bad Reichenhall in die Saline transportiert, allerdings auf einer anderen Strecke.

Mit der Grubenbahn fahren wir durch einen 600 Meter langen Stollen ins Kaiser-Franz-Sinkwerk, weiter geht es dann über eine abenteuerliche Rutsche in eine Salzgrotte. Am Ende der Tour informiert uns ein Museum über die Geologie der Salzstätten und die Salzgewinnung. Dort finden wir auch die Reichenbachsche Wassersäulenhebemaschine, die am Söldenköpfl über 100 Jahre im Einsatz war. Öffnungszeiten: Anfang Mai bis Mitte Oktober täglich von 9 bis 17 Uhr; Tel. 0 86 52/6 00 20.

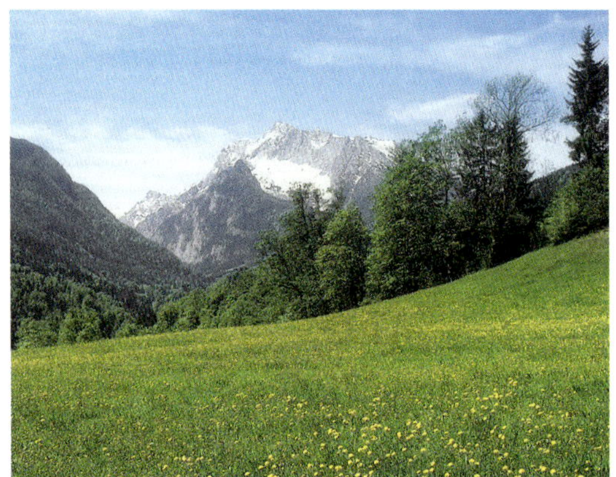

Blick auf den Hochkalter

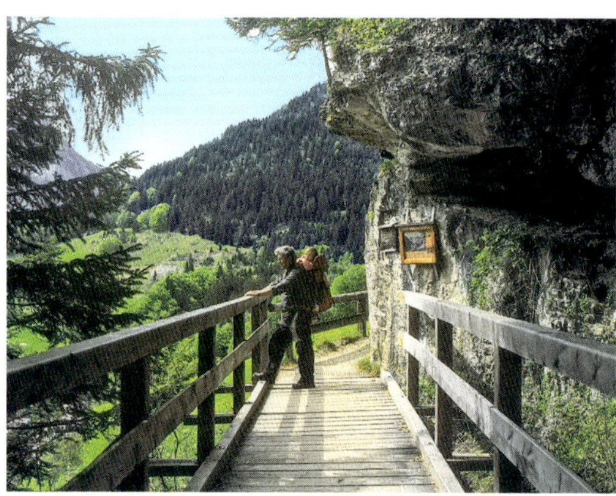

Auf dem Soleleitungsweg

einen weiten bewaldeten Bergeinschnitt, den Landtalgraben, aus und erreichen so das aussichtsreich gelegene Brunnhaus Söldenköpfl. Hier befand sich früher das Brunnhaus, zu dem die Sole aus dem Tal mithilfe der Reichenbachschen Maschine hochgepumpt wurde. Eine Gedenktafel im Inneren des Gasthauses erinnert daran.

Auf der Gastterrasse, mit Blick auf den Hohen Göll, lässt es sich gut aushalten, der Wirt kümmert sich selbst um die Gäste und seine selbst gemachten Kuchen kommen gut an, wie man bald feststellen wird. Das Brunnhaus Söldenköpfl ist unser Wendepunkt, wir können jedoch auch auf weiterhin gut ausgeschildertem Wanderweg hinab nach Ilsank wandern. Wir passieren dabei (mit einem kleinen Abstecher nach rechts) die Bachmannkapelle, halten uns dann links, bei der Pestsäule wiederum rechts und folgen dem Schobertiefenweg hinab zur Deutschen Alpenstraße.

Variante

Mit dem Sessellift geht es zunächst bequem hinauf zur Bergstation; dort lockt schon mal der Hirschkaser (nur der Name ist rustikal) zur Einkehr mit einem großartigen Panorama der Berchtesgadener Berge. Dann wandern wir auf der Zufahrtsstraße kurz hinab, bis nach wenigen Minuten links ein Pfad zum Toten Mann abzweigt. Nach einer Viertelstunde ist der Gipfel mit der kleinen Bezoldhütte (bei Schlechtwetter ein guter Schutz) erreicht. Dort halten wir inne und genießen den Blick auf den Untersberg und das Lattengebirge mit der „Schlafenden Hexe".

Wir schlendern dann rechts haltend über den freien Hang hinab, wandern in den Wald hinein und folgen dem serpentinenreichen und teilweise steilen Bergweg in direkter Linie hinab zum Brunnhaus Söldenköpfl, wo wir auf die Hauptroute stoßen.

FÜR DEN GAUMEN

Falls wir uns nicht schon beim Zipfhäusl eine Portion Sahne genehmigt haben – schließlich wirbt das Lokal damit, der „Sahnegletscher" zu sein, können wir spätestens beim Brunnhaus Söldenköpfl – gerade passend zur Halbzeit unserer Tour – eines der riesigen Kuchenstücke probieren, die der Wirt jeden Morgen noch selbst zubereitet. Dafür nimmt er gerne einen frühen Arbeitsbeginn in Kauf. Das sollten wir schon würdigen. Aber auch der Hirschkaser und das Berggasthaus Gerstreit werben mit entsprechenden Genüssen.

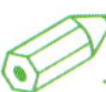

TOURISTINFO

Tourist-Information Ramsau
Im Tal 2 • 83486 Ramsau
Telefon: 08657/988920
www.ramsau.de

ANFAHRT

Mit dem Auto: Auf der Salzburger Autobahn (A8) bis zur Ausfahrt Piding, dann auf der B20 über Bad Reichenhall und Bischofswiesen nach Berchtesgaden; bei der Einmündung auf die Deutsche Alpenstraße rechts weiter in Richtung Schwarzbachwacht. Von dieser zweigt dann hoch über dem Tal die Straße zum Hochschwarzeck ab, wo auch gleich das Zipfhäusl erreicht ist. Großer gebührenfreier Parkplatz. Falls wir die Tour über den Toten Mann angehen wollen, Weiterfahrt bis zur Talstation der Hirscheckbahn (1030 m).
Mit Bahn & Bus: Mit der Bahn über Freilassing bis zum Endbahnhof Berchtesgaden, von dort weiter mit RVO-Bus in Richtung Schwarzeck, aussteigen am Zipfhäusl.

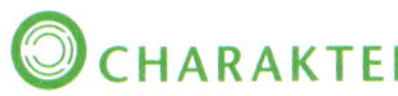

CHARAKTER

Streckenwanderung auf gut instand gehaltenen, gut ausgeschilderten Wanderwegen („Soleleitungsweg"). Falls wir ein bisschen mehr Herausforderung brauchen: Die Variante über den Toten Mann erfolgt auf leichtem, aber etwas steilem Bergsteig. Bergwärts schweben wir schon mal bequem mit der Hirscheckbahn, dann geht es kurz hinauf zum Gipfel, anschließend nur noch bergab.

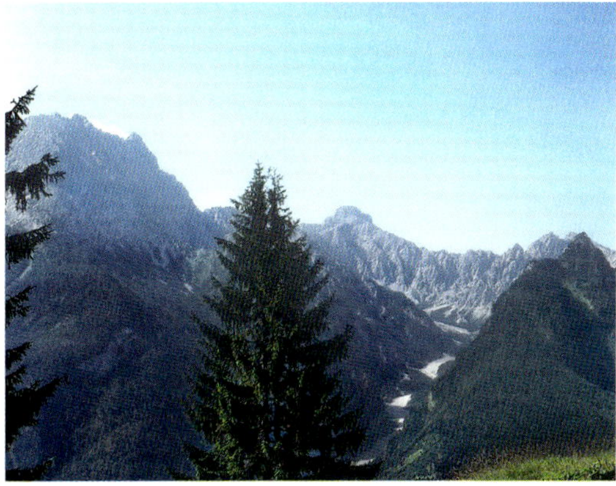

Freie Sicht aufs Wimbachtal

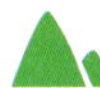

HÖHENUNTERSCHIEDE

Auf dem Soleleitungsweg 70 m; Abstieg nach Ilsank 330 m; Abstieg vom Toten Mann zum Brunnhaus Söldenköpfl 440 m

AUSGANGS- UND ENDPUNKT

Parkplatz Zipfhäusl (900 m). Falls wir nach Ilsank hinabwandern, Rückkehr mit Bus möglich.

GEHZEITEN

Vom Zipfhäusl zum Brunnhaus Söldenköpfl 1 1/2 Std., Rückweg gleiche Zeit; insgesamt: 3 Std. – Abstieg nach Ilsank 1 Std.; Abstieg vom Toten Mann zum Brunnhaus Söldenköpfl 1 Std.

EINKEHR

Berggasthaus Zipfhäusl, daneben gibt es einen kleinen Kramerladen; Tel. 08657/278
Berggasthof Gerstreit, ganzjährig geöffnet; Tel. 08657/497, www.berggasthof-gerstreit.de
Brunnhaus Söldenköpfl, Freitag Ruhetag, Tel. 08657/2383, www.berggaststaette-soeldenkoepfl.de
Berggaststätte Hirschkaser, Tel. 08657/481, www.hirschkaser.de

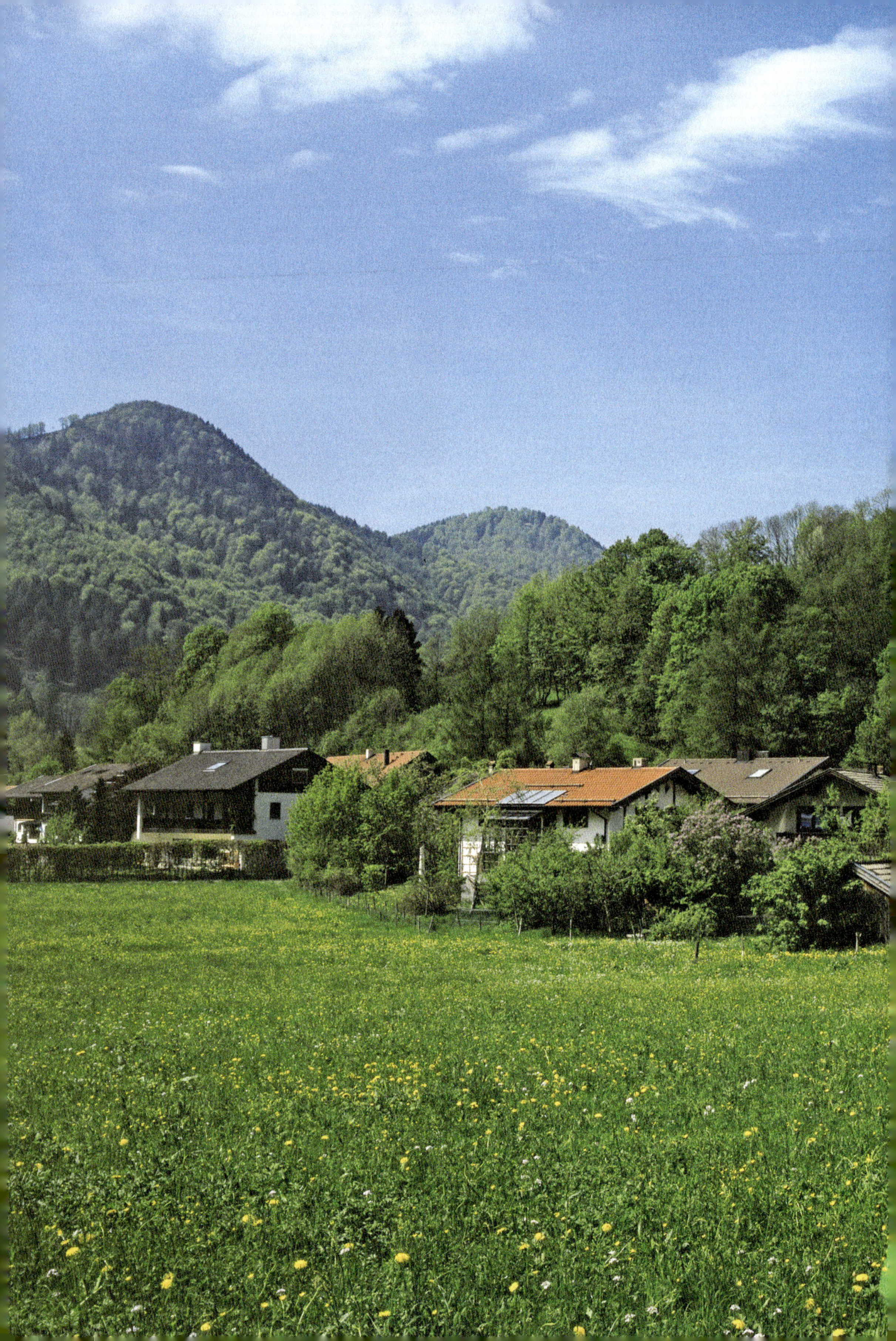

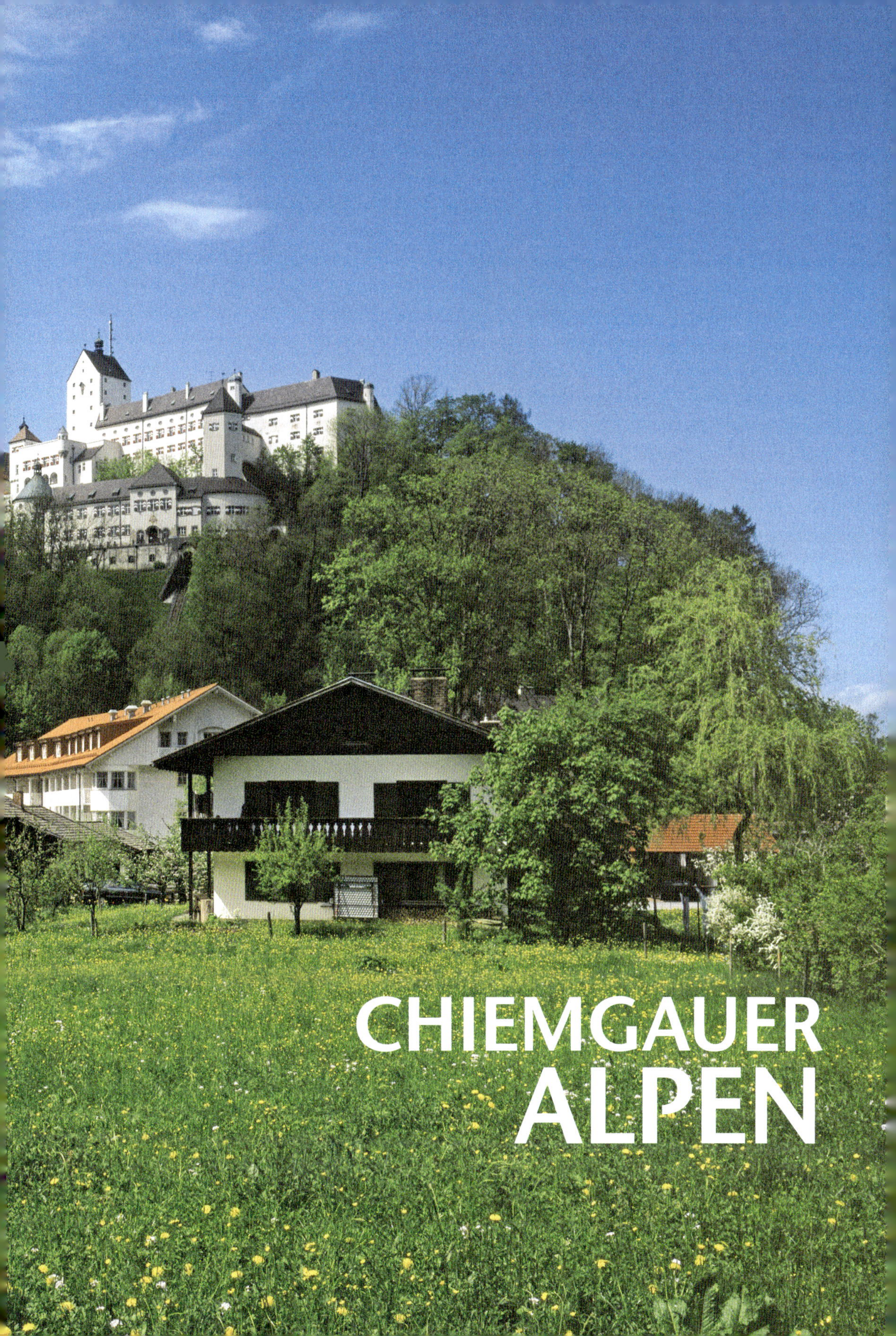
CHIEMGAUER
ALPEN

10 WEISSBACHSCHLUCHT, MAUTHÄUSL UND HÖLLENBACHALM

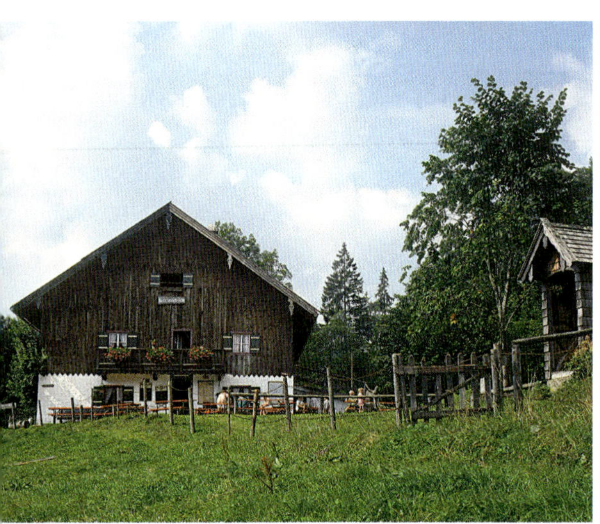

Die Höllenbachalm, ein ehemaliger Einödhof

Schneizlreuther Wanderschmankerl

Eine tief eingeschnittene Klamm und ein ehemaliger Einödhof sind die Ziele dieses Wandervorschlags. Wir können daraus auch zwei Kurzwanderungen machen, da die Ausgangspunkte unabhängig voneinander erreicht werden können.

Die Klammwanderung

Vom Kirchplatz in Schneizlreuth gehen wir rechts an der Kirche vorbei und folgen dem ausgeschilderten, ehemaligen Wirtschaftsweg vor zum Weißbach. Unter der Deutschen Alpenstraße hindurch und links vor zum Eingang der Weißbachschlucht. Auf schmalem, stellenweise gesichertem Steig (nach Sanierungsarbeiten wieder zugänglich) nun durch die reizvolle Klamm, bis rechts der steile Aufstieg zum Mauthäusl abzweigt. Auf diesem hinauf zum Gasthaus mit schöner Terrasse. – Rückkehr auf dem Anstiegsweg.

Die Almwanderung

Vom Gasthaus Mauthäusl etwa 500 m die Straße in Richtung Schneizlreuth entlang, dann vor der großen Brücke links ab (kleiner Parkplatz) und nach der Schranke auf dem ausgeschilderten Wirtschaftsweg – rechts der Höllenbach – bergwärts. Bei der ersten Wegverzweigung links, dann wieder rechts und auf dem Almweg ohne Probleme hinauf zur bewirtschafteten Alm. – Rückkehr auf dem Anstiegsweg.

FÜR DEN GAUMEN

Gute Küche mit großen Portionen, frisch zubereitete Wildgerichte und ein röscher Schweinsbraten sind ganz sicher die Pluspunkte im Gasthaus Schneizlreuth, zudem kommt das Fleisch zum Teil aus eigener Schlachtung. Im Gasthaus Mauthäusl ist es die Schweinshaxe, die der Wirtschaft Renommee gebracht hat. Auf der Höllenbachalm, dem Endpunkt unserer Tour, gibt es eine almtypische Bewirtung und das eine oder andere warme Gericht.

EXTRA-TIPP

Wer den alten Schlager *Ich bin die Schönheitskönigin von Schneizlreuth* kennt, denkt, dieser Ortsname sei fiktiv. Mitnichten! Diese Gemeinde mit gleichnamigem Ortsteil liegt links und rechts der Saalach im Berchtesgadener Land. Das Lied wurde erstmals am 31. Oktober 1953 im Münchner „Platzl" von der Volkssängerin Bally Prell, einer Ur-Münchnerin, gesungen und hat sich jahrzehntelang gehalten. Bei einem Dorfjubiläum in den 50ern trat sie persönlich in Schneizlreuth auf und hat damit den Ort weithin bekannt gemacht.

KARTENHINWEIS Topographische Karte 1:50000 „Berchtesgadener Alpen“ (LDBV)

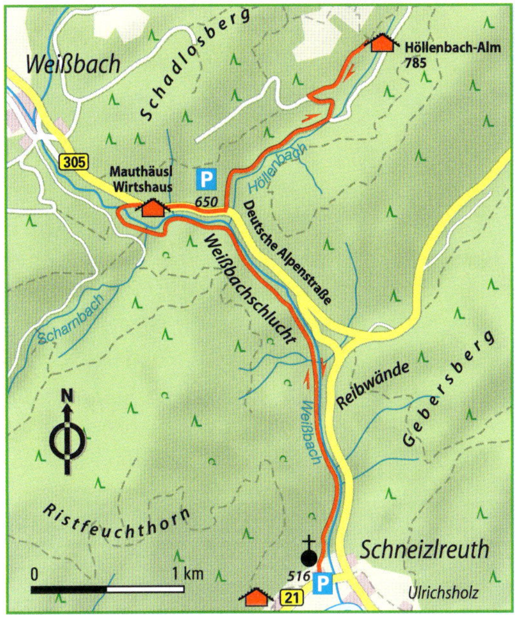

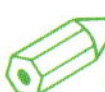

TOURISTINFO

Tourist-Info Schneizlreuth
Berchtesgadener Straße 12
83458 Schneizlreuth
Telefon: 08665/7489 • www.schneizlreuth.de

ANFAHRT

Mit dem Auto: Auf der Salzburger Autobahn (A8) bis zur Ausfahrt Schweinsbach, dann auf der B306 über Inzell und die B305 (Deutsche Alpenstraße) nach Schneizlreuth. Parkmöglich-keiten am Kirchplatz im Ortsteil Schneizlreuth. Wer nur zur Höllenbachalm wandern will, parkt kurz hinter dem Gasthaus Mauthäusl entlang der Deutschen Alpenstraße oder direkt am Ausgangspunkt auf kleinem Wanderparkplatz (650 m; kurz vor der großen Brücke links).

Mit Bahn & Bus: Mit der Bahn über Freilassing bis zum Hauptbahnhof Bad Reichenhall, von dort weiter mit dem RVO-Bus nach Schneizlreuth (Haltestelle Hubertus).

CHARAKTER

Zu Beginn leichte Wanderung auf breiten, ausgeschilderten Wanderwegen bis zum Eingang der Weißbachschlucht. Durch diese führt ein teilweise gesicherter Klammweg. Im letzten Teil ein kurzes Stück entlang der Straße, dann Almfahrweg.

HÖHENUNTERSCHIEDE

Vom Kirchplatz in Schneizlreuth bis zum Gasthaus Mauthäusl: 150 Hm im Anstieg; vom Wanderparkplatz Höllenbachalm zur Höllenbachalm: 135 Hm im Anstieg

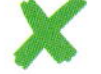

AUSGANGS- UND ENDPUNKT

Kirchplatz in Schneizlreuth (516 m)

GEHZEITEN

Vom Kirchplatz Schneizlreuth zum Gasthaus Mauthäusl 1 1/2 Std., Rückweg 1 1/2 Std. Gesamtgehzeit: 3 Std. – Vom Gasthaus Mauthäusl zur Höllenbachalm 3/4 Std., Rückweg 1/2 Std. Gesamtgehzeit: 1 1/4 Std. Beide Touren: 4 1/4 Std.

EINKEHR

Gasthaus Schneizlreuth (511 m), 500 Meter vom Ausgangspunkt am Kirchplatz entfernt, ganzjährig bewirtschaftet; Tel. 08651/4165, www.gasthaus-schneizlreuth.de
Wurznwirt, zur Zeit geschlossen, www.wurznwirt.de
Gasthaus Mauthäusl (650 m); Tel. 08665/98600, www.hotel-mauthaeusl.de
Höllenbachalm (785 m), von Mitte Mai bis Anfang/Mitte Oktober täglich bewirtschaftet; Tel. 08651/2822

11 VOM FORSTHAUS ADLGASS ÜBER STEINERALM UND FRILLENSEE

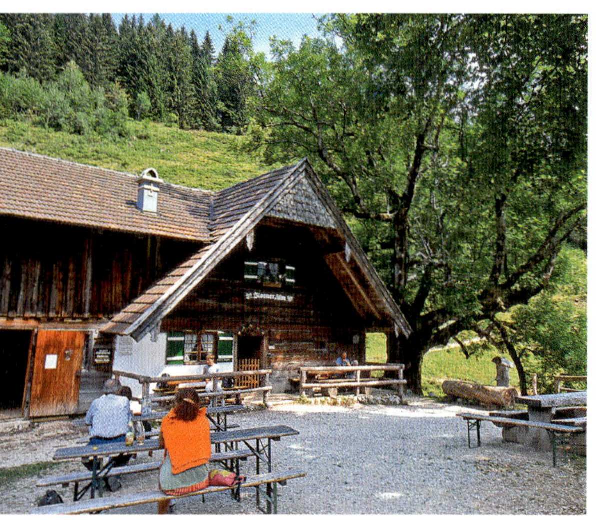
Auf der Terrasse der Steineralm

Ein reizvolles Almensemble mit Haflingern

Auf der Nordseite des Hochstaufens finden wir ein besonders reizvolles, bequem zu erreichendes Wanderziel, die Steineralm. Dort werden Pensionsvieh – Jungvieh und einige Kühe sowie Geißen –, aber auch Schweine und Hühner gehalten. Die gemütliche Almhütte mit kleiner Almkapelle geht in ihren Ursprüngen bis in die Anfänge des 18. Jahrhunderts zurück. Später kamen einige Anbauten dazu. Falls das Wetter schlecht bzw. wenn es kühl ist, können wir uns im Stüberl drinnen aufhalten. Es gibt sogar Plätze zum Übernachten. Auf dem Rückweg machen wir einen kleinen Schlenker zum Frillensee.

Die Almwanderung

Vom Wanderparkplatz schlendern wir zu dessen Ende, queren ein Brückerl und folgen sofort dem rechts abzweigenden Ziehweg in den Wald hinein. Bei der folgenden Abzweigung halten wir uns wiederum rechts und wandern am Frillenseebach entlang bergwärts. Bei der nächsten Gabelung links halten, wo wir bald auf eine Forststraße stoßen. Wir queren diese und folgen dem bergwärts führenden Abzweiger, wobei wir der Ausschilderung Hochstaufen folgen. Bei der Straßengabelung links und bei den folgenden beiden Verzweigungen rechts weiter. Bald zweigt ein Ziehweg ab, der in einen Bergweg mündet. Auf diesem zum Rande eines kleinen Kessels und hinab zur Steineralm. – Anschließend queren wir den Kessel, steigen kurz an und treffen auf eine Forststraße, der wir talwärts folgen. Bald zweigt links der Steig zum Frillensee ab. Von dort führt ein breiter Wanderweg (siehe Tipp!) hinab nach Adlgaß.

EXTRA-TIPP

Auf dieser kleinen Almrunde streifen wir auch den Frillensee am Fuße des Hochstaufens. Er gilt gemeinhin als die Wiege des Eislaufsports in Inzell sowie als kältester See Deutschlands. Seine maximale Tiefe beträgt 7,5 Meter. Da er auf einer Höhe von 922 Metern über dem Meeresspiegel liegt, ist er oft bereits im November zugefroren. Mittlerweile haben die Inzeller ein Hochleistungsstadion, und der Frillensee als Wintersportplatz ist nur mehr Anekdote. Am Nordufer des von Wald eingesäumten Sees befindet sich ein Hochmoor mit vielfältiger Flora. Das Gebiet steht unter Landschaftsschutz. Ein Bohlenweg macht dieses Hochmoor für den Naturfreund zugänglich. Darüber erheben sich die Gipfel des Hochstaufens und des Mittelstaufens. Es gibt Sitzbänke und eine Unterstandshütte.
Ein Ort zum Träumen!

KARTENHINWEIS Topographische Karte 1:50 000 „Berchtesgadener Alpen" (LDBV)

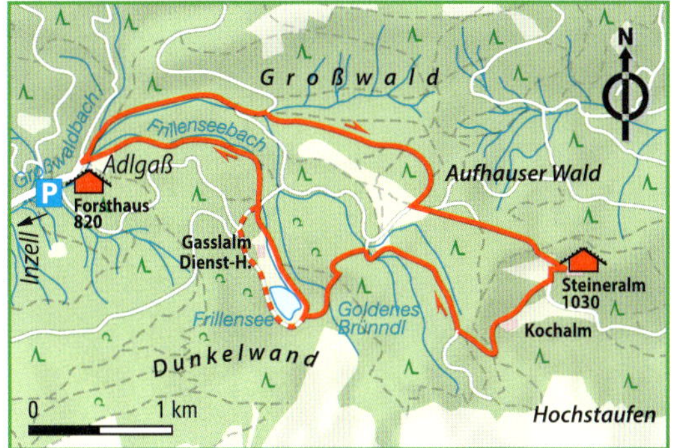

Variante

Der Frillensee kann auf einem Bohlenweg umrundet werden. Anschließend können wir direkt talwärts wandern und treffen dann wieder auf den üblichen Abstiegsweg.

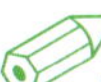

TOURISTINFO

Inzeller Touristik GmbH
Rathausplatz 5 • 83334 Inzell
Telefon: 08665/98850
www.inzell.de

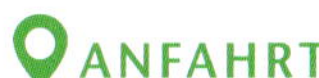

ANFAHRT

Mit dem Auto: Auf der Salzburger Autobahn (A8) bis zur Ausfahrt Siegsdorf, dann weiter auf der B 306 nach Inzell.
In der Ortsmitte links abbiegen und weiter (4,5 km) bis zum Straßenende in Adlgaß (800 m), am Fuß des Hochstaufens, fahren. Dort gibt es zwei große Wanderparkplätze.
Mit Bahn & Bus: Mit der Bahn über Rosenheim nach Traunstein; von dort weiter mit dem RVO-Bus nach Inzell, dort umsteigen in den Ortsbus bis Adlgaß.

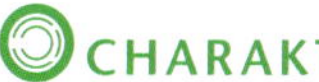

CHARAKTER

Schöne Bergwege, zum Teil Forstwege, der Übergang von der Steineralm zum Frillensee auf Bergwanderweg, etwas Trittsicherheit wäre nicht schlecht. Keinerlei ausgesetzte Stellen. Überwiegend schattig.

HÖHENUNTERSCHIEDE

Vom Wanderparkplatz in Adlgaß zur Steineralm: 310 Hm im Anstieg; Übergang zum Frillensee: etwa 200 Hm (leichte Auf- und Abstieg); Abstieg nach Adlgaß: 112 Hm

AUSGANGS- UND ENDPUNKT

Wanderparkplatz am Ende der Fahrstraße in Adlgaß (810 m)

GEHZEITEN

Vom Wanderparkplatz in Adlgaß zur Steineralm 1 1/2 Std., Übergang zum Frillensee 3/4 Std., Abstieg von dort nach Adlgaß 1/2 Std. Gesamtgehzeit: knapp 3 Std.

EINKEHR

Forsthaus Adlgaß (820 m), nahezu ganzjährig bewirtschaftet, Montag/Dienstag Ruhetag; Tel. 08665/483, www.forsthaus-adlgass.de
Steineralm (1030 m), von Mitte Mai bis Mitte Oktober bewirtschaftet, 28 Lager stehen für eine evtl. Übernachtung bereit; Tel. 08652/4404

... UND NOCH EIN TIPP

Der direkte Weg von Adlgaß zum Frillensee wurde vor Kurzem zu einem Erlebnispfad umgestaltet. Hin- und Rückweg 6 Kilometer. Die Strecke ist auch mit Kinderwagen befahrbar.

12 VON LAUBAU DURCH DAS SCHWARZACHENTAL ZUR KAITELALM

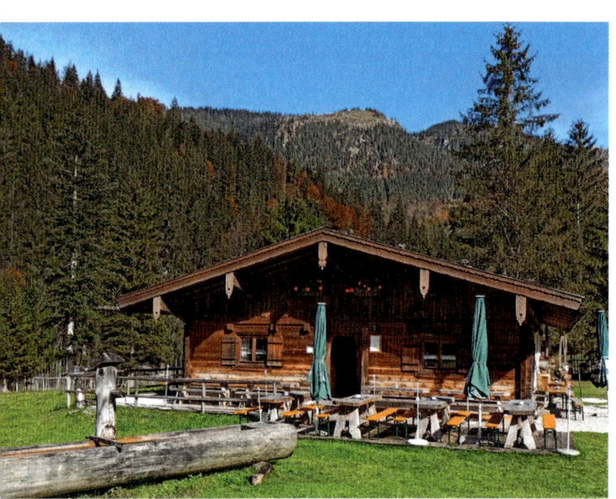
Die Schwarzachenalm nach der Renovierung

Zu einer Ruhpoldinger Wanderoase

Die Kaitelalm in den Chiemgauer Bergen ist ein Wanderziel, das auch Wanderungeübte gerne auf ihre Tourenliste setzen. Denn nur 270 Höhenmeter sind zu bewältigen und schon sitzt man inmitten von Kuhgebimmel und genießt die heimelige Atmosphäre. Aussicht ist kein Thema. Wer trotzdem den Blick auf Inzell oder das Ruhpoldinger Talbecken aus der Vogelperspektive erleben will, soll das ruhig tun (2½ Stunden extra). Wir hingegen bleiben beim „Keitei", der bei Einheimischen wie bei „Zuagroasten" als Original galt, und lassen uns von seinen Nachfolgern deftig bewirten.

Die Almwanderung

Vom Wanderparkplatz folgen wir der geradeaus führenden, zunächst noch geteerten Wirtschaftsstraße 10 Minuten lang direkt auf die vor uns aufstrebenden Berge zu. Bei der ersten Weggabelung nehmen wir die linke Abzweigung, queren ein Brückerl und schlendern auf dem nun unbefestigten Sandweg den Fischbach entlang. Das schattige Wirtschaftssträßchen führt uns – gut ausgeschildert – weiter taleinwärts zur nächsten Wegverzweigung. Dort halten wir uns rechts und bald geht weiterhin eben ein Weg in einem Linksschwenk ins Tal der Schwarzachen hinein. Wir erinnern uns, schon mal gehört zu haben, dass hier im Jahre 1835 der letzte bayerische Braunbär seinen Weg ins Jenseits antreten musste. Und bald schon ist auch die Schwarzachenalm erreicht. Dahinter baut sich imposant das Sonntagshorn auf, der höchste Gipfel der Chiemgauer Alpen. Die Alm ist bewirtschaftet, falls geschlossen, bietet ein schöner Brunnen erfrischendes Wasser. Unser Weg wird nun allmählich steiler und folgt zunächst dem Lauf des Lanzelecker Baches und anschließend dem der Hinteren Schwarzachen. Nach wenig anstrengender Wanderung ist unser Ziel, die Kaitelalm, erreicht.

FÜR DEN GAUMEN

Auf der Kaitelalm gibt es eine typische Almbewirtschaftung mit deftigen Brotzeiten und einigen

EXTRA-TIPP

Direkt gegenüber dem Wanderparkplatz in Laubau befindet sich das mittlerweile recht populär gewordene Holzknechtmuseum. Im Museumsgebäude sowie im Freigelände, auf dem einige original nachgebaute Holzknechthütten stehen, können wir uns ein vortreffliches Bild der Arbeits- und Lebensbedingungen der Holzarbeiter aus früheren Zeiten machen. Öffnungszeiten: Von Februar bis Oktober von Dienstag bis Sonntag von 10 bis 17 Uhr. Tel. 08663/639

Suppen. Die Getränke werden im Brunntrog vor der Hütte gekühlt. Beliebtes Getränk ist z. B. die „Russenmaß“. Aber es gibt natürlich auch Milch, Softdrinks und – Schnapserl. Also aufpassen, dass Sie den Heimweg nicht unterschätzen. Der zieht sich hin ...

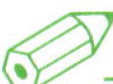

TOURISTINFO

Touristinformation Ruhpolding
Bahnhofstraße 8 • 83324 Ruhpolding
Telefon: 08663/88060
www.ruhpolding.de

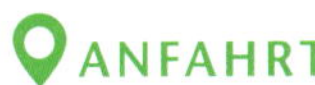

ANFAHRT

Mit dem Auto: Auf der Salzburger Autobahn (A8) bis zur Ausfahrt Siegsdorf, dann über Ruhpolding bis zum Weiler Laubau an der Deutschen Alpenstraße; dort links ab zum Holzknechtmuseum, wo sich ein großer, gebührenfreier Wanderparkplatz befindet.
Mit Bahn & Bus: Mit der Bahn auf der Strecke München – Salzburg bis Traunstein, dort umsteigen in den Regionalzug nach Ruhpolding. Von dort nehmen wir den RVO-Bus nach Reit im Winkl bis zur Haltestelle Laubau.

KARTENHINWEIS **Topographische Karte 1:50000 „Berchtesgadener Alpen“ (LDBV)**

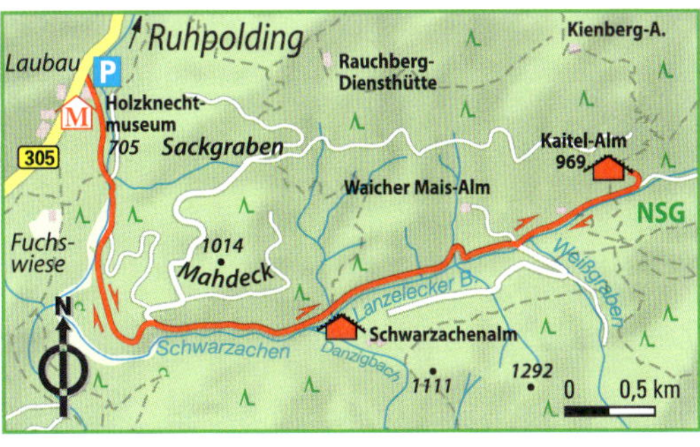

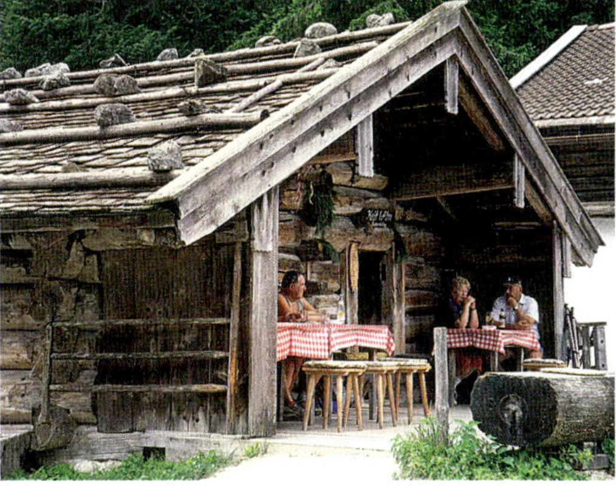

Auf der Kaitelalm

CHARAKTER

Leichte Wanderung auf fast ausschließlich unbefestigten Wirtschaftswegen

HÖHENUNTERSCHIEDE

Vom Ausgangspunkt in der Laubau zur Kaitelalm: 270 Hm im Anstieg

AUSGANGS- UND ENDPUNKT

Wanderparkplatz Laubau beim Holzknechtmuseum (705 m)

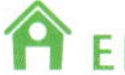

GEHZEITEN

Vom Wanderparkplatz Laubau zur Kaitelalm 2 Std.; Rückweg über 1 3/4 Std. Gesamtgehzeit: 3 3/4 Std.

EINKEHR

Kaitelalm (969 m), von Anfang Mai bis Ende Oktober durchgehend bewirtschaftet, an schönen Wochenenden auch in den anderen Monaten
Schwarzachenalm, von Mai bis Oktober bewirtschaftet, Freitag Ruhetag; Tel. 08663/800558
Gasthaus Fritz am Sand (700 m), kurz vor Laubau, ganzjährig bewirtschaftet, Tel. 08663/7809848, www.fritzamsand.com

13 NATTERSBERGALM, HEMMERSUPPENALM UND HINDENBURGHAUS

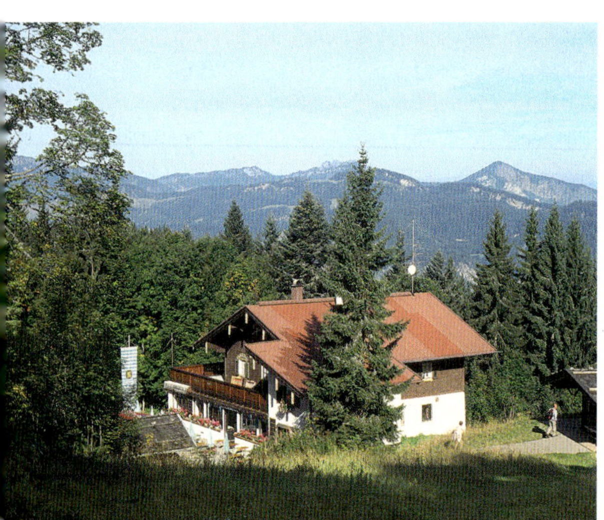

Das Hindenburghaus

Einkehrrunde über Seegatterl

Die Oberhemmersuppenalm lockt uns mit einem wohlklingenden Namen. Nur ist das leider eine Täuschung: Der Name hat nichts mit bayerischer Küche zu tun. Aber wir treffen dort auf ein idyllisches, schönes Almhüttenensemble. Auch auf eine gemütliche Einkehr müssen wir nicht verzichten. Doch bereits an der Nattersbergalm besteht die Versuchung „hängen zu bleiben" im kleinen Alm-Biergarten. Besonders zünftig geht es im Hindenburghaus zu, wenngleich nur auf Vorbestellung (siehe Tipp). Eine schöne Wanderung ohne große Herausforderungen mit schönem Ausblicken auf die Chiemgauer Berge.

Die Höhenwanderung

Unser Anstiegsweg beginnt am Westende des großen Parkplatzes; dort gehen wir über eine Brücke und folgen sofort, uns links haltend, dem breiten Wanderweg, der uns immer durch Wald – mit einigen schönen Ausblicken – über einige weite Kehren hinauf zur Nattersbergalm leitet. Dort nehmen wir links den schmalen Wanderweg (Wegweiser!) durch die Bergwiesen zum oberen Waldrand, wo wir auf eine Forststraße treffen. Dieser folgen wir links, bis nach der dritten Wegschleife links ein Ziehweg abzweigt, der uns direkt zur Oberhemmersuppenalm führt. Am letzten Gebäude der Almsiedlung führt rechts ein Wirtschaftsweg ab, der uns leicht ansteigend zu einer Anhöhe mit einer kleinen Almkapelle führt. Von dort schlendern wir leicht fallend hinab zum Hindenburghaus. – Am Wendepunkt unserer Tour halten wir uns rechts, bei der ersten Weg-verzweigung wiederum rechts und folgen dann immer dem breiten Forstweg durch Wald hinab zur Nattersbergalm, wobei wir nach knapp zwei Drittel des Weges wieder auf unseren Anstiegsweg treffen.

FÜR DEN GAUMEN

Auf der Nattersbergalm wie auch im Hindenburghaus (dort auch mit Tiroler und Salzburger Einschlag) finden wir eine gutbürgerliche bis deftige Küche vor. Aber es gibt natürlich auch Gerichte für den, der auf die schlanke Linie schauen will oder einen Schweinsbraten einfach nicht verträgt.

EXTRA-TIPP

Das Hindenburghaus bietet für angemeldete Gruppen ein zünftiges bayerisches Rahmenprogramm an: z. B. mit Wettsägen, Bierkrugstemmen, Gaudischnupfen, Fingerhakeln, Schuhplatteln, Kuheutermelken und Preisjodeln. Ein ideales Ambiente also für Geburtstage, Jubiläen oder Firmenfeiern.

KARTENHINWEIS Topographische Karte 1:50000 „Berchtesgadener Alpen“ (LDBV)

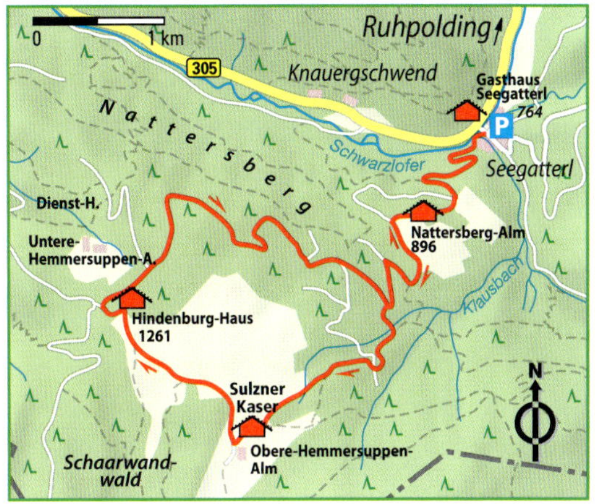

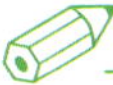

TOURISTINFO

Touristeninformation Reit im Winkl
Dorfstr. 38 • 83242 Reit im Winkl
Telefon: 08640/80020
www.reitimwinkl.de

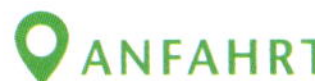

ANFAHRT

Mit dem Auto: Auf der Salzburger Autobahn (A8) bis zur Ausfahrt Siegsdorf, dann über Ruhpolding und dem Weiler Laubau zum Wanderparkplatz Seegatterl (764 m) an der Deutschen Alpenstraße.

Mit Bahn & Bus: Mit der Bahn auf der Strecke München – Salzburg bis Traunstein, dort umsteigen in den Regionalzug nach Ruhpolding. Von dortnehmen wir den RVO-Bus nach Reit im Winkl bis Seegatterl.

... UND NOCH EIN TIPP

Vom Wanderparkplatz Blindau bei Reit im Winkl verkehrt täglich ein Kleinbus zum Hindenburghaus (Abfahrt ab 9 Uhr jede halbe Stunde). So können wir unsere Wanderroute bereits auf einer Höhe von über 1200 Metern beginnen.

AUSGANGS- UND ENDPUNKT

Wanderparkplatz Seegatterl (764 m)

CHARAKTER

Leichte Wanderung auf breiten Wanderwegen, zum Teil auf Wirtschaftswegen; kurze Passagen ab der Nattersbergalm hinauf zur Oberhemmersuppenalm erfolgen auf Bergwanderwegen.

HÖHENUNTERSCHIEDE

Vom Ausgangspunkt zur Nattersbergalm: 132 Hm; Weiterweg zum Hindenburghaus: 365 Hm im Anstieg; Abstieg von dort ins Tal: 500 Hm

GEHZEITEN

Vom Wanderparkplatz Seegatterl zur Nattersbergalm 30 Min.; Weiterweg über die Oberhemmersuppenalm zur Hindenburghütte 1 1/2 Std., Rückweg zur Nattersbergalm 1 Std., Abstieg zum Ausgangspunkt 20 Min. Gesamtgehzeit: 3 Std.

EINKEHR

Nattersbergalm (896 m), Almpension (Doppel- und Mehrbettzimmer) mit Biergarten und Spielplatz, ganzjährig bewirtschaftet, Montag/Dienstag Ruhetag, Tel. 08640/84 30, www.nattersberg.de
Sulzner Kaser (1240 m), von Mitte Mai bis Mitte Oktober geöffnet
Hindenburghaus (1261 m), nahezu ganzjährig bewirtschaftet, keine Übernachtung. Siehe Tipp! Tel. 08640/84 25, www.hindenburghuette.de
Gemütliche Einkehrmöglichkeiten in Reit im Winkl, wie z. B. die Zirbelstube, das Hotel Post oder die Milchbar.

14 AUF DER WINKLMOOSALM ÜBER DIE WIELANDSEITENALM

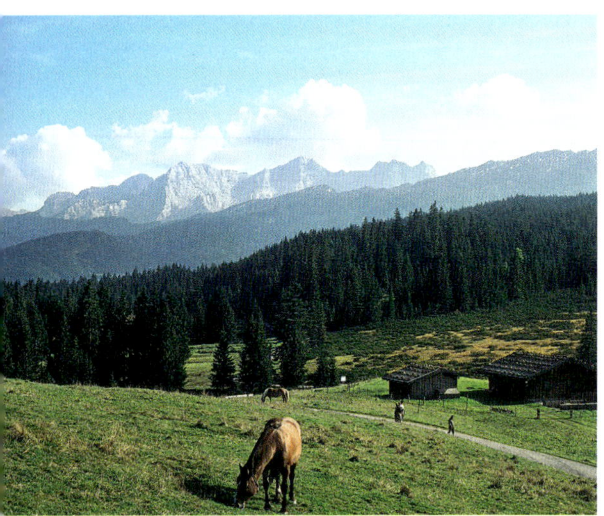

Winklmoosalm mit Loferer Steinbergen

Ins Heutal und zurück auf dem „Landweg“

Die Winklmoosalm ist nicht nur Skifahrern ein Begriff, im Gegenteil: dort oben können wir Wandertouren in jede Richtung unternehmen. Heute haben wir Größeres vor, wenngleich unsere geplante Höhenwanderung hinüber ins Heutal weder konditionell anspruchsvoll ist, noch besonderes Wandergeschick voraussetzt. Allerdings müssen wir auch etwas Geduld haben, denn Einkehrmöglichkeiten gibt es erst im Heutal.

Die Höhewanderung

Vom Wanderparkplatz gehen wir zunächst zum „Almstüberl“; dahinter folgen wir rechts dem breiten Weg durch Almgelände und eine schöne Hochmoorlandschaft. Bei der Wegverzweigung zur Muckklause (kurz geradeaus) halten wir uns links. Wir queren den Unkenbach und halten uns bei der nächsten Wegverzweigung rechts. Nach wenigen Minuten nehmen wir den links abzweigenden Steig (Mark.-Nr. 14) hinauf zur Wielandseitenalm. Dort mit schönem Blick auf die Loferer Steinberge oberhalb der Almhütten über die Bergwiesen zum Wald und zu einer Forststraße. Auf ihm weiter zu den Gföller Mähdern. Bei der Heuhütte links hinauf zu einem Gatterl, jenseits hinab und links haltend weiter nach Ochsenbrunn. Dort führt rechts (geradeaus) ein breiter Almweg zum ehemaligen Gasthaus Moarlack. Etwas unterhalb davon wandern wir, uns links haltend, auf einem schönen Weg hinab ins Heutal. Dort links auf der Straße zum Gasthaus. Gut geleitet kehren wir auf dem „Landweg“ wieder zurück zur Winklmoosalm.

Variante

Von Ochsenbrunn (ausgeschilderte Wegverzweigung) können wir, uns links haltend, auf einem breiten Almweg überwiegend durch Wald zurück zur Winklmoosalm wandern.

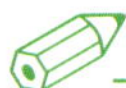

TOURISTINFO

Tourist-Information Reit im Winkl
Dorfstr. 38 • 83242 Reit im Winkl
Telefon: 08640/80020 • www.reitimwinkl.de

ANFAHRT

Mit dem Auto: Auf der Salzburger Autobahn (A8) bis zur Ausfahrt Siegsdorf, dann über Ruhpolding und dem Weiler Laubau zum Wanderparkplatz Seegatterl an der Deutschen Alpenstraße bzw. hinauf auf der Mautstraße zur Winklmoosalm. Großer Wanderparkplatz am Ende der Fahrstraße (1110 m). **Mit Bahn & Bus:** Mit der Bahn auf der Strecke München – Salzburg bis Traunstein, dort umsteigen in den Regionalzug nach Ruhpolding. Von dort neh-

KARTENHINWEIS Topographische Karte 1:50000 Blatt „Chiemsee – Chiemgauer Alpen“ (LDBV)

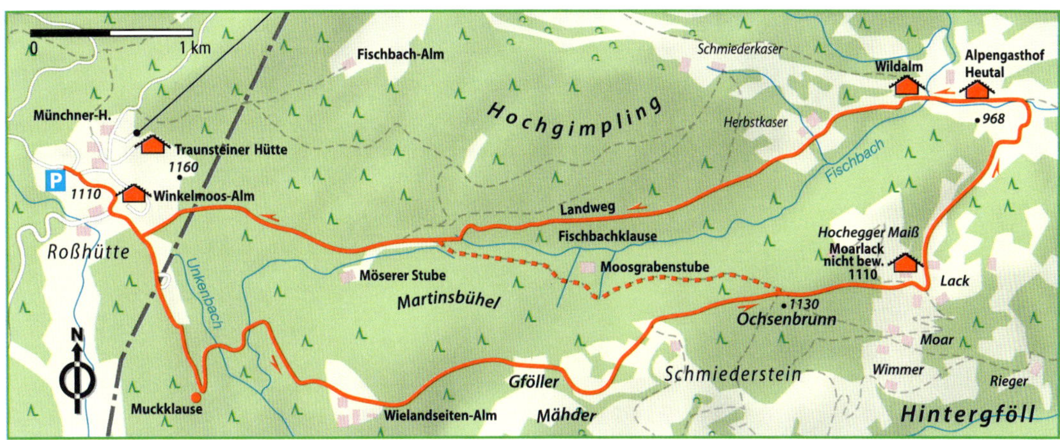

men wir den RVO-Bus nach Reit im Winkl bis Seegatterl. Von dort Pendelbus hinauf zur Winklmoosalm.

CHARAKTER

Leichte Wanderung auf Wirtschaftswegen und leichten Bergwanderwegen

AUSGANGS- UND ENDPUNKT

Wanderparkplatz Winklmoosalm (1110 m)

HÖHENUNTERSCHIEDE

Vom Wanderparkplatz zur Wielandseitenalm: 130 Hm im Anstieg; Übergang zum Heutal: 70 Hm im Anstieg, 320 Hm im Abstieg, Rückkehr zur Winklmoosalm: 140 Hm im Abstieg

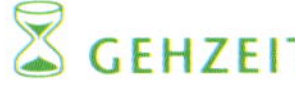

GEHZEITEN

Vom Wanderparkplatz über die Wielandseitenalm ins Heutal 2 3/4 Std., Rückkehr über den „Landweg“ zur Winklmoosalm 2 Std. Gesamtgehzeit: 4 3/4 Std.

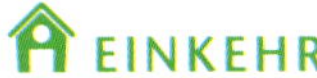

EINKEHR

Traunsteiner Hütte (1160 m), Alpenvereinshütte, ganzjährig bewirtschaftet, November Betriebsruhe, 4 Betten, 25 Lager; Tel. 01 71/4 37 89 19

Alpengasthof Winklmoosalm (1183 m), nahezu ganzjährig bewirtschaftet, Übernachtung möglich; Tel. 0 86 40/9 74 40, www.winklmoosalm.com/hotel

Berggasthof Sonnen-Alm (1110 m), nahezu ganzjährig bewirtschaftet, Tel. 0 86 40/7 97 20, www.sonnenalm.de

Berggasthaus Almstüberl (1110 m), nahezu ganzjährig bewirtschaftet; Tel. 0 86 40/86 16, www.almstueberl.de

Alpengasthof Heutal (968 m), ganzjährig bewirtschaftet, Übernachtung möglich

EXTRA-TIPP

Aufgrund der Salinenkonvention von 1829, übrigens der älteste noch gültige Staatsvertrag in Europa, besitzt der Freistaat Bayern ein großes Waldgebiet auf österreichischem Boden. An der Muckklause wurde früher Holz ins Tal gedriftet. Die sehenswerte Anlage wurde vor ein paar Jahren wiederhergestellt. Wir können sie auf unserer Wanderung besichtigen.

VON ETTENHAUSEN ZUM WALLFAHRTSORT KLOBENSTEIN

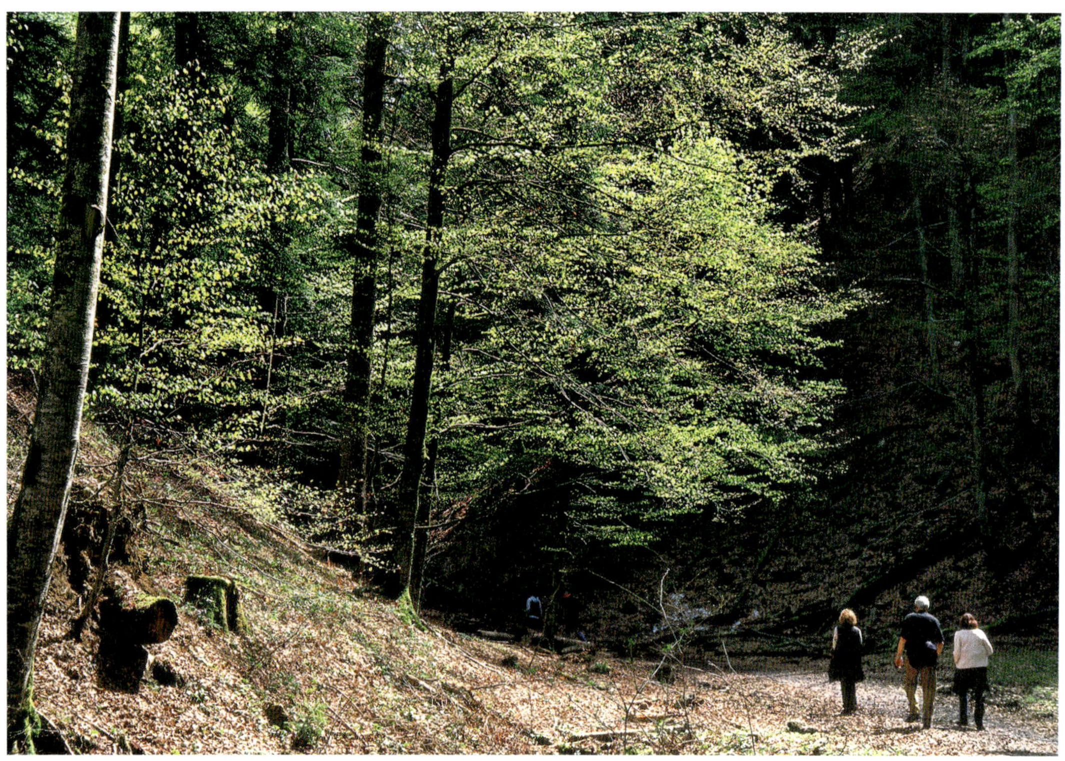

Auf stillen Weg zur alten Grenze

Auf dem Schmugglerweg zwischen Bayern und Tirol

Zu Zeiten, als die Grenzen zwischen Bayern und Tirol dichter waren (z. B. nach den beiden Weltkriegen) und so manches Produkt jenseits der Grenze billiger war, sah sich mancher genötigt, sich die Waren selbst zu beschaffen oder beschaffen zu lassen. So entstand der Schmugglerweg zwischen Schleching und Kössen in Tirol. Begehrte und leicht zu transportierende Waren stellten Tabak, Zigarren, Rum, Kaffee und Zucker dar. Heute ist dieser ehemalige Grenzwechsel ein beliebter Wanderweg mit spannenden Einlagen, denn er verläuft zum Teil steil über dem tiefen Einschnitt der Entenlochklamm, die ein beliebtes Revier der Kajakfahrer darstellt, zudem queren wir den Tiroler Achen auf einer leicht schaukelnden Hängebrücke. Denn jenseits des Flusses liegt die Wallfahrtskirche Klobenstein mit Einkehrmöglichkeit, und die wollen wir uns ganz sicher nicht entgehen lassen. Der Rückweg erfolgt dann auf dem Hinweg. Doch auch diesen können wir mit einer Variante zum Riedersburger See und einem herrlichen Tiefblick auf den Tiroler Achen bereichern.

Die Klammwanderung

Vom Wanderparkplatz bzw. von der Ortsmitte folgen wir der Ausschilderung „Schmugglerweg"/„Hängebrücke Klobenstein" durch den Ort zum südlichen Ende. Dort wandern wir dann – gut ausgeschildert – auf einem unbefestigten Wirtschaftsweg südwärts. Bei der Wegverzweigung nach einer Viertelstunde Gehzeit bleiben wir auf dem Hauptweg, gelangen dann in den Wald und erreichen die kleine Brücke über den Maisbach. Unser Weg wird nun schmäler. Wir passieren eine Gedenktafel und erreichen nach einigen Kehren den ehemaligen Grenzübergang mit einem Grenzerhäuschen.

Links unter uns rauscht der Tiroler Achen. Ein gut angelegter Steig mit vielen Treppenstufen leitet uns dann weiter zur Entenlochklamm. Bald erreichen wir die Hängebrücke über den Fluss und steigen in wenigen Minuten hinauf zur Wallfahrtskapelle Klobenstein und zum historischen Gasthaus daneben.

Variante

Nach einer Viertelstunde Gehzeit ab Wanderparkplatz können wir nach links einen Abstecher zum kleinen Riedersburger See mit Wasserfall machen, unser Weg trifft dann weiter vorne wieder auf die Hauptroute. Nicht weit vom kleinen See ist auch die „Schöne Aussicht" mit Blick auf den Tiroler Achen.

KARTENHINWEIS Topographische Karte 1:50000 Blatt „Chiemsee – Chiemgauer Alpen" (LDBV)

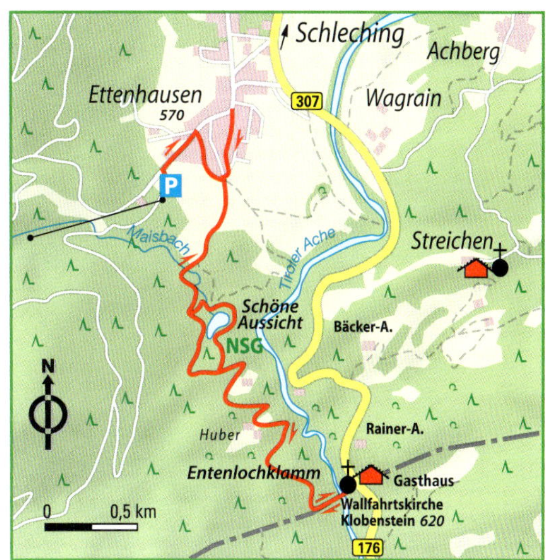

FÜR DEN GAUMEN

Im Gasthaus Klobenstein gibt es Brotzeiten mit Speck und Käse und aus heimischer Herstellung

EXTRA-TIPP

Auf seinem Lauf aus dem österreichischen Tirol ins bayerische Nachbarland zum Chiemsee muss der Tiroler Achen eine Engstelle überwinden, die Entenlochklamm. Rechter Hand führte bereits zu Römer-Zeiten eine Verbindungsstraße durch diesen Engpass, Oberhalb der Flussenge wurde vermutlich dann im 15. Jahrhundert die Wallfahrtskirche Klobenstein erbaut. Der Legende nach als Folge einer überraschenden Rettung. Eine Frau war von einer Mure überrascht worden. Ein herabstürzender Felsen spaltete sich – nachdem die Frau ein Stoßgebet zur Mutter Gottes geschickt hatte und gewährte der bedrohten Frau auf diese Art Schutz. Wohl schon damals existierte bereits ein Gasthof für Reisende und Pilger. Eine dort gefundene gusseiserne Ofenplatte aus dem Jahre 1691 befindet sich im Kaminzimmer der rustikalen Wirtschaft und gilt als Beleg dafür.

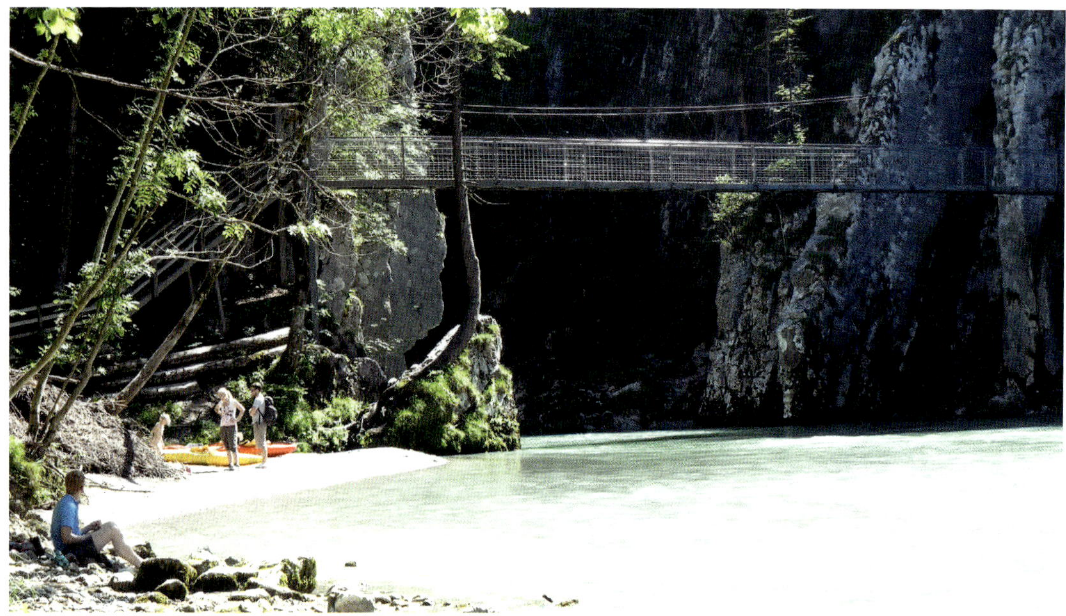

Die Hängebrücke über den Tiroler Achen

sogar mit Wildschweinwurst, Gamswurst und Entenwurst, darüber hinaus zum Aufwärmen auch eine Gulaschsuppe. Und auf Vorbestellung: Freilandenten mit Klobensteiner Rosmarinkartoffeln, Blaukraut und Soße.

Die Süßeren finden hier sicher auch an Apfelstrudel und Topfenstrudel Geschmack. Wein, Bier, Säfte, Kaffee, Tee und Obstler runden das Angebot ab.

... UND NOCH EIN TIPP

Von der Wallfahrtskapelle sind es nur wenige Schritte hinab zum Ufer des Tiroler Achen. Da dieser für eine Badeeinlage aber zu kalt und zu reißend ist, betrachten wir stattdessen lieber die Kajakfahrer, für welche die Entenlochklamm eine Herausforderung darstellt. Aber auch sonst ist das Ufer des Gebirgsflusses ein reizender Platz für ein Picknick und zum Entspannen.

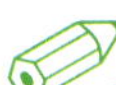

TOURISTINFO

Tourist-Information Schleching
Schulstraße 4 • 83259 Schleching/Obb.
Telefon: 08641/979113
www.schleching.de

ANFAHRT

Mit dem Auto: Auf der Salzburger Autobahn (A8) bis zur Ausfahrt Bernau, dann über Marquartstein und Schleching (zertifiziertes Bergsteigerdorf) nach Ettenhausen; der Wanderparkplatz befindet sich an der Talstation der Geigelsteinbahn.

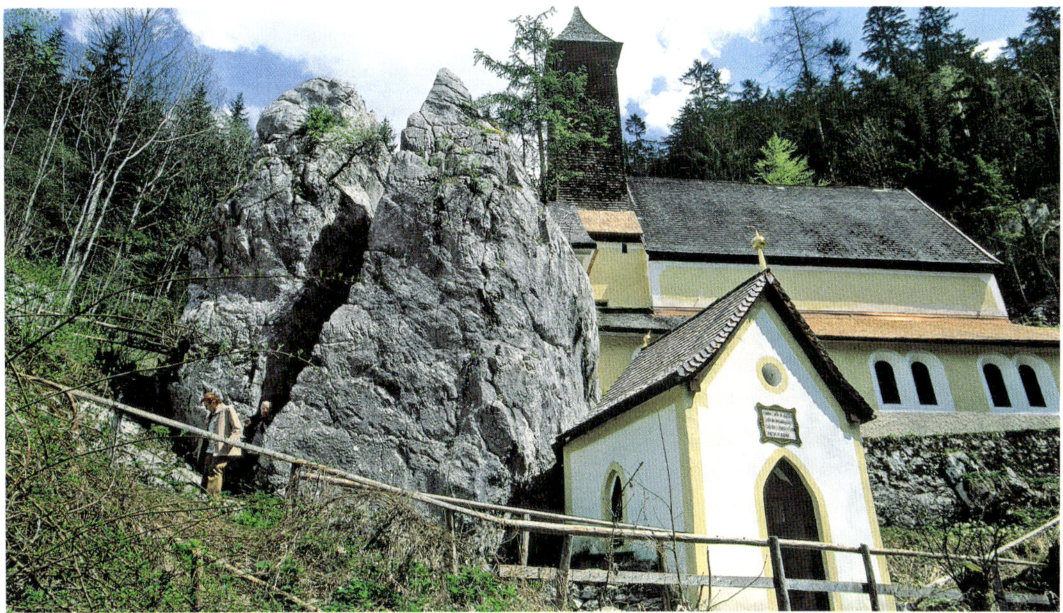

Die Wallfahrtskapelle Klobenstein

Mit Bahn & Bus: Mit der Bahn auf der Strecke München – Salzburg bis Bernau oder Übersee, dann weiter mit dem RVO-Bus über Schleching nach Ettenhausen (am Wochenende jedoch eingeschränkter Betrieb).

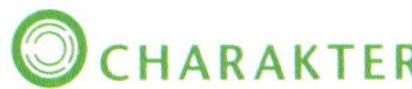

CHARAKTER

Zu Beginn leichte Wanderung auf breitem, unbefestigtem Wirtschaftsweg bis hinter den Rudersberger See, dann schmaler Bergsteig, der Trittsicherheit voraussetzt.
Den Tiroler Achen überqueren wir dann auf einer Hängebrücke, die jedoch kaum schwankt und gut gesichert ist (also kein Problem für Angsthasen).

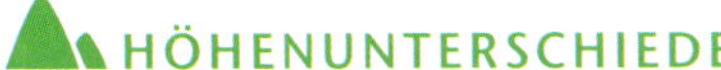

HÖHENUNTERSCHIEDE

Jeweils 50 Hm beim Hin- wie beim Rückweg, auf dem Weg selbst werden wir also wohl kaum ins Schwitzen kommen.

AUSGANGS- UND ENDPUNKT

Wanderparkplatz in Ettenhausen, bei der Talstation der Geigelsteinbahn (570 m). Der Parkplatz am Westende des Ortes existiert nicht mehr.

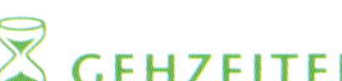

GEHZEITEN

Vom Wanderparkplatz durch die Entenlochklamm zur Wallfahrtskapelle Klobenstein knapp 2 Std.; Rückweg ebenfalls knapp 2 Std. Gesamtgehzeit: 4 Std.

EINKEHR

Gasthaus Klobenstein (620 m), urige Brotzeitstation, von Ostern bis Allerheiligen täglich geöffnet; Tel. 00 43/6 64/5 13 81 78, www.gasthaus-klobenstein.com
Reizvoll auch der Abstecher zum **Berggasthaus Streichen** über dem Achental mit bodenständiger Küche und herrlichem Bergblick

16 AUF DEM HOCHPLATTEN-RUNDWEG MIT GIPFELABSTECHER

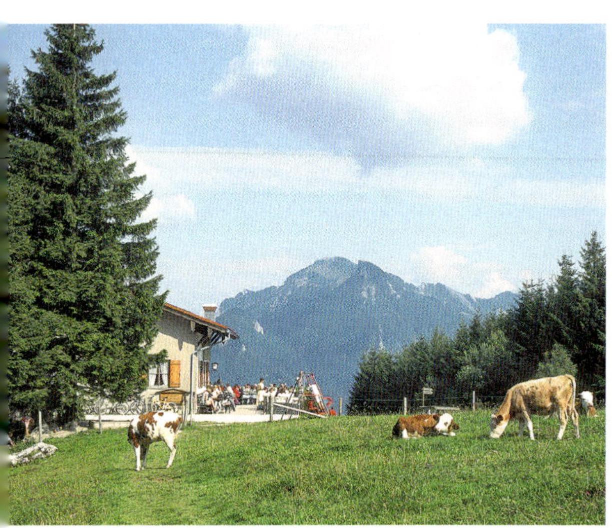

Bei der Staffnalm

Freier Blick auf das Alpenvorland

Die Hochplatte steht zwar etwas im Schatten der dominierenden Kampenwand, da aber vom Ort Niedernfels bei Marquartstein ein Sessellift bergwärts führt, braucht auch er sich über Besuch nicht zu beklagen. Ein leichter Höhenweg mit viel Ausblick auf das Alpenvorland, ein paar Einkehrstellen und ein leichter Gipfel, die Hochplatte, sind die Pluspunkte dieser Tour.

Die Höhenwanderung

Von der Bergstation der Hochplattenbahn gehen wir in wenigen Minuten hinauf zur Staffnalm, einer beliebten Einkehrstelle mit großartiger Aussichtsterrasse. Dort folgen wir dem Staffn-Höhenrundwanderweg mit der Mark.-Nr. 48. zur Maieralm, queren eine Almstraße, gehen dann rechts und umrunden in einem weiten Linksbogen durch Wald den Großstaffen. Wir treffen auf eine Forststraße und folgen dieser etwa 500 Meter weit. Rechts vor uns sehen wir den Gipfel des Friedenrath, der von seiner Südseite her zugänglich ist, und folgen dem rechts abzweigenden Steig (Wegweiser „Hochplatte“) durch seine Ostflanke zum Gipfelfuß der Hochplatte, wo wir auf einen quer laufenden Almweg treffen. Diesem folgen wir nach links, steigen zu einem Sattel an und auf der anderen Seite hinab zur Plattenalm. Weiter geht es dann auf dieser Almfahrtstraße bergab durch Wald – zu einer Wegkreuzung. Hier nun entweder geradeaus zur Bergstation der Hochplattenbahn zurück oder, uns links haltend, weiter, wo wir wieder auf unseren Anstiegsweg treffen. Dort rechts über die Maieralm zurück zu unserem Ausgangspunkt.

Der Gipfelabstecher

Der Anstieg zur Hochplatte zweigt direkt von unserem Höhenweg ab. Wir verlassen den Almweg noch vor der Piesenhauser Hochalm nach links und gehen zuerst an einem Zaun entlang, dann über Bergwiesen und durch Latschen hinauf zum Gipfel der Hochplatte. – Beim Abstieg halten wir uns etwas rechts und wandern auf einem Bergsteig in direkter Linie zum Almfahrweg hinab.

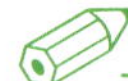

TOURISTINFO

Tourist-Information
Rathausplatz 1 • 83250 Marquartstein
Telefon: 08641/5979111
www.marquartstein.de

ANFAHRT

Mit dem Auto: Auf der Salzburger Autobahn (A8) bis zur Ausfahrt Bernau, dann über die B305 über Bernau und Rottau nach Grassau, rechts weiter in Richtung Marquartstein und kurz hinter dem

KARTENHINWEIS **Topographische Karte 1:50000 Blatt „Chiemsee – Chiemgauer Alpen“ (LDBV)**

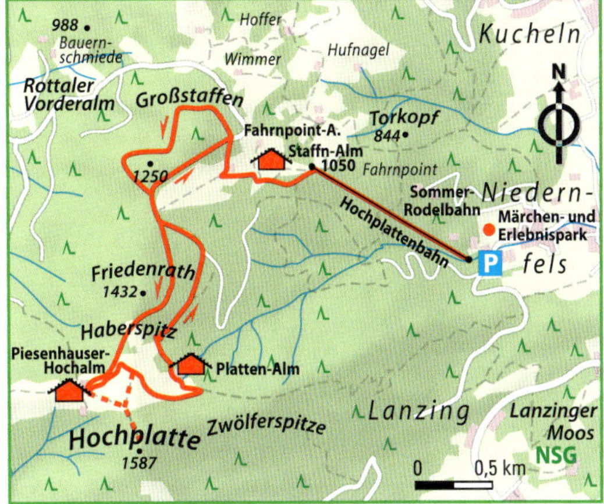

Ortsende rechts ab zum Ortsteil Piesenhausen/Niedernfels, der Weg zur Talstation der Hochplattenbahn ist ausgeschildert. Dort großer Wanderparkplatz.

Mit Bahn & Bus: Mit der Bahn auf der Strecke München – Salzburg bis Prien, von dort mit dem RVO-Bus nach Marquartstein. Im Sommer Busverbindung zur Talstation der Hochplattenbahn.

CHARAKTER

Der Hochplattenrundweg verläuft überwiegend auf breiten Almwegen, einige Passagen jedoch auf Bergwanderwegen. Der Anstieg auf die Hochplatte erfolgt auf Bergpfad. Leicht, für jedermann machbar.

AUSGANGS- UND ENDPUNKT

Bergstation der Hochplattenbahn (1110 m)

HÖHENUNTERSCHIEDE

Von der Bergstation der Hochplattenbahn zum Sattel (1410 m) nördlich der Hochplatte: 300 Hm im Anstieg; Abstecher zur Hochplatte 177 Hm im Anstieg; Abstieg zur Bergstation 300 Hm. Also keine Probleme auch für weniger Geübte.

GEHZEITEN

Von der Bergstation zum Sattel nördlich der Hochplatte 1 1/2 Std.; Rückweg über die Plattenalm 1 Std. Gesamtgehzeit: 2 1/2 Std.

EINKEHR

Staffnalm (1050 m), von Anfang Mai bis Ende Oktober täglich bewirtschaftet; Tel. 08641/7740, www.staffn-alm.de

Plattenalm (1320 m), einfach bewirtschaftet von Mitte Juni bis Mitte September

Piesenhauser Hochalm (1440 m), von Mitte Mai bis Mitte Oktober bewirtschaftet; Tel. 08641/592374, www.naderbauer.de/Naderbauer/Piesenhausener_Hochalm.html

Gaststätte bei der Talstation der Hochplattenbahn, am Eingang zum Märchenpark

EXTRA-TIPP

Am Fuße der Hochplatte, gleich neben der Talstation der Hochplattenbahn (Jägerweg 14), liegt der Märchen- und Erlebnispark Marquartstein. Für kleine wie große Kinder ist alles geboten, was eine Familie so braucht, um ihre Sprösslinge zu beschäftigen: ein überdachter Sandspielplatz, ein Märchenparcours, ein Abenteuerspielplatz, eine Parkeisenbahn, ein Riesensprungkissen, eine Drachenschaukel, eine Sommerrodelbahn, eine Röhrenrutsche und vieles mehr. Und natürlich ein Restaurant, einen Kiosk und einen Getränke- & Eis-Automaten. Öffnungszeiten: Von Ostern bis Anfang November täglich von 9 bis 18 Uhr. Tel. 08641/7105

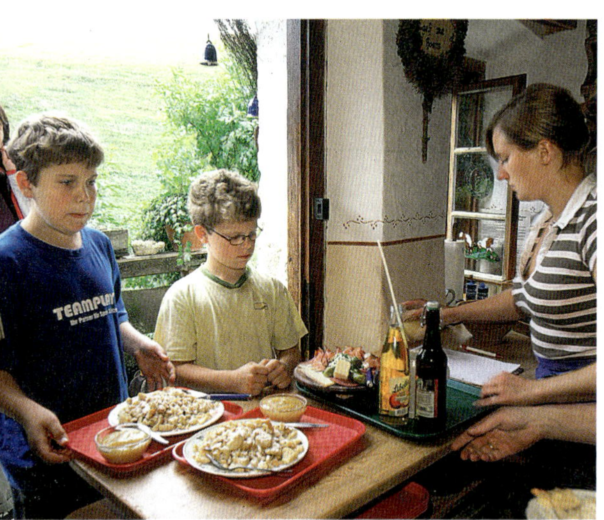
Essensausgabe an der Hefteralm

Almkäse, Brot und G'selchtes – alles selbst gemacht!

Die Hefteralm ist eine richtige Familienalm: leicht erreichbar, mit Sitzbänken neben der Hütte, viel Großvieh: ein paar Milchkühe, Jungvieh und sogar ein paar Zuchtstuten und ein Pony, und auch Kleinvieh – Ziegen, Enten, Hühner, Hasen usw. Und mit einer schmackhaften Küche, in der fast alles selbst gemacht wird. Beim Almabtrieb ist daher auch entsprechend viel los.

Die Almwanderung

Wir starten in der Ortsmitte von Rottau, gehen vor zur B 305, halten uns dort kurz rechts und queren dann die Straße. Auf der anderen Seite beginnt ein Ortssträßchen, das uns durch eine kleine Wohnsiedlung führt. Am Ende der Linkskurve zweigt rechts ein Wirtschaftsweg ab (ausgeschildert), der uns durch Wiesen zum Waldrand führt. Kurz darauf treffen wir auf den breiteren Fahrweg, dem wir links aufwärts (Mark.-Nr. 45) durch die bewaldete Nordflanke des Breitenbergs folgen. Bei den nächsten beiden Weggabelungen halten wir uns ebenfalls links, durchschreiten dann einen tiefen Graben und gelangen zu einer Diensthütte. Dort macht unsere Route einen Bogen nach rechts und bald ist die etwas versteckt gelegene Hefteralm erreicht. – Rückweg: Auf dem Anstiegsweg (Wegweiser „Grassau") zurück bis zur Diensthütte dann rechts auf Wirtschaftsweg durch die Nordseite des Einöder Bergs hinab. Vor dem landwirtschaftlichen Anwesen Strehtrumpf gehen wir links hinab, dann nahezu eben durch Wald, bis uns rechts ein Wirtschaftsweg hinab zur B 305 leitet. Über diese hinweg und links hinein nach Rottau.

Variante

Bevor wir nach Rottau zurückkehren, machen wir noch einen Abstecher in die Kendlmühlfilz. Bis vor einigen Jahrzehnten wurde dort noch Torf gestochen. Auf einem Bohlenweg können wir das mittlerweile unter Naturschutz stehende Moor erkunden. Schautafeln informieren uns über dieses Biotop samt Flora und Fauna. Vom Moorlehrpfad können wir dann gleich einen Abstecher zum Brunnhaus Klaushäusl machen, das heute „Museum Salz & Moor" heißt.

FÜR DEN GAUMEN

Auf der Hefteralm kommt die Milch noch von der Kuh, aber auch sonst wird viel geboten. Es werden verschiedene Käsesorten und natürlich Butter hergestellt, selbst gemachtes Brot und Geräuchertes sowie selbst gebrannter Schnaps für die anschließende Verdauung sind dort oben Selbstverständlichkeiten. Ach ja, und für die, die es weniger deftig mögen, sind selbst gemachte Kuchen im Angebot. Also: Eine Einkehr der besonderen Art.

TOURISTINFO

Tourist-Information
Kirchplatz 3 • 83224 Grassau
Telefon: 08641/697960
www.grassau.de

ANFAHRT

Mit dem Auto: Auf der Salzburger Autobahn (A8) bis zur Ausfahrt Bernau, dann auf der B305 in Richtung Grassau bis Rottau; mehrere Parkplätze im Ort. **Mit Bahn & Bus:** Mit der Bahn auf der Strecke München – Salzburg bis Bernau, dann weiter mit dem RVO-Bus nach Rottau.

CHARAKTER

Der Anstieg zur Alm erfolgt auf gesperrtem Wirtschaftsweg, der Abstieg auf Wirtschaftswegen und schönem Wanderweg. Kurzes Stück auf Fahrsträßchen. In den Kendlmühlfilz führt ein angelegter Moorlehrpfad.

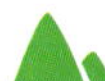

HÖHENUNTERSCHIEDE

Von Rottau zur Hefteralm: 400 Hm im Anstieg wie im Abstieg

AUSGANGS- UND ENDPUNKT

Die Ortsmitte von Rottau (538 m)

KARTENHINWEIS Topographische Karte 1:50000 Blatt „Chiemsee – Chiemgauer Alpen" (LDBV)

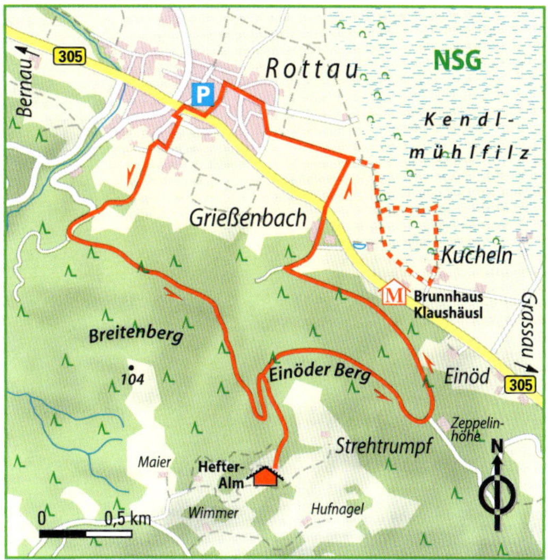

GEHZEITEN

Von Rottau zur Hefteralm 1 1/2 Std.; Rückweg über den Einöder Berg 1 1/2 Std. Gesamtgehzeit: 3 Std. – Abstecher zum Moorlehrpfad 40 Min.

EINKEHR

Hefteralm (930 m), bewirtschaftet täglich von Anfang Mai bis Anfang Oktober; Tel. 0171/5266145

EXTRA-TIPP

Bei Rottau befindet sich eines der größten bayerischen Hochmoore. Das Bayerische Moor- und Torfmuseum (Hackenstraße, bei Westerbuchberg) gibt uns Aufschluss über die Entstehung, die Vegetation sowie die ursprüngliche Nutzung des Moors. Eine Sehenswürdigkeit besonderer Art ist die einzigartige Torfpresse. Auf einem Moorlehrpfad lässt sich das Filz durchwandern. Plus Ausflug mit einer Schmalspur-Mooreisenbahn. Öffnungszeiten und Führungen: von Ende März bis Anfang November jeweils am Samstag, von Juli bis September Sonntag und Mittwoch. Tel. 08051/9674701, www.museum-torfbahnhof.de

18 PANORAMAWANDERUNG AUF DER KAMPENWAND

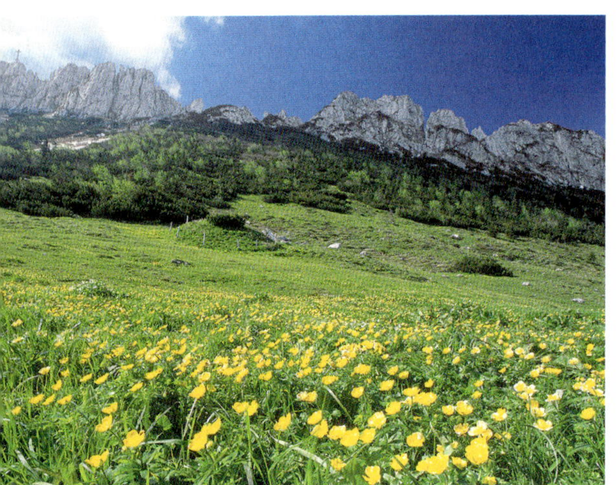

Bergwiesen vor der Kampenwand

Das Bayerische Meer immer im Blick

Die Kampenwand ist der Vorzeigeberg der Chiemgauer Alpen, er ist zwar nicht der höchste, aber einer der markantesten Gipfel. Ganz sicher bietet er aber das spektakulärste Panorama. Und dicht gedrängt liegen mehrere Einkehralmen an unserem Weg. Wir haben die Option: Die Wanderung für ganz Faule bewegt sich ausschließlich auf der Höhe, d. h. wir wandern lediglich auf dem Panoramaweg hinüber zur Steinlingalm, lassen es uns dort gut gehen und kehren anschließend zur Bergstation zurück. Wer etwas mehr Energie hat, wandert hinab zu den anderen Almen, muss dafür einen Gegenanstieg in Kauf nehmen oder er wandert dann gleich hinab ins Tal.

Die Almwanderung

Von der Bergstation der Kampenwandbahn wandern wir ein paar Schritte hinauf zur Sonnenalm. Dort links vorbei und auf einem breiten Wanderweg zunächst weiter hinauf zu einem aussichtsreichen Sattel, dann auf dem breiten Panoramaweg – den Chiemsee, das „bayerische Meer", immer im Blick – leicht fallend hinab zur Steinlingalm. Auf einem Wirtschaftsweg geht es dann weiter hinab zum Sultensattel (zahlreiche Wegweiser) und uns links haltend weiter, unter einem Sessellift hindurch zur Schlechtenbergalm. Kurz dahinter zweigt links (rechts geht es in wenigen Minuten hinab zur Gorialm) ein Versorgungsweg ab, der uns über den Hirschenstein hinweg und durch den Graben des Fuchslugerbaches mit einigen steilen Anstiegen zurück zur Bergstation der Kampenwandbahn bringt.

Variante

Von der Gorialm können wir auch den gut ausgeschilderten, breiten Wanderweg hinab zur Talstation der Kampenwandbahn nehmen.

FÜR DEN GAUMEN

Im Berggasthaus Sonnenalm gibt es eine ergiebige Speisekarte, wie es sich für ein Berggasthaus gehört. Die Steinlingalm bietet typische Wandererkost: z. B. Leberkäs garniert, Wurstsalat, Presssack.

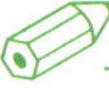

TOURISTINFO

Tourist-Info Aschau
Kampenwandstraße 38 • 83229 Aschau i. Ch.
Telefon: 08052/90490
www.aschau.de

ANFAHRT

Mit dem Auto: Auf der Salzburger Autobahn (A8) bis zur Ausfahrt Frasdorf oder Bernau und auf der Staatsstraße weiter über Aschau nach Hohenaschau zur Talstation der Kampenwand (ausgeschildert); dort großer Wanderparkplatz.

KARTENHINWEIS **Topographische Karte 1:50000 Blatt „Chiemsee – Chiemgauer Alpen“ (LDBV)**

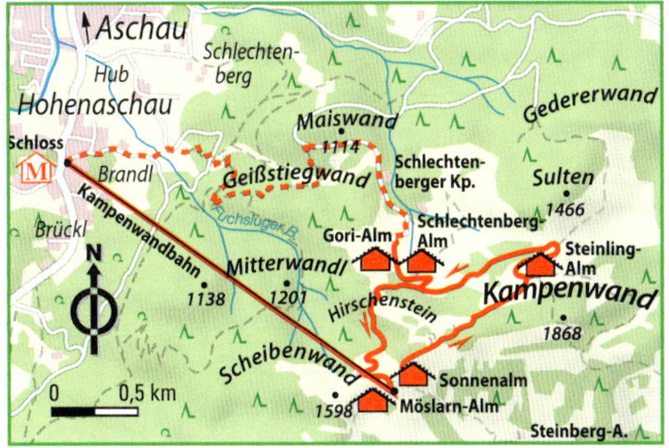

Mit Bahn & Bus: Mit der Bahn auf der Strecke München – Salzburg bis Prien; von dort mit der Chiemgaubahn nach Aschau. Mit RVO-Bus zur Talstation der Kampenwandbahn. Aber auch der Fußweg dorthin würde uns nicht überfordern.

CHARAKTER

Der Übergang von der Bergstation zur Steinlingalm erfolgt auf breitem Panoramaweg, der Abstieg zur Schlechtenberg- und der Gorialm sowie der Wiederanstieg zur Bergstation auf einem Versorgungsweg.

HÖHENUNTERSCHIEDE

Von der Bergstation der Kampenwandbahn hinab zur Steinlingalm: einige Höhenmeter im Aufstieg wie im Abstieg, aber unerheblich; Abstieg von dort zur Gorialm (Wendepunkt unserer Tour): 225 Hm; Wiederanstieg zur Bergstation: 200 Hm

AUSGANGS- UND ENDPUNKT

Bergstation der Kampenwandbahn (1450 m)

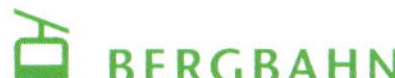

BERGBAHN

Kampenwandbahn, Kleinkabinenumlaufbahn, ganzjährig in Betrieb, von Mai bis Anfang November täglich 8.30 bis 17 Uhr, in den Monaten Juli und August bis 17.30 Uhr; auf Anfrage gibt es auch Abendfahrten; Tel. 08052/4411

GEHZEITEN

Von der Bergstation der Kampenwandbahn zur Steinlingalm $^1/_2$ Std.; Abstieg zur Gorialm 20 Min., Wiederanstieg zur Bergstation $^3/_4$ Std. Gesamtgehzeit: 1 Std. 40 Min. – Abstiegsvariante ins Tal 1 $^1/_2$ Std.

EINKEHR

Möslarnalm (1450 m), von Ende Mai bis Anfang Oktober einfach bewirtschaftet; Tel. 08052/956315, www.moeslarnalm.de
Sonnenalm (1467 m), nahezu ganzjährig bewirtschaftet, d.h. zu den Betriebszeiten der Kampenwandbahn, Übernachtung möglich (72 Betten), nach Voranmeldung; Tel. 08052/4411, www.kampenwand.de
Steinlingalm (1473 m), ganzjährig bewirtschaftet, Montag Ruhetag; Tel. 08052/2962, www.steinlingalm.de
Schlechtenbergalm (1280 m), ganzjährig bewirtschaftet; www.schlechtenbergalm.de
Gorialm (1250 m), ganzjährig bewirtschaftet, im Mai nur an den Wochenenden; Tel. 08052/9511977, www.gorialm.de

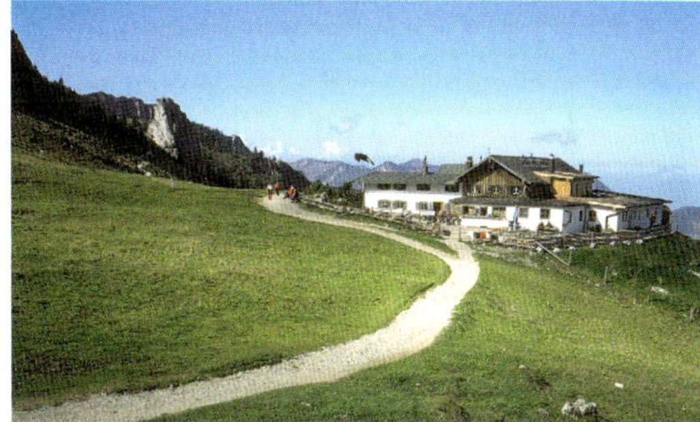

Die Steinlingalm am Wendepunkt unseres Weges

19 ÜBER DIE DAFFNERWALDALMEN ZUR WAGNERALM

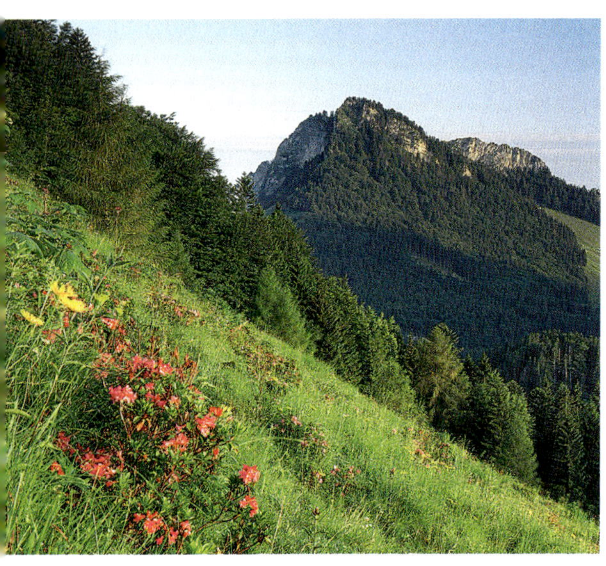

Blick auf den Heuberg

Wanderoasen mit kurzem Anlauf

Die Daffnerwaldalm, hoch über dem Samerberg und auf dem Ostfuß des Heubergs gelegen, besteht aus fünf Almhütten, von denen zwei bewirtschaftet sind. Der Aufstieg ist leicht und nicht lang, daher hängen wir noch eine weitere Alm dran für eine komplette Wanderrunde. Und für die Aussicht steigen wir noch hinauf auf einen der Gipfel des Heubergs.

Die Almwanderung

Vom Waldparkplatz Gammern folgen wir rechts der Forststraße hinab zum Fluderbach. Bei der Weggabelung halten wir uns rechts und treffen auf den vom Gasthaus Duftbräu heraufführenden Weg. Dort links auf den leicht ansteigenden Karrenweg, bis nach etwa einer Viertelstunde ein Bergpfad rechts abzweigt. Nun geht es steil bergan; am Waldrand über einen Weidezaun und auf einem Pfad hinauf zu den Almhütten. – Von der Laglerhütte dann südlich durch die Almwiesen zu einem Forstweg. Durch Wald hinab zu einer Verzweigung, dort rechts und bald links weiter zu den Wiesen der Euzenauer Alm. Am Ende der Almhütten nach rechts auf einem steinigen Weg und hinüber zu einer Forststraße vor der Käsalm; auf dieser links weiter, bei der folgenden Verzweigung rechts und geradeaus auf die Wagneralm zu. Nach der Einkehr kurz auf dem Weg zurück, dann sich rechts haltend hinaus zum Waldparkplatz.

Variante

Nach dem Abstieg von der Daffnerwaldalm können wir Tour abkürzen – am Ende des Pfades, vor Beginn der Forstraße, links.

Der Gipfelabstecher

Von den Almen führt ein Pfad steil und direkt zu den Gipfeln des Heubergs. Der höchste und auch leichteste Gipfel ist der Kitzstein.

FÜR DEN GAUMEN

Auf den beiden bewirtschafteten Hütten der Daffnerwaldalm gibt es typische bayerische Brotzeiten und einige warme Gerichte. – Eine ausgiebige Einkehr nach der Wanderung bietet sich im nahe des Ausgangspunktes gelegenen Berggasthof Duftbräu mit schöner Terrasse an.

EXTRA-TIPP

Ein Besuch im denkmalgeschützten Neubeuern. Der Marktplatz gilt als der schönste weit und breit mit dem Floriansbrunnen, den Linden und den beeindruckenden Lüftlmalereien.

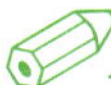

TOURISTINFO

Samerberg Tourismus
Dorfplatz 3/Törwang • 83122 Samerberg
Telefon: 0 80 32/98 94 18
www.samerberg.de

ANFAHRT

Mit dem Auto: Auf der Salzburger Autobahn (A 8) bis zur Ausfahrt Achenmühle, dann über Achenmühle nach Grainbach und weiter in Richtung Neubeuern; noch bevor wir das Berggasthaus Duftbräu erreichen, zweigt links ein Sträßchen zum Waldparkplatz Gammern ab; diesem folgen wir bis zum Ende (5,5 km ab Grainbach, gebührenpflichtig).
Mit Bahn & Bus: Öffentlich etwas schwierig. Mit der Bahn auf der Strecke München – Salzburg bis Prien; von dort fährt ein Wanderbus nach Grainbach und weiter über das Berggasthaus Duftbräu. Der Rest bis zum Ausgangspunkt muss zu Fuß zurückgelegt werden.

CHARAKTER

Wirtschaftsweg, Bergwanderwege und einige Abschnitte auf Bergpfaden, die aber leicht zu begehen sind.

HÖHENUNTERSCHIEDE

Vom Waldparkplatz Gammern zu den Daffnerwaldalmen: 250 Hm, Übergang zur Wagneralm: 150 Hm im Abstieg (jedoch einige leichte Gegenanstieg); Rückkehr zum Ausgangspunkt: 150 Hm im Abstieg

AUSGANGS- UND ENDPUNKT

Waldparkplatz Gammern (gebührenpflichtig) im Gammernwald bei Grainbach (800 m)

GEHZEITEN

Vom Waldparkplatz Gammern zu den Daffnerwaldalmen 1 Std., Übergang von dort zur Wagneralm 1 1/2 Std.; Rückkehr zum Ausgangspunkt 1/2 Std. Gesamtgehzeit: 3 Std. – Abstecher von den Daffnerwaldalmen zum Heuberg 1 1/2 Std.

KARTENHINWEIS Topographische Karte 1:50 000 Blatt „Chiemsee – Chiemgauer Alpen" (LDBV)

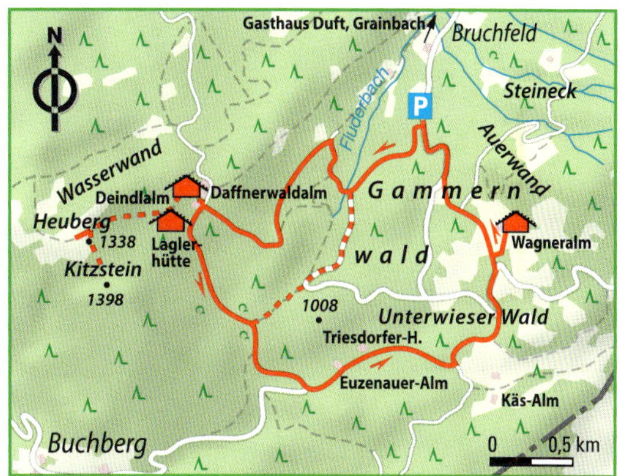

EINKEHR

Laglerhütte (1050 m), ganzjährig bewirtschaftet, Montag Ruhetag, außerhalb der Almsaison, an Feiertagen und Ferien Montag bis Mittwoch Ruhetag, 15 Schlafplätze; Tel. 0 80 32/87 37, www.laglerhof-nussdorf.de/laglerhütte
Deindlalm (1050 m), ganzjährig bewirtschaftet, im Winterhalbjahr Montag Ruhetag, Übernachtung im Matratzenlager, Tel. 01 71/4 21 53 10, www.deindlalm.de
Wagneralm (950 m), ganzjährig bewirtschaftet, Anfang November bis Ende April nur an Wochenenden; Tel. 01 72/8 20 19 56, www.wagneralm.de
Berggasthaus Duftbräu am Anfahrtsweg (790 m), ganzjährig bewirtschaftet, Montag/Dienstag Ruhetag, Übernachtungsmöglichkeit; Tel. 0 80 32/82 26, www.duftbraeu.de
Für Wanderer gibt es einen Trockenraum, eine Wäschespinne sowie die Möglichkeit, Brotzeit zu bestellen.

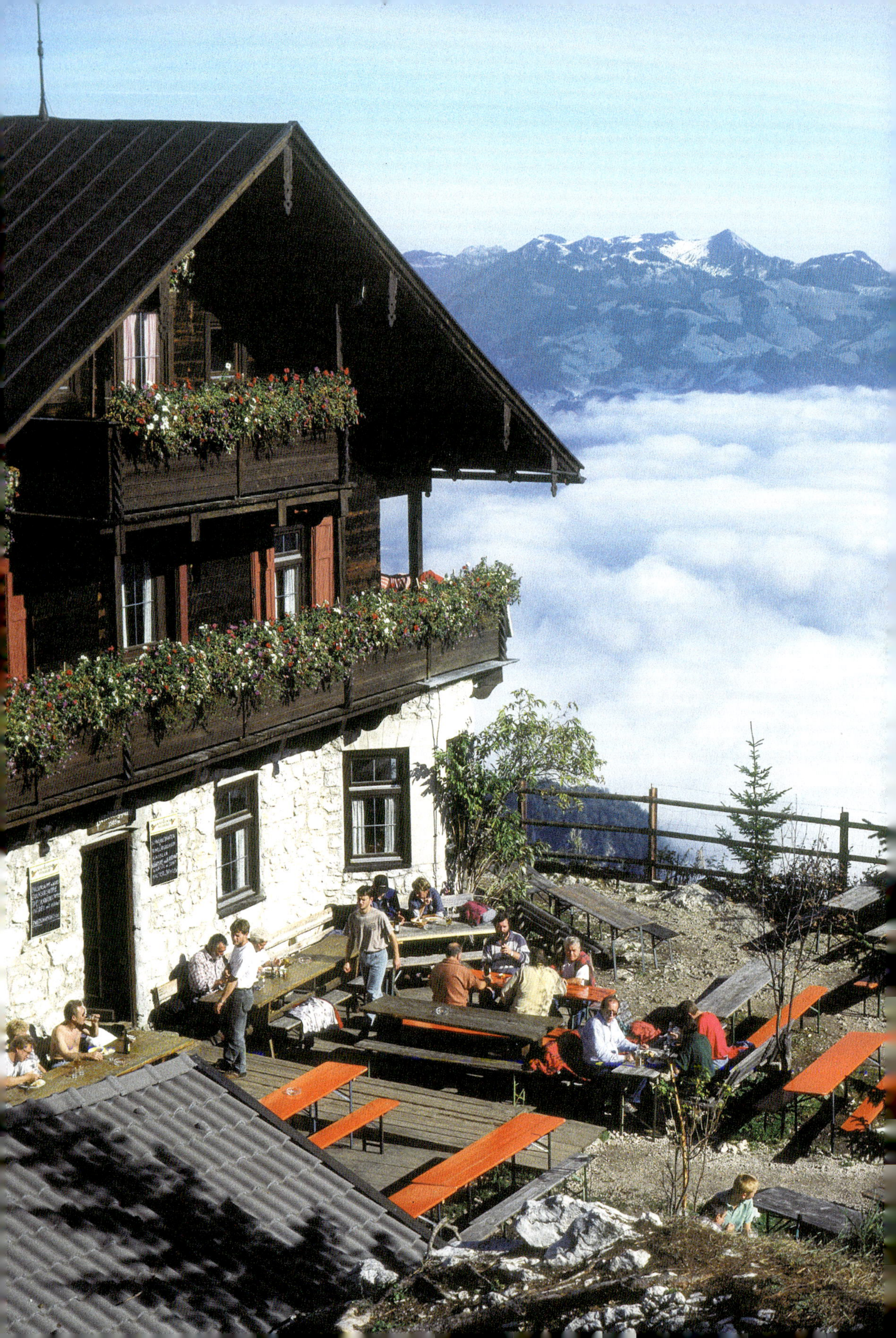

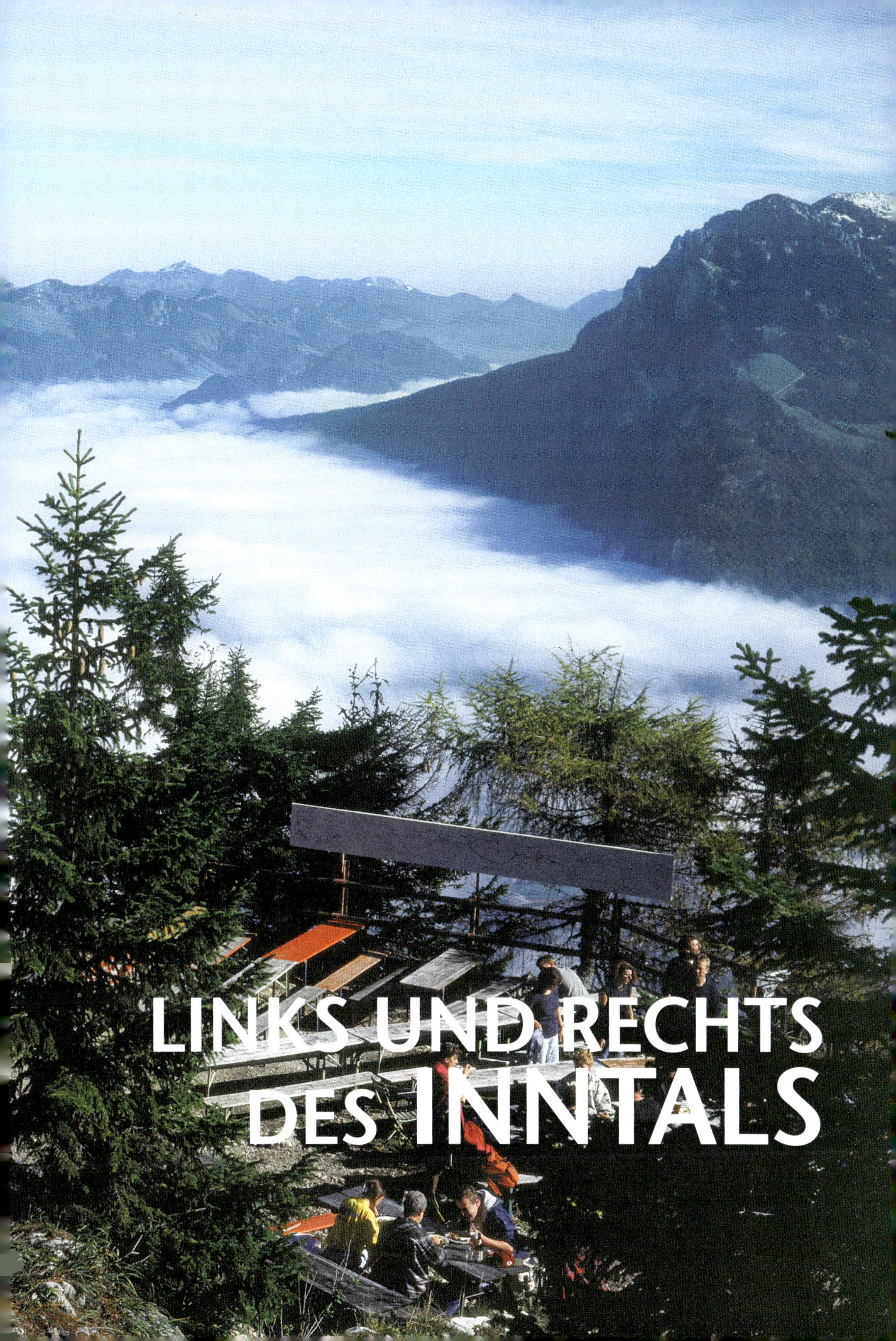

LINKS UND RECHTS DES INNTALS

20 VON KUFSTEIN ZUM HINTERKAISERHOF

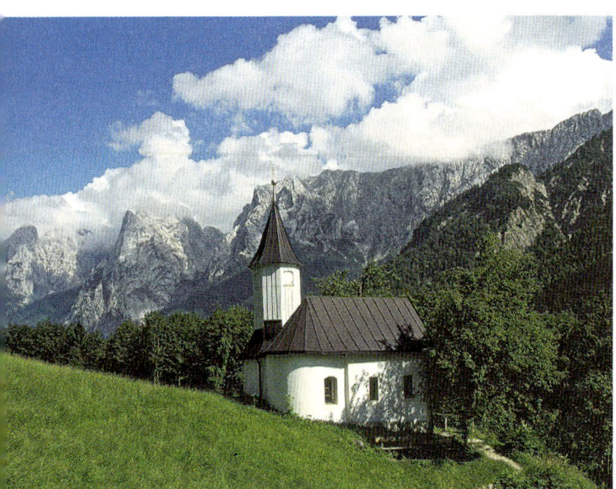

Die Antoniuskapelle im Kaisertal

Ins Herz des Kaisergebirges

Das Kaisertal ist eine kleine alpine Welt für sich. In diesem reizvollen Hochtal, das auf der rechten Seite von den hoch aufragenden Felsgipfel des Wilden Kaisers und auf der linken Seite von den steilen Hängen des Zahmen Kaisers flankiert wird, sind wir innerhalb einer knappen Stunde Gehzeit dem quirligen Inntal entkommen. Drei Berggasthöfe laden auf dieser kurzweiligen Wanderung zur Einkehr: Der Veitenhof, der nach langer Pause wieder bewirtschaftet ist, der Pfandlhof und die Jausenstation Hinterkaiser.

Die Hochtalwanderung

Vom Wanderparkplatz folgen wir den unmissverständlichen Wegweiser hinauf ins Kaisertal, steigen die zahllosen Treppen bergan und erreichen nach knappen 20 Minuten das Hochtal. Nun geht es gemächlich weiter. Auf breitem Wanderweg steuern wir zunächst den Veitenhof an. Etwa 500 Meter weiter halten wir uns rechts und folgen dem Wegweiser zur „Antoniuskapelle“. Kurz dahinter könnten wir schon die nächste Einkehr beim Pfandlhof einlegen, der etwas rechts unterhalb des Weges liegt. Vor uns bauen sich allmählich die Felsriesen des Kaisergebirges auf. Bei der folgenden Wegverzweigung halten wir uns links und wandern auf einem breiten Weg gemächlich zur Antoniuskapelle hinauf. Kurz dahinter befindet sich die Jausenstation Hinterkaiser, wo wir es uns bei hausgemachten Speisen gut gehen lassen. – Aber wir müssen auch wieder ins Tal zurück. Um nicht denselben Weg gehen zu müssen, halten wir uns nach dem Bauernhof rechts und folgen dem hangparallel verlaufenden Wanderweg, bis wir das Hochtalsträßchen erreichen. Auf diesem dann rechts und talauswärts, bis wir kurz vor dem Pfandlhof wieder auf unseren Herweg treffen.

FÜR DEN GAUMEN

Der Veitenhof und der Pfandlhof sind veritable Bauerngaststätten und auch in der Jausenstation Hinterkaiserhof kann man gut einkehren und

EXTRA-TIPP

Das Wahrzeichen von Kufstein ist unübersehbar die Festung. Eine besondere Attraktion ist die Heldenorgel, die größte Freiorgel der Welt (sie ist täglich um 12 Uhr zu hören). Außerdem gibt es eine Festungswirtschaft. Der Zugang zur Burg erfolgt über den überdachten Treppengang oder die Panoramabahn Kaiser Maximilian. Öffnungszeiten: Von Mitte März bis Anfang November täglich von 9 bis 17 Uhr, Montag ist geschlossen*. Tel. 08823/2511

* Für Gruppen auch außerhalb der üblichen Zeit nach Anmeldung.

KARTENHINWEIS Freytag & Berndt-Wanderkarte WK 301, 1:50000 „Kufstein – Kaisergebirge – Kitzbühel"

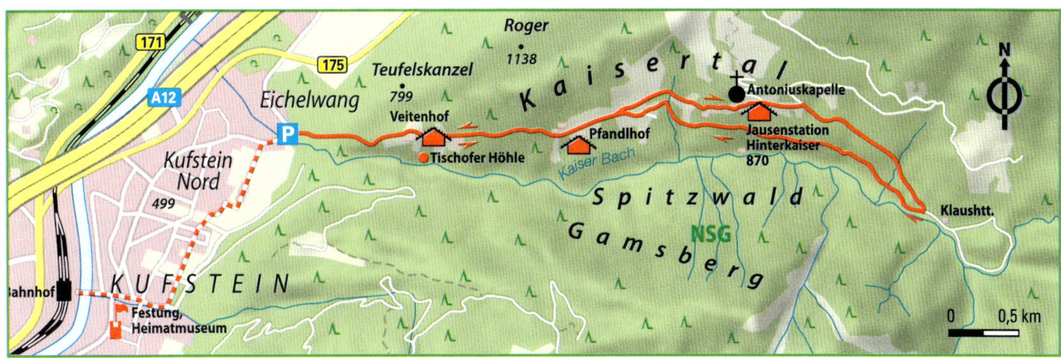

schmackhafte Tiroler Küche genießen. Im Pfandlhof gibt es Wildspezialitäten aus der eigenen Jagd sowie selbst gebrannten Obstler.

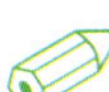

TOURISTINFO

Tourismusverband Kufsteinerland
Unterer Stadtplatz 11 • A-6330 Kufstein
Telefon: 00 43/53 72/6 22 07
www.kufstein.com

ANFAHRT

Mit dem Auto: Auf der Salzburger Autobahn (A 8) bis zum Inntaldreieck, dann weiter über den Grenzübergang Kiefersfelden bis zur Ausfahrt Kufstein-Nord. Zunächst in Richtung Ebbs, dann rechts haltend zum gebührenpflichtigen Wanderparkplatz Kaisertal („Basislager Harmonie") in Eichelwang.
Mit Bahn & Bus: Mit der Bahn auf der Strecke München – Salzburg bis Rosenheim und weiter bis Kufstein (bis hierher gilt übrigens das Bayernticket der DB). Entweder mit dem Stadtbus (nicht an Sonn- und Feiertagen) bis zur Haltestelle Kaisertal im Ortsteil Eichelwang oder dorthin auch bequem zu Fuß (gute halbe Stunde Gehzeit).

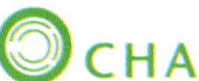

CHARAKTER

Zu Beginn längerer, steiler Treppenweg (1/4 Std.), dann bequemer, unbefestigter Wirtschaftsweg

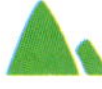

HÖHENUNTERSCHIEDE

Vom Wanderparkplatz Kaisertal: 370 Hm im Aufwie im Abstieg

AUSGANGS- UND ENDPUNKT

Wanderparkplatz Kaisertal (500 m)

GEHZEITEN

Vom Wanderparkplatz zur Jausenstation Hinterkaiser 1 3/4 Std.; Rückweg über den Talweg 1 3/4 Std.
Gesamtgehzeit: 3 1/2 Std.

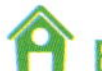

EINKEHR

Veitenhof (709 m), zur Zeit geschlossen, Übernachtungsmöglichkeit, Tel. 00 43/53 72/6 34 15, www.veitenhof.at
Pfandlhof (783 m), ganzjährig bewirtschaftet, Donnerstag Ruhetag, 20 Betten; Tel. 00 43/53 72/6 21 18, www.pfandlhof.at
Jausenstation Hinterkaiser (870 m), ganzjährig bewirtschaftet, Übernachtungsmöglichkeit; Tel. 00 43/53 72/6 25 74

21 VON VORDERTHIERSEE ZUM KUFSTEINER HAUS

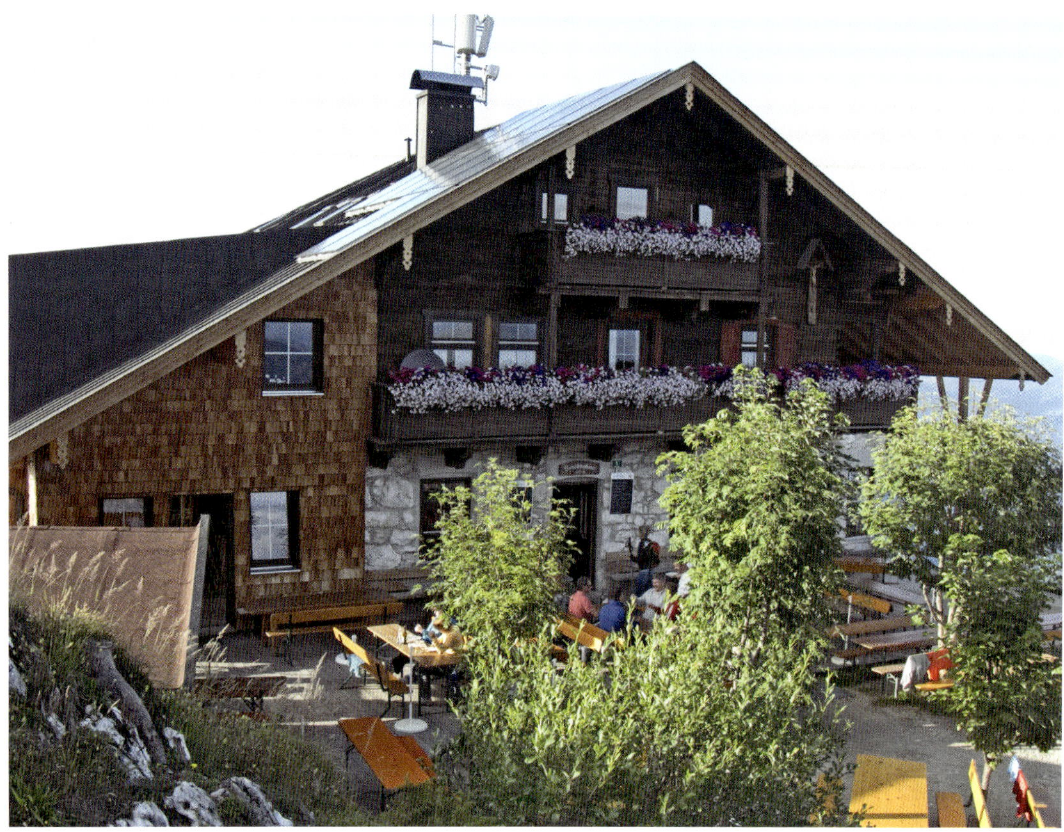

Das Kufsteiner Haus auf dem Pendling

Gipfelhütte hoch über dem Inntal

Der Pendling ist ein das Inntal dominierender Felsklotz, der jedoch von seiner Nordseite her leicht zugänglich ist. Der Panoramablick über das Inntal und Kufstein hinweg auf das Kaisergebirge sucht seinesgleichen. Aber nicht nur das: Knapp unterhalb des Gipfels steht ein veritables Gasthaus, das im Jahre 1909 erbaute Kufsteiner Haus, das seinen ursprünglichen Charakter – trotz Anbau – bis heute erhalten hat. Dort ist das Reich der Marlies Mairhofer, die mit ihrer schmackhaften Tiroler Küche die Gäste umsorgt. Ein besonderes Erlebnis ist eine Übernachtung dort oben mit Sonnenunter- und Sonnenaufgang am Gipfel des Pendling, der über 1000 Meter senkrecht zum Inntal abbricht.

Die Gipfelwanderung

Vom Wanderparkplatz beim Gasthaus Schneeberg folgen wir dem zunächst geteerten und gut ausgeschilderten Wirtschaftsweg, der bald in einen unbefestigten Weg übergeht. Bei den nächsten beiden Wegverzweigungen halten wir uns jeweils links und wandern dann auf

einem etwas steilen und steinigen Weg durch Wald bergwärts. Zuletzt erreichen wir in Kehren den Hüttenfahrweg, dem wir nach links direkt zur Kufsteiner Hütte folgen könnten.
Wir queren jedoch diesen Weg und wandern auf einem Bergweg weiter hinauf zum breiten Gipfelkamm. Uns links haltend geht es dann weiter zu den beiden Gipfelkreuzen des Pendling. Ein herrlicher Blick über das Inntal hinweg auf die zentraleren Alpengipfel belohnt unsere Mühe. Von hier sind es nur mehr wenige Meter hinab zum Kufsteiner Haus. Dort lassen wir uns gemütlich auf der großen Terrasse nieder. Direkt an der Geländekante schauert es uns ein wenig, denn der Fels bricht hier senkrecht ins Tal ab. Besser, wir schauen tief ins Glas und lassen es uns schmecken. – Der Rückweg verläuft zunächst auf dem Anstiegsweg – falls wir nicht der Fahrstraße den Vorzug geben.
Bei der Wegverzweigung halten wir uns links und wandern zur ebenfalls bewirtschafteten Kalaalm hinab. Von dort leitet uns unfehlbar ein Wirtschaftsweg hinab zum Ausgangspunkt beim Gasthaus Schneeberg.

Variante

Wir können auf unserem Abstiegsweg auch die Kalaalm beiseitelassen und auf dem Anstiegsweg hinabsteigen, wobei wir den Weg mit einem Schlenker nach links variieren können.

FÜR DEN GAUMEN

Die bodenständige Küche im Kufsteiner Haus liefert unter anderem knusprigen Schweinsbraten und hausgemachten Apfelstrudel. Und zur Verdauung gibt es den selbst gebrannten Schnaps. – Auf der Kalaalm, an unserem Abstiegsweg gelegen, erhalten wir nicht nur Brot mit Speck oder Käse (aus eigener Käserei) und frische Bergbauernmilch, sondern wir können aus einer reichhaltigen Speisekarte auswählen. Da heißt es, den Platz im Magen richtig einzuteilen. Aber wir befinden uns hier eh bereits auf dem Abstiegsweg!

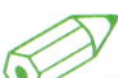

TOURISTINFO

Tourismusverband Kufsteinerland
Unterer Stadtplatz 11 • A-6330 Kufstein
Telefon: 0043/5372/62207
www.kufstein.com

ANFAHRT

Mit dem Auto: Auf der Salzburger Autobahn (A8) bis zum Inntaldreieck, dann weiter in Richtung Innsbruck; nach dem Grenzübergang Ausfahrt Kufstein Süd (mautpflichtig), dann auf der Landstraße nach Thiersee; beim Pfarrwirt in Mitterlanden links ab und steil hinauf zum Berggasthaus Schneeberg. Dort gebührenpflichtiger Wanderparkplatz.

KARTENHINWEIS Freytag & Berndt-Wanderkarte WK 301, 1:50000 „Kufstein – Kaisergebirge – Kitzbühel“

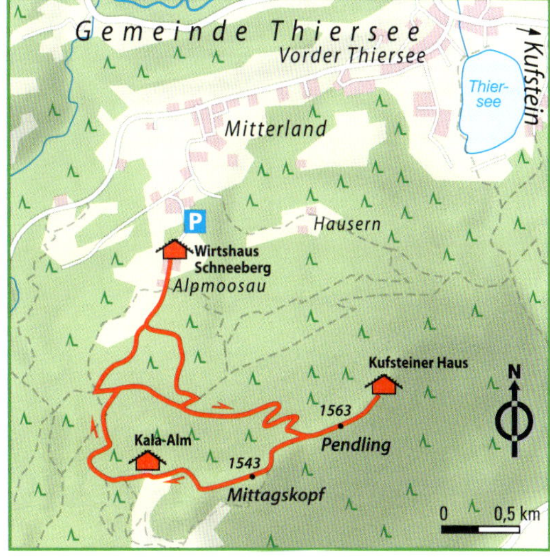

EXTRA-TIPP

Damit die Kultur nicht zu kurz kommt, schauen wir bei der Rückfahrt im Kloster Reisach vorbei, dem einzigen Karmelitenkloster im bayerischen Oberland. Das erst im 18. Jahrhundert (1732–1746) entstandene Kloster (damals hieß es noch Kloster Urfahrn) wurde zwar 1803 säkularisiert, aber bereits 1836 wiederbelebt. Besonders sehenswert ist die Klosterkirche St. Theresa, ein prächtig ausgestatteter Rokokobau. Im Kloster finden heute Einkehrtage, Musikveranstaltungen, Märkte, Ausstellungen und Kirchenkonzerte statt.

Mit Bahn & Bus: Mit der Deutschen Bahn auf der Strecke München – Rosenheim – Innsbruck bis Kufstein; von dort Busverbindung ins Thierseer Tal, aussteigen bei der Haltestelle Pfarrwirt Mitterland. Dann Fußmarsch hinauf zum Berggasthaus Schneeberg (30 Min.).

... UND NOCH EIN TIPP

Baden im Thiersee: Doch wir können dort nicht nur im klaren und doch nicht kalten Gebirgswasser (es erwärmt sich im Sommer bis auf 22 °C) schwimmen, es gibt auch einen Tretboot-, Ruderboot- und Delfinboot-Verleih. Bei der Badeanstalt am Nordufer finden wir zudem einen Springturm, einen Beachvolleyplatz, eine große Liegewiese und einen Spielplatz für Kinder vor. Auch für eine Einkehrmöglichkeit ist gesorgt. Der Badebetrieb läuft im Sommer täglich von 8.30 bis 18 Uhr.

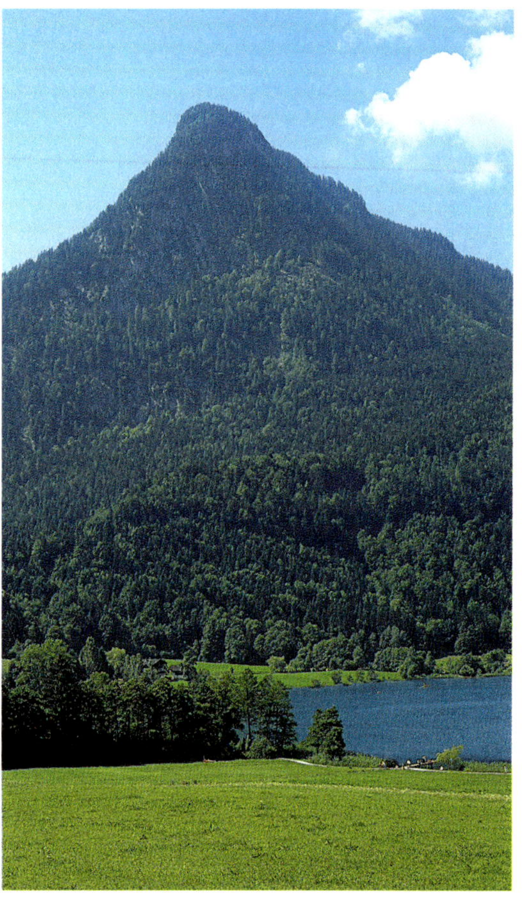

Der Pendling vom Thiersee

CHARAKTER

Leichte Wanderung auf breiten, zu Beginn etwas steilen Bergwanderwegen. Einige Passagen auf Bergsteigen und Bergwanderwegen.

HÖHENUNTERSCHIEDE

Vom Wanderparkplatz beim Berggasthaus Schneeberg zum Kufsteiner Haus: 543 Hm im Anstieg; Rückkehr über den Pendling und die Kalaalm: 20 Hm im Anstieg und 565 Hm im Abstieg.

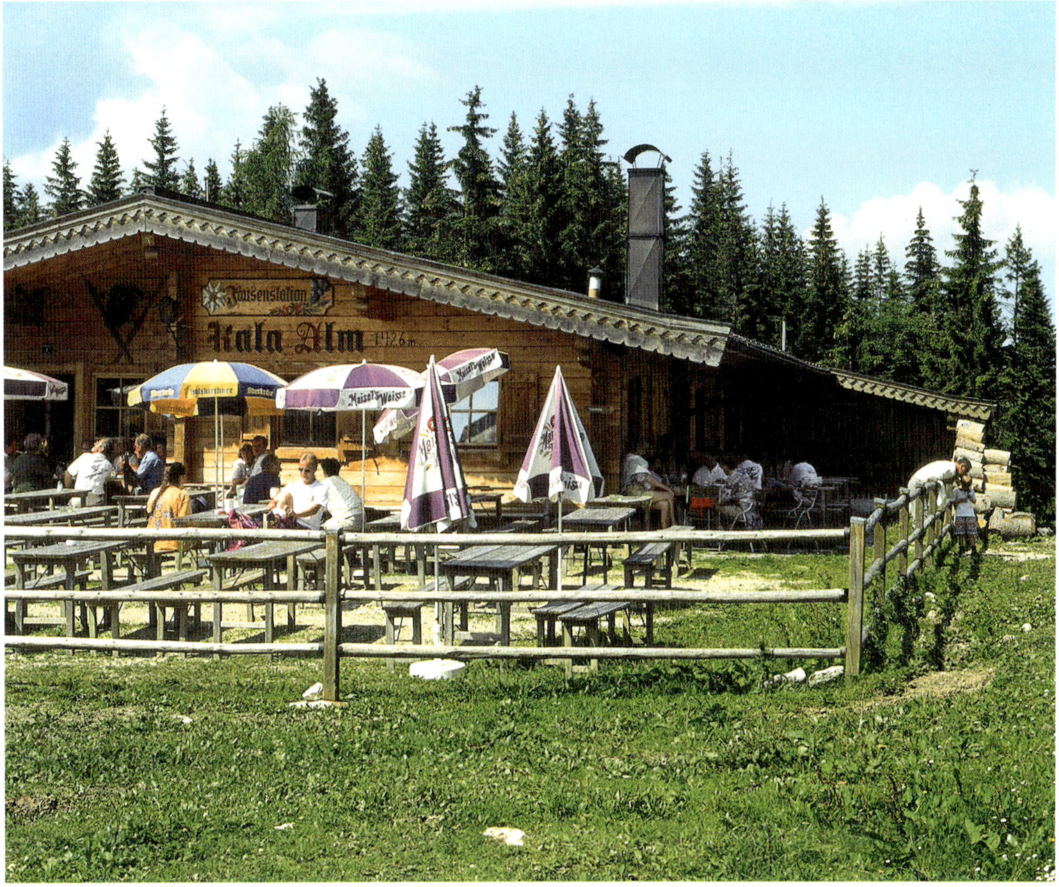

Die Kalaalm am Abstiegsweg

Die Tour ist so gut, dass wir hier über die „500-Meter-Marke" gehen wollen.

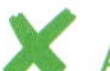 AUSGANGS- UND ENDPUNKT

Wanderparkplatz beim Berggasthaus Schneeberg (1020 m)

 GEHZEITEN

Vom Wanderparkplatz zum Kufsteiner Haus 1 1/2 Std.; Rückweg über die Kalaalm 2 Std. Gesamtgehzeit: 3 1/2 Std.

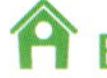 EINKEHR

Gasthof Schneeberg (1020 m), ganzjährig bewirtschaftet, Übernachtungsmöglichkeiten; Tel. 0043/5376/5288, www.gasthof-schneeberg.at
Kufsteiner Haus (1563 m), privat, bewirtschaftet vom Mitte Mai bis Allerheiligen, im Winter evtl. an den Wochenenden, 55 Betten + Lager; Tel. 0043/5376/5374, www.pendlinghaus.at
Kalaalm (1370 m), ganzjährig bewirtschaftet, in der Wintersaison Montag Ruhetag, 30 Betten; Tel. 0043/664/3944284, www.kala-alm.at

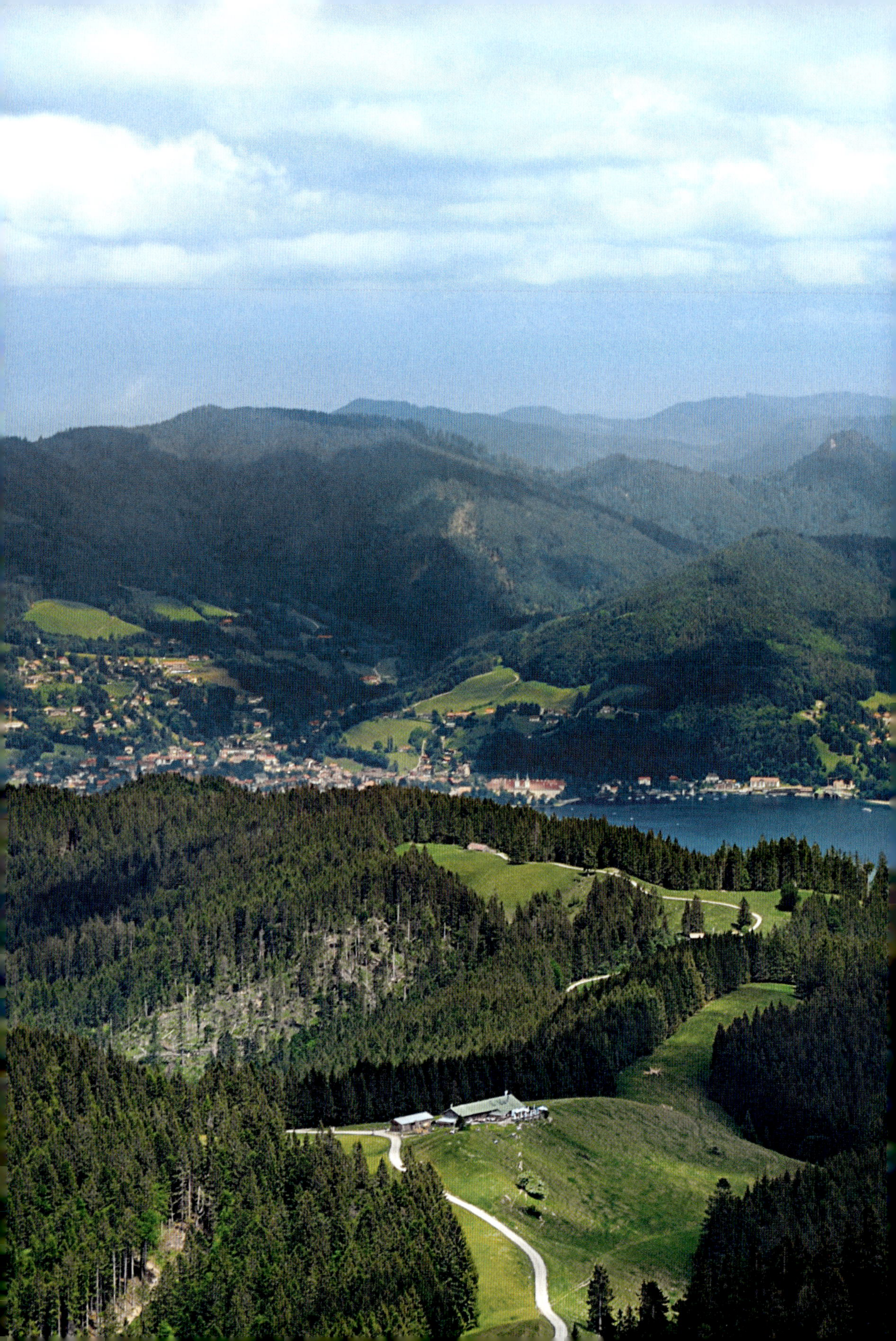

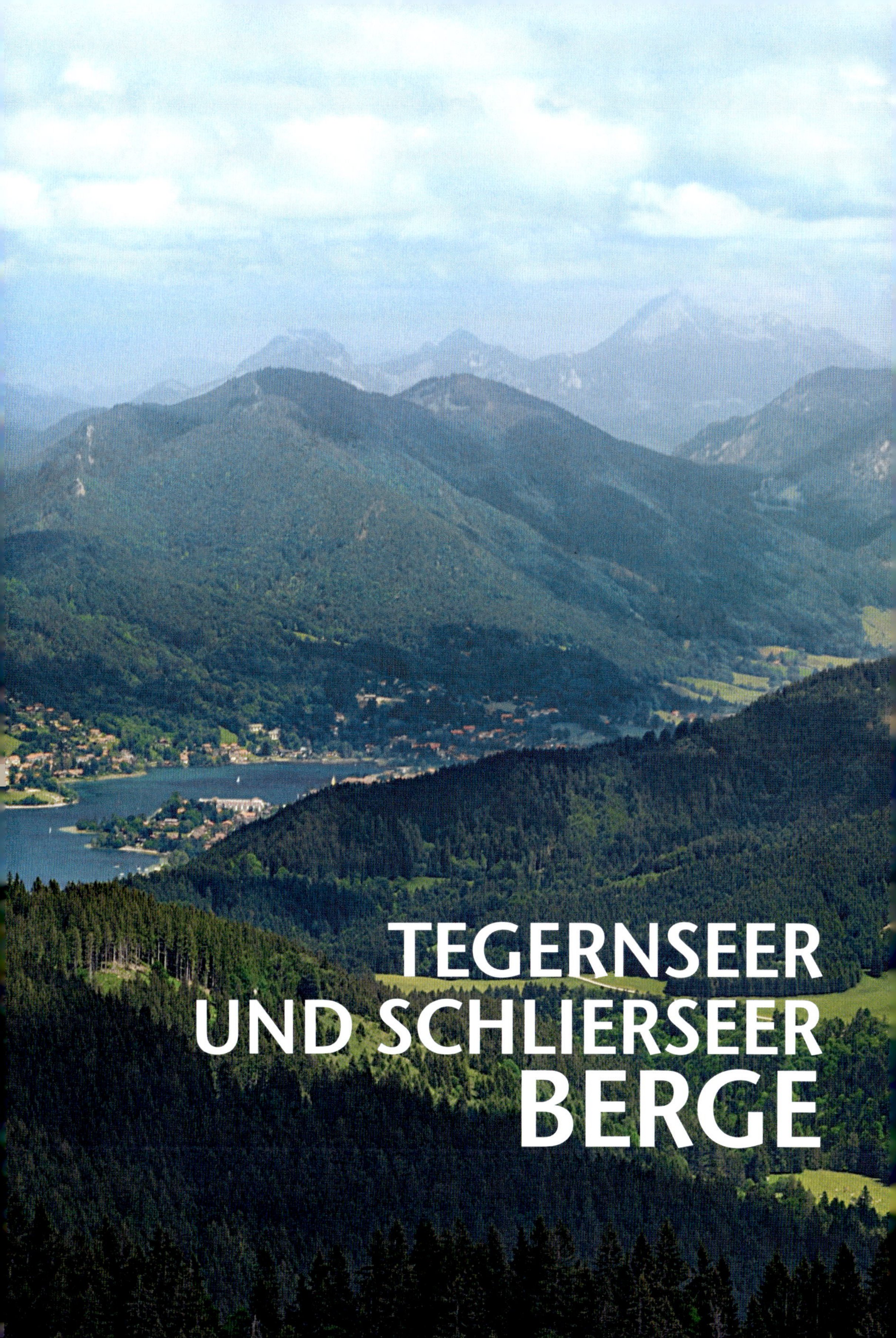
TEGERNSEER
UND SCHLIERSEER
BERGE

22 AUS DER REGAU ÜBER DEN BICHLERSEE AUF DIE HOHE ASTEN

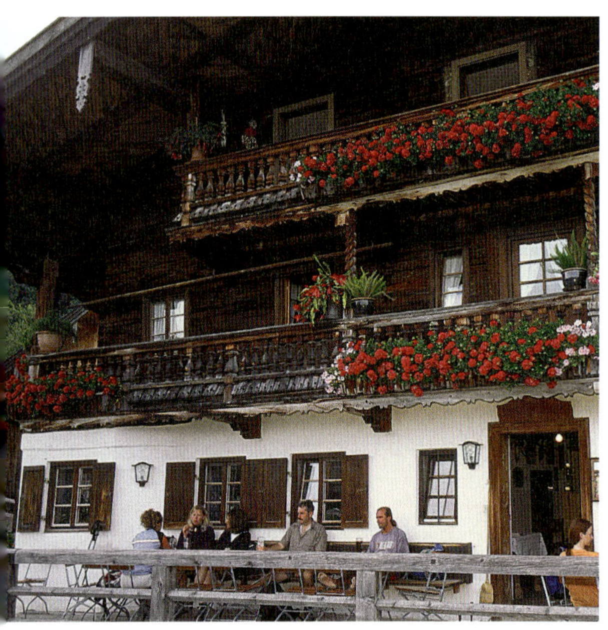

Das Berggasthaus Hohe Asten

Zu Deutschlands höchstgelegenem Bauernhof

Hoch über dem Inntal auf der Hohen Asten liegen Deutschlands höchstgelegene, ganzjährig bewohnte Bergbauernhöfe – der Vordere und der Hintere Astenhof. Urkundlich lassen sich diese bis ins 16. Jahrhundert zurückverfolgen. Von den schön gelegenen Höfen, von denen einer – der Hintere – für Wanderer bewirtschaftet ist, bietet sich uns ein herrliches Panorama der Chiemgauer Alpen und des Kaisergebirges. Auf der Terrasse können wir es uns gut gehen lassen. Doch der eine oder andere wird vielleicht doch Gipfelluft schnuppern wollen, und da bietet sich der Rehleitenkopf als kurzer Abstecher an. Der Anstiegsweg aus der Regau beginnt bereits auf einer Höhe von fast 1000 Metern, und so ist es mehr ein Schlendern als eine herzhafte Bergtour, aber das ist ja in unserem Sinne.

Am Weg liegt schön eingebettet in Wald der Bichlersee, der sich sogar für eine romantische Badepause eignet. Aber die heben wir uns besser für den Tagesausklang auf.

Die Höhenwanderung

Vom Wanderparkplatz oberhalb des Gasthofs Bichlersee folgen wir der Forststraße bergan (Wegweiser „Bichlersee", „Asten"). Bald sehen wir den Abzweiger zum Bichlersee, den wir uns allerdings für den Rückweg aufheben. Das Sträßchen wird steiler. Bei der Bichleralm verlassen wir den Fahrweg nach links und halten uns bei der nächsten Wegverzweigung rechts (geradeaus). Es geht weiter bergan und bald erreichen wir die Forsthütte „Klammalm". Kurz dahinter haben wir den Punkt erreicht, an dem sich die Forststraße wieder absenkt. Weiter über hügeliges Gelände zu einer Weggabelung (markierte Abkürzung möglich). Wir halten uns

EXTRA-TIPP

Einen Abstecher wert ist der Gasthof „Weber an der Wand" bei Oberaudorf. Zu Beginn des 19. Jahrhunderts hatten auch dort Maler die reizvolle Landschaft um Oberaudorf entdeckt. Und so kamen neben den unzähligen Künstlern auch zahlreiche Adelige und sogar gekrönte Häupter in diese Wirtschaft. Zu den bekanntesten Gästen zählten: Jacob Dillis, Carl Spitzweg, Wilhelm Leibl, Ludwig Steub, Heinrich Noe, aber auch Victor von Scheffel und Franz Xaver Gabelsberger, der Erfinder der Kurzschrift. Heute gibt es jeden Sonntag zum günstigen Preis einen frischen Schweinsbraten.

links und gehen bei der folgenden Verzweigung rechts. Dann leicht ansteigend weiter, bis der Zufahrtsweg zu den Astenhöfen rechts (geradeaus) abzweigt. Bald ist auch der höchste Punkt unserer Tour (abgesehen vom Gipfelabstecher natürlich) erreicht. Und leicht fallend geht es aus dem Wald hinaus in die Bergwiesen und weiter zum Berggasthaus Hohe Asten.

Der Gipfelabstecher

Zum Rehleitenkopf: Direkt hinter der Berggaststätte führt links ein Wiesenpfad ab (ohne Wegweiser, wir müssen jedoch zwei Gatter durchschreiten), der uns in einem Linksbogen hinauf zum Wald leitet. Durch den Wald hindurch zu einer Bergwiese und auf Pfadspuren (vereinzelte Wegmarkierungen), bei der Weggabelung rechts, weiter bergan. Wir kommen an einem markanten Felsen vorbei, halten auf den Wald zu und gehen am Waldrand entlang höher. Nun ist auch der Gipfelfelsen zu sehen. Wir übersteigen den Drahtzaun, gehen kurz durch Wald und stehen auch schon am Gipfelaufbau. Den eigenwilligen, auf einer Seite scharf ins Tal abstürzenden Gipfel schmückt ein schlichtes Kreuz. Falls der Pfad zum Gipfel nass ist, sollten wir auf eine Besteigung verzichten. Die Aussicht jedoch von dort oben

KARTENHINWEIS **Topographische Karte 1:50 000 Blatt „Mangfallgebirge" (LDBV)**

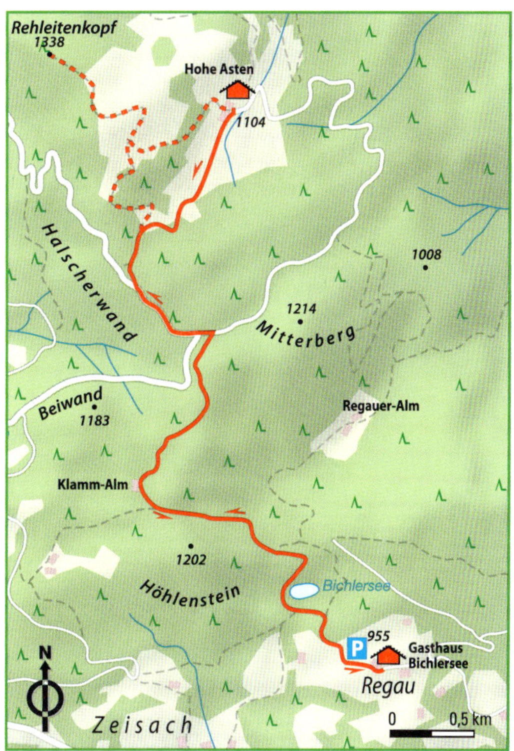

ist wunderbar. – Anschließend steigen wir auf dem Anstiegsweg wieder ab, bis zur Weggabelung. Dort halten wir uns rechts und steigen über Bergwiesen und durch ein Waldstück hinab zum Wirtschaftsweg, auf dem wir die Hohe Asten erreicht haben. Die Rückkehr: Vom Berggasthof bzw. nach dem Abstieg vom Rehleitenkopf wandern wir auf dem Anstiegsweg zurück zur Abzweigung „Bichlersee" und gönnen uns den Schwenk zum Bergsee.

... UND NOCH EIN TIPP

Im Bichlersee kann man durchaus eine ruhige Schwimmrunde drehen. Wer etwas mehr Baderummel will: Rund um Oberaudorf gibt es mehrere kleine, reizvolle Badeseen, wie z. B. den Luegsteinsee, den Hödenauer See (mit Möglichkeit für Wasserski), den Kreutsee und den Rechenauer See.

FÜR DEN GAUMEN

Das Berggasthaus Hohe Asten bietet von 12 bis 14 Uhr eine Mittagskarte mit bayerischer Küche, so z. B. Leberkäs mit Ei und Bratkartoffeln oder

Bratkartoffeln mit Topfen. Deftige Brotzeiten sowieso. – Außerdem werden dort oben Butter, Brot, Käse und Wurst aus Eigenproduktion zum Mitnehmen verkauft. – Falls wir uns die Einkehr für den Abschluss der Tour aufheben: Im Bichlerhof steht die Köchin selbst am Kochtopf und liefert schmackhafte Ergebnisse aus Produkten der Region.

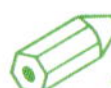

TOURISTINFO

Tourist-Information
Kufsteiner Straße 6 • 83080 Oberaudorf
Telefon: 0 80 33/3 01 20
www.oberaudorf.de

ANFAHRT

Mit dem Auto: Auf der Salzburger Autobahn (A 8) bis zum Inntaldreieck, dann auf der A 93 in Richtung Kufstein/Innsbruck, bis zur Ausfahrt Oberaudorf; in Ortsmitte rechts nach Niederaudorf, dort links auf die deutsche Alpenstraße in Richtung Bayrischzell. Kurz hinter Agg rechts ab und auf schmalem, steilem und asphaltiertem Sträßchen 3 Kilometer hinauf in die Regau zum Gasthof Bichlersee; einige hundert Meter dahinter befindet sich ein Wanderparkplatz, unser Ausgangspunkt (955 m).

Mit Bahn & Bus: Mit der Bahn auf der Strecke München – Salzburg bis Rosenheim, dort umsteigen in die Regionalbahn bis Oberaudorf. Dann weiter zu Fuß (aber ungünstig und weit bis zum Ausgangspunkt). Besser: Mit dem Bus bis zum Tatzelwurm; dann zu Fuß über Zeisach zum Bichlersee (1 Std.).

CHARAKTER

Leichte Wanderung auf Wander- und Wirtschaftswegen; zum Gipfel des Rehleitenkopfs führt ein Bergpfad.

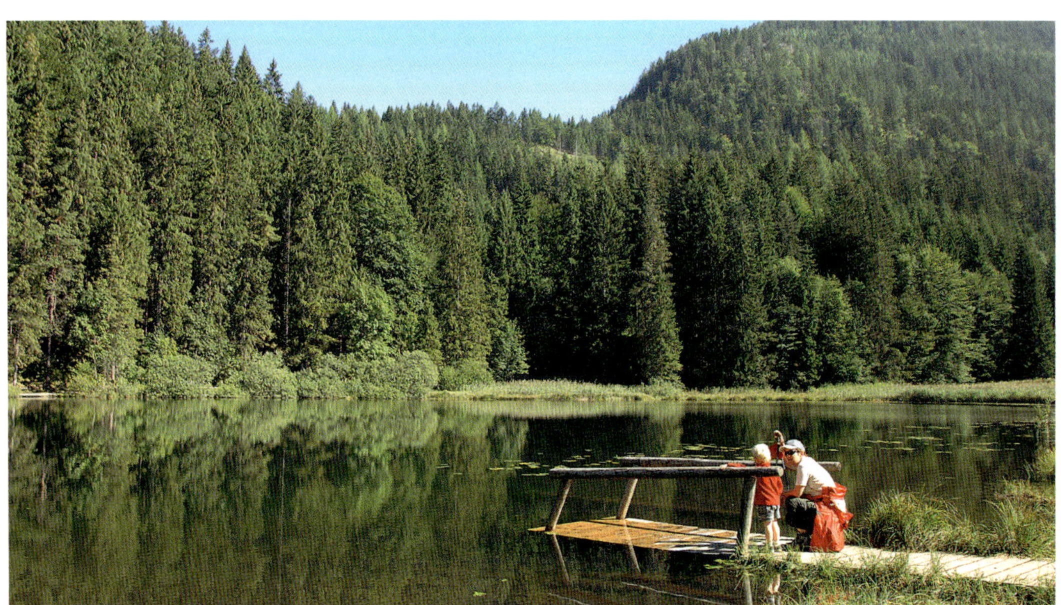

Der Bichlersee lädt zu einem Bad.

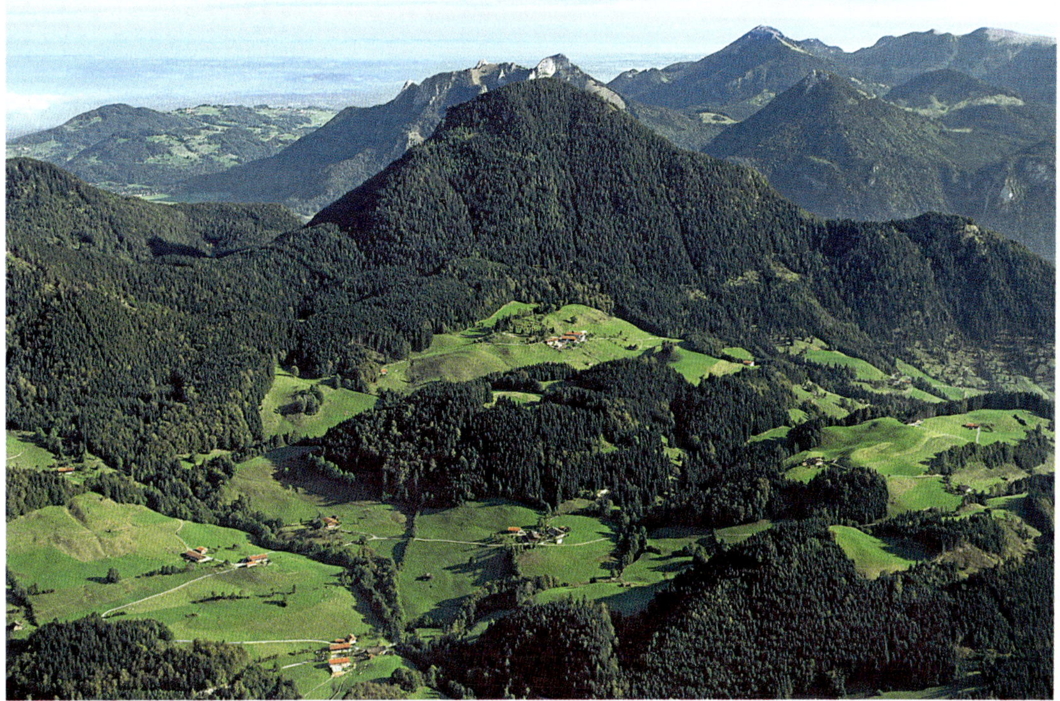

Blick auf den Wildbarren; am Bergfuß liegt die Regau.

HÖHENUNTERSCHIEDE

Vom Wanderparkplatz Bichlersee zur Hohen Asten: 270 Hm im Anstieg, 110 Hm im Abstieg; beim Abstieg zum Bichlersee die Höhenmeter nochmal im umgekehrten Sinne

...UND EIN WEITERER TIPP

Auf der Hohen Asten wird viel Eigenproduktion betrieben. Und da wir einen leeren Rucksack und einen leichten Abstiegsweg vor uns haben, decken wir uns damit ein: Es gibt Butter, Brot, Käse, Wurst und einiges mehr.

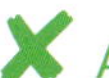

AUSGANGS- UND ENDPUNKT

Wanderparkplatz in der Regau (955 m)

GEHZEITEN

Vom Wanderparkplatz Regau über die Klammalm zum Berggasthaus Hohe Asten knapp 2 Std.; Rückweg auf dem Anstiegsweg 1 3/4 Std. Gesamtgehzeit: 3 3/4 Std. – Abstecher auf den Rehleitenkopf 1 1/4 Std.

EINKEHR

Berggasthaus Hohe Asten (1104 m), ganzjährig bewirtschaftet, Donnerstag/Freitag Ruhetag; Tel. 0 80 34/21 51, www.hoheasten.de

Gasthaus Bichlersee (830 m), nahezu ganzjährig bewirtschaftet, Montag/Dienstag Ruhetag; Tel. 0 80 33/15 97, www.bichlersee.de

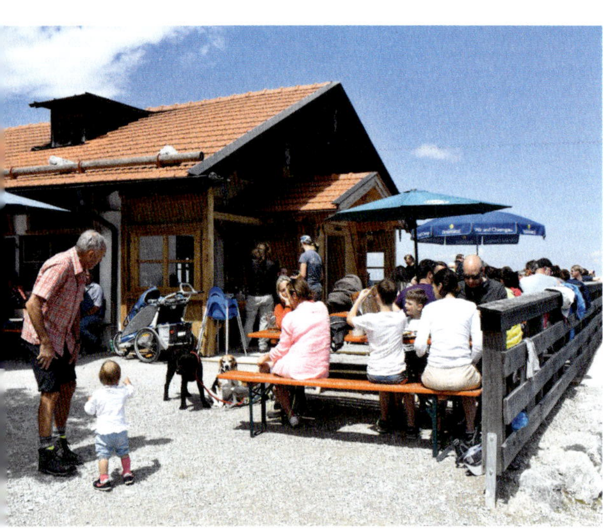

Die Tregleralm am Weißenbacher Berg

Kurzer Ausflug über dem Zwetschgenland

Die Region rund um Bad Feilnbach ist als Zwetschgenland bekannt. Moorbäder, Wellness und Wandern haben das Gebiet rundum bekannt gemacht. Wir haben uns für den heutigen Tag – es könnte ein Tag im Winter wie im Sommer sein, denn unser Ziel hat nahezu ganzjährig geöffnet – das reizvolle Ausflugsgasthaus „Tregleralm" am Schwarzenberg zum Ziel gesetzt. Der Anstieg ist leicht und kurz, die Aussicht wunderbar und die Küche kann sich auch sehen lassen. Falls das Wetter nicht so mitspielt, ist es drinnen gemütlich mit viel Holz; und an kühleren Tagen wird der Kachelofen oder der offene Kamin in Gang gesetzt.

Die Almwanderung

Beim Wanderparkplatz entlang der Straße nach Hundham folgen wir auf der gegenüberliegenden Straßenseite dem ausgeschilderten Wirtschaftsweg (Wegweiser „Tregleralm") nahezu eben durch das Deisenrieder Moos hinüber zum Waldrand. Dort macht unser Weg einen Knick nach links und führt leicht ansteigend durch Wald höher. Nach knapp 40 Minuten treffen wir auf eine Weggabelung: Hier halten wir uns links (rechts geht es weiter zum Schwarzenberg) und wandern ohne große Mühe weiter zur Tregleralm, die an einer großartigen Stelle erbaut wurde. Der freie Blick von der Terrasse umfasst das tief unter uns liegenden Moorgebiet, die in die Landschaft getupften Dörfer und das Alpenvorland mit seinen kleinen Seen. Kinder finden auch genügend Auslauf. Da bleiben wir gerne länger, denn heimwärts ist es nur ein Katzensprung.

Variante

Wir könnten jedoch – falls uns jemand dort wieder abholt – auch zu Fuß auf einem guten Wanderweg nach Bad Feilnbach hinabwan-

EXTRA-TIPP

30 000 Obstbäume – vor allem Apfel- und Zwetschgenbäume – rund um Bad Feilnbach prägen die Landschaft im Tal. Daraus folgt: Hier gibt es frische Obstsäfte und gute Obstbrände. Im Herbst findet in Altofing beim Aumanwirt das traditionelle Zwetschgenfest statt mit Musik, Tanz und Verkaufsständen. Auch Bayerns größter Apfelmarkt findet alljährlich im Oktober in Bad Feilnbach statt. Auf diesem „Fest für die ganze Familie" erwarten uns 120 Aussteller, Fahrgeschäfte (u. a. ein Riesenrad), Kulinarisches und viel Musik. Und seit ein paar Jahren kürt der Ort eine Apfelkönigin, um den Duft der Äpfel in alle Welt zu tragen.

dern (3/4 Std.; nicht in der Karte dargestellt). Auch auf den Schwarzenberg bietet sich ein Abstecher an. Der kleine, mit einem Kreuz geschmückte Gipfel vermittelt uns einen schönen Blick in das Mangfallgebirge.

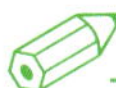 FÜR DEN GAUMEN

Auf der Tregleralm finden wir eine gutbürgerliche Küche vor, die besonders mit Grillspezialitäten und hausgemachten Kuchen Ehre einlegt. Die Küche ist regional geprägt und bietet Schmankerl nach Saison, z. B. Spargelgerichte, Wild, Fisch.

TOURISTINFO

Kur- und Gästeinformation
Bahnhofstr. 5 • 83075 Bad Feilnbach
Telefon: 08066/88711
www.bad-feilnbach.de

ANFAHRT

Mit dem Auto: Auf der Salzburger Autobahn (A8) bis zur Ausfahrt Bad Aibling/Bad Feilnbach, dort rechts weiter nach Bad Feilnbach, noch vor dem Ort zweigt rechts die Straße (RO46) nach Hundham ab, diese führt uns seitlich am Ort vorbei zum Bergfuß, dann in steilen Kehren hinauf zur Höhe. Die Straße senkt sich dann etwas ab und erreicht bald das Deisenrieder Moos. Der Wanderparkplatz liegt auf der rechten Seite.
Mit Bahn & Bus: Mit der Bahn auf der Strecke München – Salzburg bis Bad Aibling, von dort mit dem RVO-Bus weiter über Bad Feilnbach in Richtung Hundham. Den Busfahrer nach dem Haltepunkt fragen.

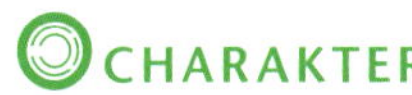

CHARAKTER

Leichte Wanderung auf breitem Wanderweg bzw. Wirtschaftsweg

KARTENHINWEIS Topographische Karte 1:50000 Blatt „Mangfallgebirge" (LDBV)

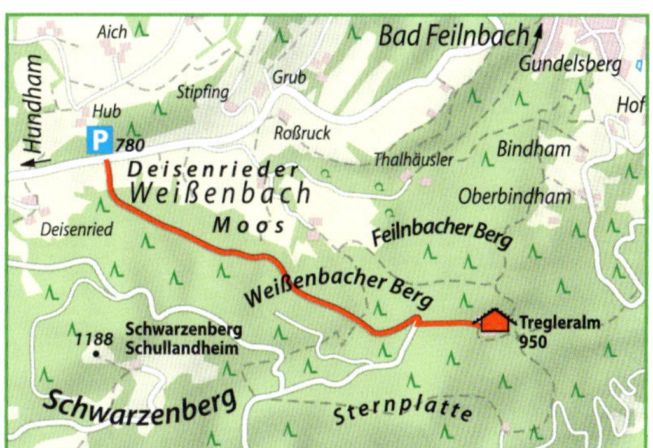

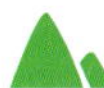 HÖHENUNTERSCHIEDE

Vom Wanderparkplatz zur Tregleralm: 170 Hm im Auf- wie im Abstieg

 AUSGANGS- UND ENDPUNKT

Wanderparkplatz Deisenrieder Moos, direkt an der Straße nach Hundham (780 m)

 GEHZEITEN

Vom Wanderparkplatz 3/4 Std.; Rückweg auf dem Anstiegsweg 1/2 Std. Gesamtgehzeit: 1 1/4 Std.

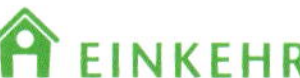

Tregleralm (950 m), ganzjährig bewirtschaftet, Montag Ruhetag (Ausnahme an Feiertagen); Tel. 08066/1420, www.tregleralm.de

... UND NOCH EIN TIPP

Die traditionellen Moorbäder in Bad Feilnbach und Umgebung haben sich zu Wellness-Oasen gemausert, darunter hat sich auch eine Ayurveda-Zentrum eingerichtet: Sri Lanka im idyllischen Voralpenland.

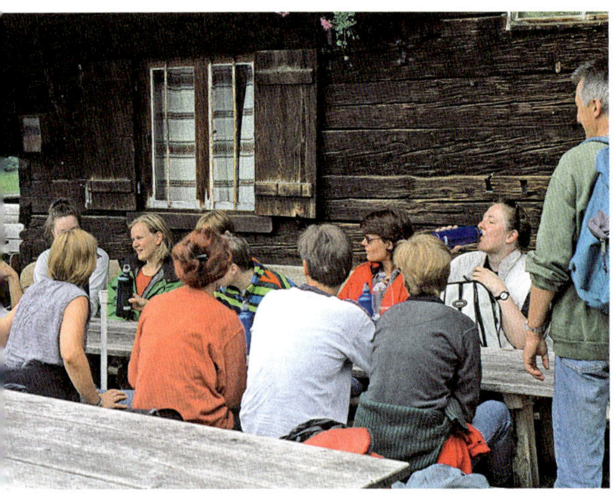

Bei der urigen Mariandlalm

Grenzwandern im südlichen Mangfallgebirge

Etwas versteckt hinter Bayrischzell, nahezu direkt auf der bayerisch-tirolerischen Grenze liegt die Obere Trockenbachalm, landläufig jedoch nur „Mariandlalm" genannt, nach der Tiroler Wirtin Maria Pirchmoser von Thiersee. Die jahrhundertealte Alm wurde mehrfach erweitert und bietet nahezu ganzjährig Einkehr. Wir könnten sogar dort oben übernachten. Mittlerweile ist es kein Geheimtipp mehr, dass dort oben der Kaiserschmarrn und die Speckknödel besonders gut schmecken. Rund um die Alm weiden Galloway-Rinder aus Schottland und mit etwas Glück bekommen wir sogar Murmeltiere zu sehen. Der Anstieg ist nicht sehr weit und so lassen wir es uns auf der Terrasse gut gehen, mir freiem Blick ins Tiroler Landl.

Die Almwanderung

Vom Wanderparkplatz im Ursprungtal folgen wir alsbald der Ausschilderung zur „Mariandlalm" und wandern auf einem unbefestigten Wirtschaftsweg ins Trockenbachtal hinein. Anfangs verläuft der Weg durch schattigen Wald, dann schlängelt er sich durch hügelige Bergwiesen. Auch wenn der Anstieg zu Beginn etwas steil ist, der Weg flacht dann ab und führt nach der Unteren Trockenbachalm in weiten Kehren hinauf zur aussichtsreich gelegenen Einkehrstation.

Variante

Eine Viertelstunde nach unserem Start zweigt links ein Wanderweg ab, der parallel zum Wirtschaftsweg talaufwärts führt und nach den ersten größeren Kehren steil und direkt zur bewirtschafteten Alm führt. Wir sparen uns eine weite Schleife des Fahrwegs, müssen dafür aber ein bisschen Ziehen in den Wadeln in Kauf nehmen.

FÜR DEN GAUMEN

Auf der Mariandlalm gibt es nicht nur Getränke und Brotzeiten, bekannt und beliebt sind auch die Speckknödelsuppe, der Kaiserschmarrn und weitere warme Gerichte. Selbst gemachte Kuchen und frische Milch sind ebenfalls selbstverständlich auf dieser gerne angesteuerten Einkehralm auf der Grenze zwischen Bayern und Tirol.

TOURISTINFO

Kurverwaltung
Kirchplatz 2 • 83735 Bayrischzell
Telefon: 08023/648
www.bayrischzell.de

ANFAHRT

Mit dem Auto: Auf der Salzburger Autobahn (A8) bis zur Ausfahrt Weyarn, dann über Miesbach,

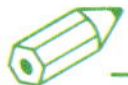

KARTENHINWEIS Topographische Karte 1:50 000 Blatt „Mangfallgebirge" (LDBV)

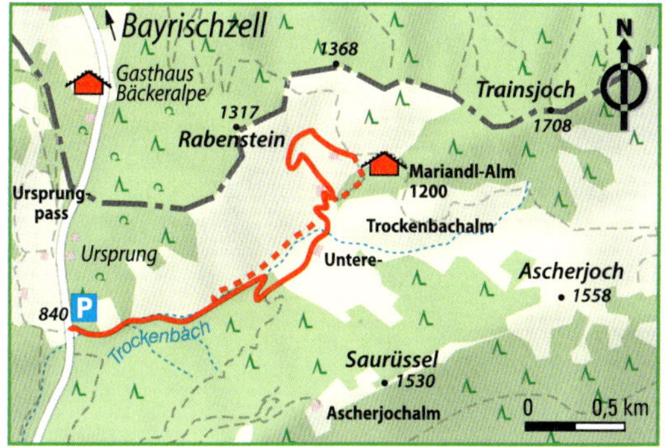

Schliersee und Bayrischzell zum Ursprungpass. Einen guten Kilometer hinter dem ehemaligen Grenzübergang befindet sich der Wanderparkplatz am Eingang ins Trockenbachtal.

Mit Bahn & Bus: Mit der Bahn von München über Holzkirchen, Miesbach und Schliersee nach Bayrischzell; von dort weiter mit dem Bus in Richtung Landl zum Ursprungpass. Von der Haltestelle noch 10 Min. zu Fuß zum Ausgangspunkt.

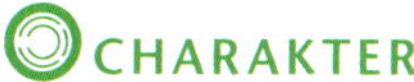

CHARAKTER

Leichte Wanderung auf breitem Wanderweg bzw. Wirtschaftsweg. Es gibt einen parallel zum Almfahrweg verlaufenden, stellenweise steilen Steig.

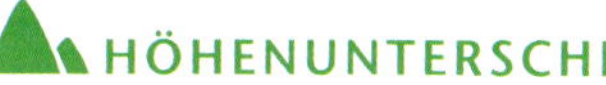

HÖHENUNTERSCHIEDE

Vom Wanderparkplatz zur Mariandlalm: 360 Hm im Anstieg

AUSGANGS- UND ENDPUNKT

Wanderparkplatz Trockenbachtal (840 m)

GEHZEITEN

Vom Wanderparkplatz zur Mariandlalm 1 1/2 Std.; Rückweg auf dem Anstiegsweg 1 Std. Gesamtgehzeit: 2 1/2 Std.

EINKEHR

Mariandlalm (1200 m), ganzjährig bewirtschaftet, Montag Ruhetag, in der Wintersaison auch Dienstag + Donnerstag, 40 Übernachtungsplätze in Lagern; Tel. 00 43/6 64/3 50 44 17, www.mariandlalm.at

Gasthaus Bäckeralm am Anfahrtsweg, kurz vor dem Grenzübergang nach Tirol

EXTRA-TIPP

An unserer Anfahrtsstrecke liegt das mittlerweile eröffnete und schon gut eingeführte „Markus Wasmeier Museum" am Schliersee (Brunnbichl 5, in unmittelbarer Nähe zum Bahnhof Fischhausen-Neuhaus der Bayerischen Oberlandbahn). „Landleben, wie es einst war" ist die Devise und in drei Bauernhäusern (dem „Lukas Hof", dem „Rieder Hof" und „Beim Wofen") bekommen wir das exemplarisch vorgeführt. Darüber hinaus gibt es ein Handwerkerhaus mit Brennerei, Schmiede und Schreinerei usw. sowie üppige Bauern- und Kräutergärten und eine Streuobstwiese. In der Region gebräuchliche Nutzpflanzen und fast schon vergessene alte Kulturpflanzen sowie typische Alpenblumen gibt es in Hülle du Fülle. Überdies finden zahlreiche Sonderausstellungen (wie z. B. zum Thema Bierbrauen statt). Außerdem gibt es dort natürlich eine Wirtschaft.

Öffnungszeiten: Anfang April bis Anfang November Dienstag bis Sonntagen sowie an Feiertagen von 10 bis 17 Uhr. Tel. 0 80 26/9 29 22-0

25 AUF DEM TRAUTMANNSWEG ZUR OBEREN UND UNTEREN FIRSTALM

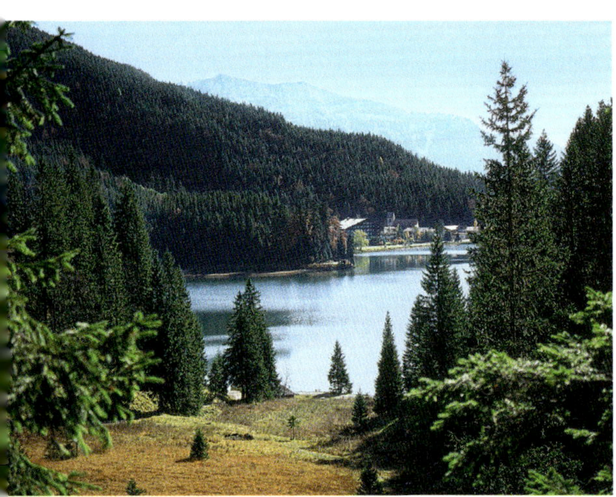

Der Spitzingsee

Die kleine Spitzingsee-Runde

Rund um den Spitzingsee in den Schlierseer Bergen gibt es zahllose Wander- und Einkehrmöglichkeiten. Die hier vorgeschlagene Runde führt über zwei der beliebtesten Hütten, die zwar dem Namen nach „Almen", aber eigentlich veritable Einkehrstationen sind; in einer der beiden könnten wir sogar übernachten.

Die Hüttenwanderung

Vom Spitzingsattel folgen wir dem gesperrten, geteerten und ausgeschilderten Fahrweg am Bergfuß der Brecherspitze entlang zur Oberen Firstalm. Dieser „Weg" wurde nach Adolf Trautmann benannt, dem Verfasser eines großartigen Führerwerks zu den Nordalpen. Direkt hinter der privaten Übernachtungshütte führt links ein Treppenweg hinab zur Unteren Firstalm. Von dort folgen wir links dem gesperrten Fahrweg (WW „Spitzingsee") oberhalb dem Firstgraben durch Bergwiesen und Wald hinab zu einer kleinen Hotelsiedlung, queren eine Straße und folgen dem Wanderweg zum Spitzingsee. Dort links haltend weiter und mit einer Gegensteigung wieder hinauf zum Spitzingsattel.

Variante

Abstecher zum Bodenschneidhaus: Vom Freudenreichsattel führt ein schmaler Bergsteig (zahlreiche Wurzeln, also gutes Schuhwerk Voraussetzung) nahezu eben zum Alpenvereinshaus. Der Rückweg ist identisch mit dem Hinweg.

FÜR DEN GAUMEN

Obere und Untere Firstalm: In beiden „Almen", die ja eigentlich Berggasthöfe sind, können wir gut einkehren. Es gibt jeweils eine Tageskarte, die Gerichte wechseln aber nur selten. In der Oberen Firstalm gibt es z. B. Wiener mit diversen Beilagen wie Sauerkraut und Brot oder gemischtem Salat,

EXTRA-TIPP

Der Spitzingsee, Anlaufstelle für zahllose Wanderer und Ausflügler, ist Bayerns größter Gebirgssee mit einer Fläche von 28,3 Hektar und einer maximalen Tiefe von 16,3 Metern. Das Wasser ist sehr sauber und lädt unerschrockene Gemüter auch zum Baden ein. Aber aufgrund der Höhe braucht der See sehr lange, bis er sich halbwegs erwärmt. Außerdem gibt es einen Bootsverleih. Am ruhigsten ist es sicherlich an seinem Westufer, der Badebereich befindet sich am Südufer, am Ende der öffentlichen Straße, die im Übrigen erst im Jahre 1952 bis hierher gebaut wurde. Hotels, Gaststätten und der große Parkplatz neben der modernen Kirche waren die unvermeidlichen Folgen davon.

KARTENHINWEIS **Topographische Karte 1:50000 Blatt „Mangfallgebirge" (LDBV)**

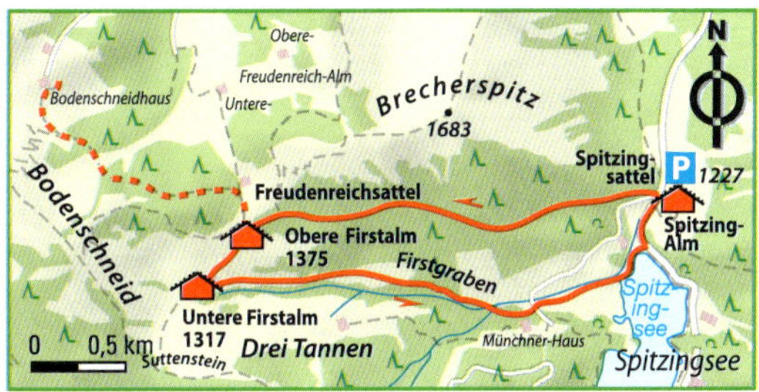

dann Schweinebraten mit Knödel und Blaukraut, Reiberdatschi mit Apfelmus, Kaiserschmarrn und Wiener Germknödel.

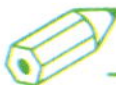

TOURISTINFO

Gäste-Information Schliersee
Perfallstr. 4 • 83727 Schliersee
Telefon: 08026/60650
www.schliersee.de

ANFAHRT

Mit dem Auto: Auf der Salzburger Autobahn (A8) bis zur Ausfahrt Weyarn, dann über Miesbach und Schliersee weiter in Richtung Bayrischzell, bis rechts die Spitzingseestraße abzweigt; auf dieser hinauf ins Hochtal bis zum Spitzingsattel (1127 m). Dort gebührenpflichtiger Wanderparkplatz.
Mit Bahn & Bus: Mit der Bahn von München über Holzkirchen, Miesbach und Schliersee nach Fischhausen-Neuhaus, von dort weiter mit RVO-Bus zum Spitzingsattel.

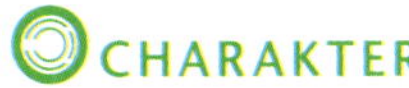

CHARAKTER

Leichte Wanderung auf breitem Wanderweg bzw. Wirtschaftsweg; kurze Passage auf Treppenweg von der Oberen Firstalm hinab zur Unteren Firstalm

HÖHENUNTERSCHIEDE

Vom Spitzingsattel zur Oberen Firstalm: 150 Hm im Anstieg; Abstiegsrunde über die Untere Firstalm: 290 Hm im Abstieg, 143 Hm im Anstieg

AUSGANGS- UND ENDPUNKT

Wanderparkplatz Spitzingsattel (1227 m)

GEHZEITEN

Vom Wanderparkplatz Spitzingsattel zur Oberen Firstalm 1 Std.; Rückweg über die Untere Firstalm und den Spitzingsee 1 1/4 Std. Gesamtgehzeit: 2 1/4 Std.

EINKEHR

Obere Firstalm (1375 m), privat, ganzjährig bewirtschaftet, 30 Betten, 30 Lager; Tel. 08026/7302, www.firstalm.de
Untere Firstalm (1317 m), ganzjährig bewirtschaftet, Dienstag Ruhetag, Tel. 08026/7676, www.firstalm.de
Bodenschneidhaus (1356 m), Alpenvereinshaus, ganzjährig bewirtschaftet, in der Wintersaison Montag Ruhetag, 17 Betten, 31 Lager; Tel. 08026/4692, www.bodenschneidhuette.bayern
Am Spitzingsattel befindet sich das **Spitzingstüberl** und weiter vorne im Ort (am Ende der öffentlichen Straße) gibt es weitere Gaststätten.

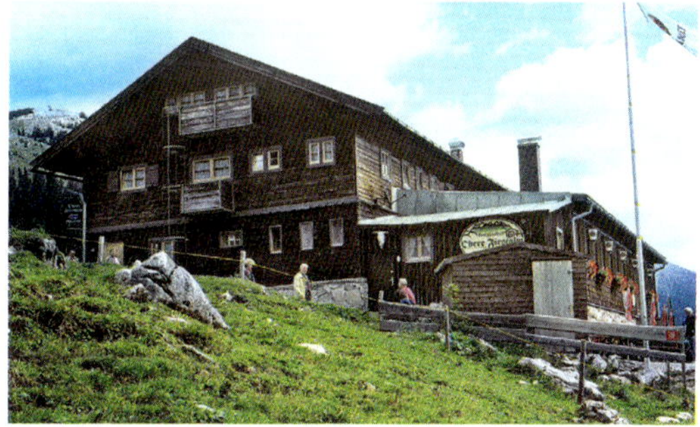

Die Obere Firstalm

26 SCHNELL AUF DEN WALLBERG UND HINÜBER ZUM SETZBERG

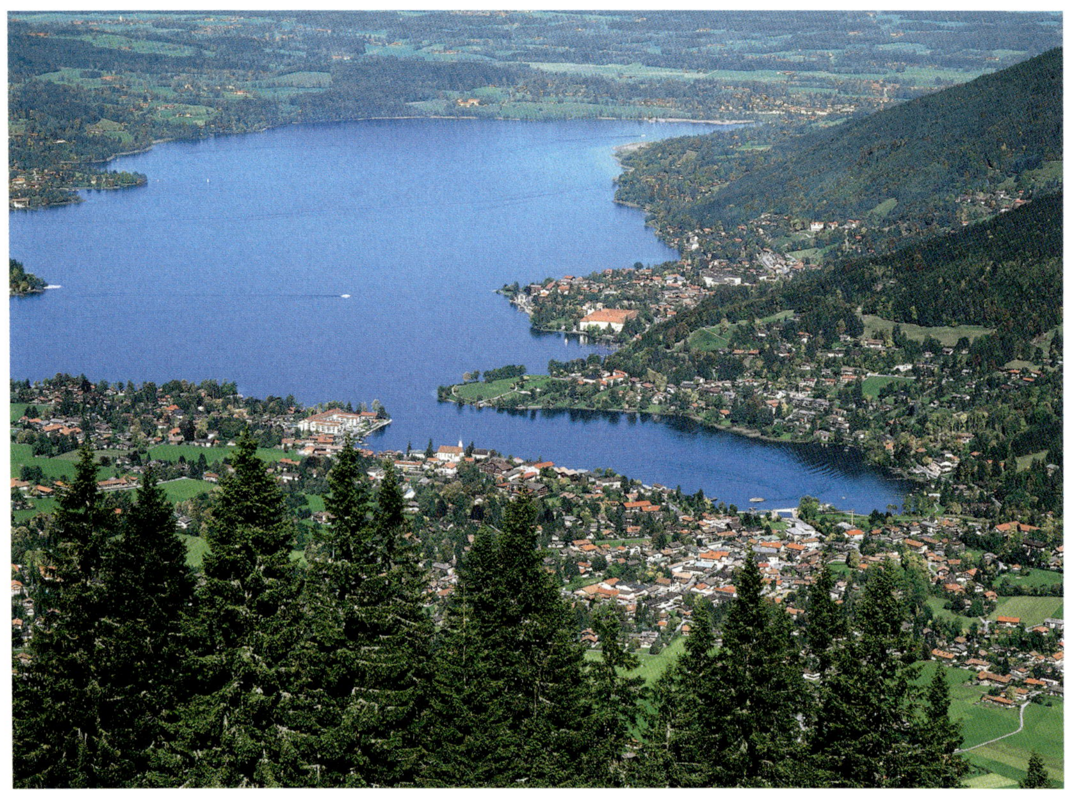

Blick vom Wallberg auf den Tegernsee

Abstecher zu zwei ungleichen Brüdern

Blickt man von Norden über den beliebten Tegernsee, sieht man an dessen Ende einen trapezförmigen Riegel, der scheinbar den See nach Süden abschließt: den Wallberg.

Dort hinauf wollen wir, und zwar bequem mit der Wallbergbahn. Auf der Höhe angekommen, genießen wir von den Höhenwegen den freien Blick auf die umliegenden Berge. Doch nicht nur das: Der Blick reicht bis zum Großglockner und zum Großvenediger. Falls wir Gipfelambitionen haben, stehen zwei „ungleiche Brüder" zur Auswahl:

Links der felsige Wallberggipfel, für den wir auf den letzten Metern Trittsicherheit und Schwindelfreiheit mitbringen müssen, oder den gegenüberliegenden Setzberg, einen Grasbuckel.

Aber es geht auch ohne Gipfelglück, dem Landschaftsgenuss tut das keinen Abbruch. Und so mancher kehrt stattdessen lieber im Panoramarestaurant bei der Bergstation ein, stattet dem Wallbergkircherl einen Besuch ab oder wandert hinüber zum Alten Wallberghaus, um dort einzukehren und den Ausblick von der Terrasse auf Plankenstein und Risserkogel zu genießen.

Die Gipfelwanderung

An der Bergstation der Wallbergbahn müssen wir uns entscheiden: Machen wir es auf die ganz faule Tour und bleiben gleich im Panoramarestaurant hängen oder wandern wir „nur“ hinüber zum Wallbergkircherl bzw. zum Wallberghaus? In beiden Fällen halten sich die zu leistenden Höhenmeter sehr in Grenzen. Immerhin können wir uns auf ganz famose Weise die Berge vor Augen führen.

Für diejenigen unter uns, die etwas mehr Ambition mitbringen, führt links von der Bergstation ein zunächst breiter Wanderweg zum Gipfelfuß des Wallbergs, dort leitet uns ein schmaler Bergweg weiter durch Latschen und um den Gipfelfelsen herum (ausgesetzt, aber Seilsicherung) hinauf zum großen Gipfelkreuz.

Die leichte Gipfelvariante: Von der Bergstation rechts hinab auf breitem Wanderweg zum Wallberghaus. Kurz davor zweigt rechts ein Bergweg ab, der uns über Bergwiesen durch Latschengelände hinauf zum Gipfel des Setzbergs führt. Um die Runde komplett zu machen, steigen wir auf der anderen Seite hinab. Wir treffen dort auf einen quer führenden Steig und folgen diesem zurück zum Alten Wallberghaus.

EXTRA-TIPP

Von der Talstation der Wallbergbahn führt die Wallbergstraße – eine Mautstraße – hinauf zum Scharlinger Moos auf über 1100 Meter Höhe. Auf nur 350 Meter Höhenunterschied weist sie eine durchschnittliche Steigung von 10 bis 22 Prozent auf und windet sich in weit ausholenden Kehren bergwärts. Die im Jahre 1933 erbaute Bergstraße sollte Teil der Deutschen Alpenstraße sein, wurde aber nicht vollendet. Früher wurden auf dieser Strecke sogar Bergrennen gefahren.

KARTENHINWEIS Topographische Karte 1:50000 Blatt „Mangfallgebirge“ (LDBV)

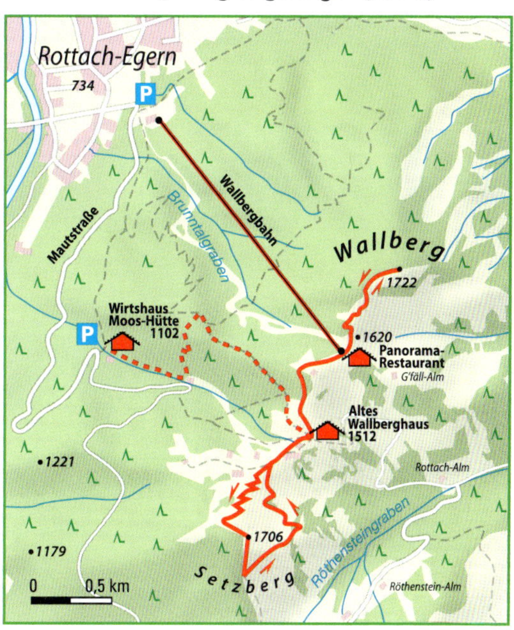

Variante

Anstieg vom Wallbergmoos: Gehören wir zu den seltenen Wanderern, die eine Bergbahn verschmähen, obwohl wir uns faul schimpfen, so können wir diese Tour auch vom Wallbergmoos aus angehen. Dort hinauf führt uns eine Mautstraße. Und selbstredend gibt es dort auch ein Wirtshaus.

FÜR DEN GAUMEN

Das Panorama-Restaurant bei der Bergstation der Wallbergbahn bietet anspruchsvollere Küche, beim Wallberghaus – einem früheren Bauernhaus – geht es eher bodenständig zu, es wird aber eine vollständige Küche geboten. Es ist also für jeden etwas dabei. Wer es eher ruhig mag, holt sich auf dem Setzberg die Brotzeit raus und sieht dem Trubel von oben zu, denn Einsamkeit ist am Wallberg nicht zu erwarten.

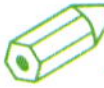

TOURISTINFO

Tourist-Information
Nördliche Hauptstraße 9
83700 Rottach-Egern
Telefon: 08022/673100
www.rottach-egern.de

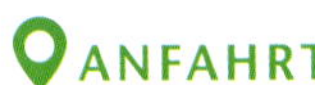

ANFAHRT

Mit dem Auto: Auf der Salzburger Autobahn (A8) bis zur Ausfahrt Holzkirchen, dann auf der B318 über Gmund und Bad Wiessee nach Rottach-Egern zur Talstation der Wallbergbahn. Dort großer Wanderparkplatz.
Mit Bahn & Bus: Mit der Bahn von München über Holzkirchen und Gmund zum Endbahnhof in Tegernsee; von dort weiter mit dem RVO-Bus zur Talstation der Wallbergbahn.

CHARAKTER

Leichte Wanderung auf breitem Wanderweg bis zum Gipfelaufbau des Wallbergs. Dort braucht es allerdings für die letzten Meter Trittsicherheit und Schwindelfreiheit. Auf den Setzberg führt ein leichter, etwas steiler Bergpfad. – Vom Wallbergmoos führt ein guter Wanderweg hinauf zum Wallberghaus.

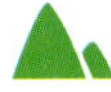

HÖHENUNTERSCHIEDE

Von der Bergstation der Wallbergbahn zum Wallberg: 100 Hm; von der Bergstation zum Setzberg: 100 Hm im Abstieg sowie knapp 200 Hm im Aufstieg

AUSGANGS- UND ENDPUNKT

Bergstation der Wallbergbahn (1620 m)

GEHZEITEN

Von der Bergstation zum Wallberggipfel 1/2 Std., Abstieg zum Wallberghaus 3/4 Std., Anstieg von dort auf den Setzberg 1/2 Std., Abstieg und Rückweg zur Bergstation 50 Min. Gesamtgehzeit: knapp 2 3/4 Std. – Anstieg vom Wallbergmoos zum Wallberghaus 1 Std.

EINKEHR

Altes Wallberghaus (1512 m), ganzjährig bewirtschaftet, Montag/Dienstag Ruhetag, Übernachtungsmöglichkeit in rustikalen Zimmern sowie im Bettenlager; Tel. 08022/7056979, www.wallberg-haus.de
Panorama-Restaurant Wallberg (1620 m), zu den Betriebszeiten der Wallbergbahn bewirtschaftet; Tel. 08022/6800, www.wallberg-restaurant.de
Gasthaus Wallbergmoos (1102 m), nahezu ganzjährig bewirtschaftet; Tel. 08022/5638, www.wallbergmoos-alm.de

... UND NOCH EIN TIPP

In Rottach-Egern sind einige der bekanntesten bayerischen Schriftsteller beerdigt: Ludwig Ganghofer und Ludwig Thoma. Auch die Gräber von dem Operntenor Leo Slezak sowie dem Simplizissimus-Karikaturisten Olaf Gulbransson (dem in Tegernsee übrigens ein eigenes Museum gewidmet wurde) finden wir dort. Sie alle liegen auf dem Künstlerfriedhof (Kisslinger Straße 45). Auf Anfrage finden auch Führungen statt (Tel. 08022/673100).

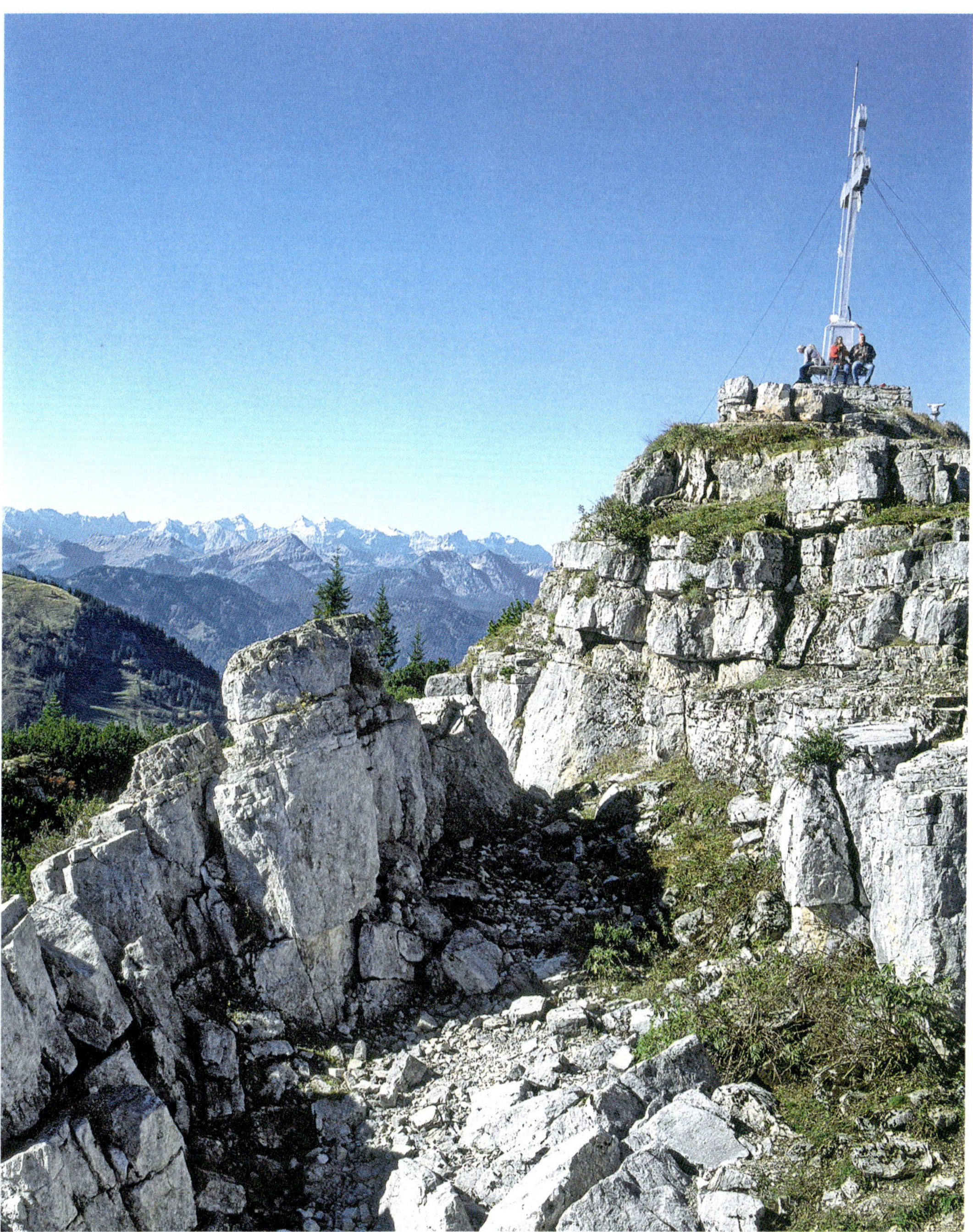

Der felsige Gipfelaufbau des Wallbergs

27 ALTES BAD, SIEBENHÜTTENALM UND WOLFSSCHLUCHT

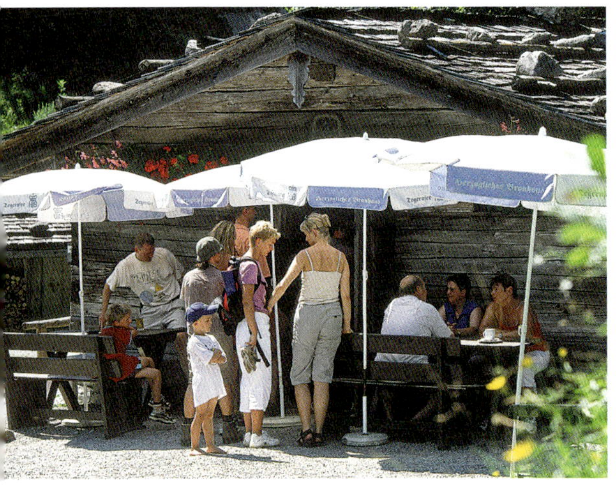

Die Siebenhüttenalm

Wo schon der Hochadel kurte

Dieser kleine Ausflug in ein Seitental der Blauberge führt uns zu einer idyllischen Almhütte mit Einkehr und auf dem Rückweg zur ehemals königlichen „Molken- und Badanstalt Kreuth". Der Kurbetrieb wurde bereits 1973 eingestellt. Heute treffen sich dort Politiker konservativer Couleur zum Meinungsaustausch. Die altbayerisch biedermeierliche Atmosphäre ist in Teilen heute noch erhalten.

Die Talwanderung

Vom Wanderparkplatz folgen wir dem ausgeschilderten Weg nach Wildbad Kreuth, halten uns nach der Brücke über die Weißach rechts und wandern zuerst zur Siebenhüttenalm. Dort über die kleine Brücke und auf der anderen Bachseite wieder zurück zum Ausgangspunkt.

Variante

Abstecher in die Wolfsschlucht. Falls wir mit dem bisher Geleisteten doch nicht zufrieden sind, setzen wir die Wanderung in die Blauberge fort. Von der Siebenhüttenalm folgen wir dem Wegweiser „Königshütte" und wandern auf dem Almfahrweg zunächst weiter zur Oberhofer Weißachalm, dann jenseits der Waldlichtung hinab ins Tal der Felsweißach. Am Bach entlang geht es dann weiter bis zum Talschluss, wo wir einen Blick auf die Wolfsschlucht werfen.

FÜR DEN GAUMEN

In der Siebenhüttenalm lassen wir uns die almtypische Brotzeit schmecken. Besonders hervorzuheben sind die hausgemachten Kuchen mit der Geschmacksrichtung: Apfelstreusel, Eierlikör, Kokos, Marmor, Käsekuchen und Nusskuchen.

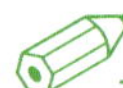

TOURISTINFO

Tegernseer Tal Tourismus
Hauptstraße 2 • 83684 Tegernsee
Telefon: 08022/927380
www.tegernsee.com

ANFAHRT

Mit dem Auto: Auf der Salzburger Autobahn (A8) bis zur Ausfahrt Holzkirchen, dann auf der B 318 über Gmund, Bad Wiessee nach Rottach-Egern, dann weiter auf der B 307 in Richtung Achensee: Etwa zwei Kilometer nach Kreuth befindet sich

EXTRA-TIPP

Die Dorfkirche St. Leonhard in Kreuth ist die erste nach diesem Heiligen benannte Kirche in Bayern. Alljährlich Anfang November findet dort eine viel beachtete Leonhardifahrt mit zahlreichen Pferden statt.

KARTENHINWEIS Topographische Karte 1:50 000 Blatt „Mangfallgebirge“ (LDBV)

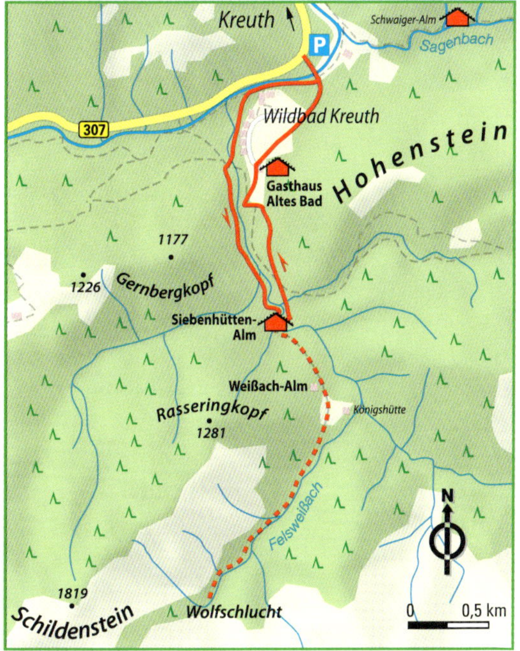

der große Wanderparkplatz (gebührenpflichtig) am Eingang in die Lange Au.

Mit Bahn & Bus: Mit der Bahn von München über Holzkirchen und Gmund zum Endbahnhof in Tegernsee; von dort weiter mit dem RVO-Bus nach Wildbad Kreuth.

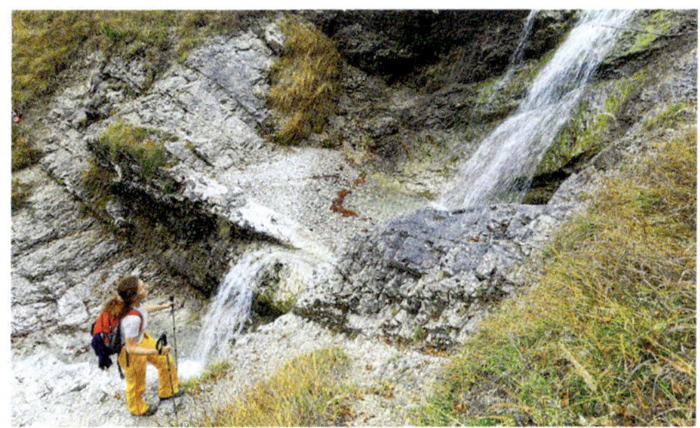

Bei der Wolfsschlucht

CHARAKTER

Hinweg leichte Wanderung auf Wirtschaftsweg rechts von der Hofbauernweißach. Rückweg auf der anderen Bachseite auf z. T. schmälerem Wanderweg, dann auf Wirtschaftsstraße. Der Abstecher zur Wolfsschlucht auf Wanderweg, das letzte Stück jedoch steinig. – Der breite Weg rechts des Baches ist auch mit Kinderwagen ideal.

HÖHENUNTERSCHIEDE

Vom Großparkplatz am Eingang in die Lange Au zur Siebenhüttenalm: 50 Hm. Weiterweg bis zum Beginn der Wolfsschlucht: 130 Hm

AUSGANGS- UND ENDPUNKT

Großparkplatz am Eingang in die Lange Au, kurz vor Wildbad Kreuth (790 m)

GEHZEITEN

Vom Wanderparkplatz zur Siebenhüttenalm 40 Min.; Abstecher zur Wolfsschlucht 1 1/2 Std.; Rückweg über das Gasthaus Altes Bad 40 Min. Gesamtgehzeit: knapp 3 Std.

EINKEHR

Siebenhüttenalm (836 m), von Anfang Mai bis Ende Oktober bewirtschaftet; Tel. 080 29/997 59 83
Gasthaus Altes Bad (830 m) in Wildbad Kreuth; Tel. 080 29/304, www.altesbad.de/

... UND NOCH EIN TIPP

Das ursprüngliche Bad des Klosters Tegernsee in Wildbad Kreuth wurde 1817 vom damaligen bayerischen König erworben und zu einer Badeanstalt ausgebaut. Viel vornehmes Volk reiste daraufhin zur Molkenkur an, darunter die russische Zarin Alexandra.

28 DURCH DAS SÖLLBACHTAL ZUR BUCHSTEINHÜTTE

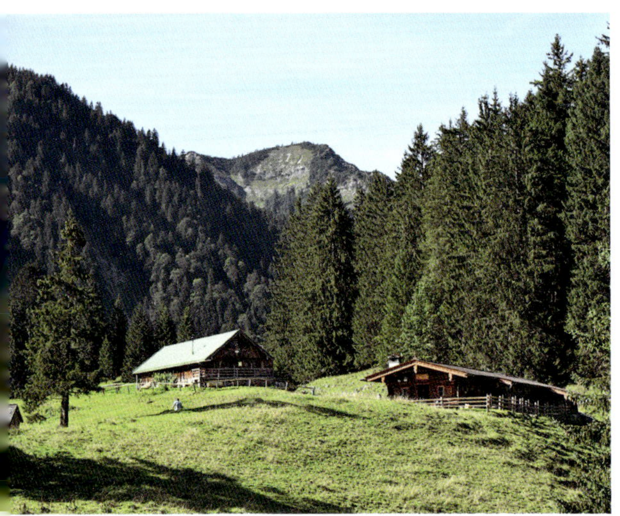

Bei der Schwarzentennalm

Versteckte Idylle hinter dem Tegernsee

Diese beschauliche Streckenwanderung führt uns in das lange Söllbachtal bei Bad Wiessee. Dort befand sich bis vor ein paar Jahren auf einem Hochplateau die beliebte Einkehr „Bauer in der Au“, ein ehemaliger Einödhof, der nach einem großen Brand nur mehr in Schrumpfform existiert. Der ursprüngliche Bauernhof war 61 Meter lang. Kaum zu glauben, dass noch im 19. Jahrhundert nur ein Waldpfad dort hinaufführte, wo wir heute gemächlich in der Gruppe nebeneinander wandern und den Ausblick genießen können. Um zu einer zünftigen Einkehr zu gelangen, müssen wir nun ein paar Wanderkilometer dranhängen. Doch das stört uns nicht, denn wir bewegen uns anschließend in einem Hochtal, das vom Hirschberg auf der einen und von den Kampen auf der anderen Seite eingefasst wird. Ziel unserer Wanderung ist die private Buchsteinhütte, die am Nordfuß des Roß- und Buchsteins liegt.

Die Talwanderung

Vom Wanderparkplatz folgen wir dem breiten, leicht ansteigenden Wirtschaftsweg, der uns am Söllbach entlang zur geschlossenen Söllbachklause leitet. Wir gehen weiter durch Wald geradeaus – immer am Bach entlang –, bis nach der zweiten Weggabelung die Ausschilderung nach rechts zeigt. Wir folgen nun immer dem leicht ansteigenden Wirtschaftsweg im Talgrund entlang des Söllbachs. Alle Abzweigungen nach rechts und links ignorieren wir, bis wir nach einer langen stillen Wanderung die Weideflächen der Schwarzentennalm erreichen. Hier lockt bereits eine Einkehr, wir wandern jedoch weiter durchs Tal, passieren eine kleines Hochmoor (Infotafel), bis wir eine Viertelstunde nach der Alm auf eine große Wegverzweigung stoßen. Dort folgen wir dem gut ausgeschilderten breiten Forstweg, der sich in weiten Serpentinen hinauf zur Buchsteinhütte windet. Den beiden großen Kehren am Anfang können wir durch ausgeschilderte Abkürzungen Ihren „Schrecken“ nehmen. Die zweite Abkürzung ist nach stärkeren Regenfällen nicht sehr angenehm zu begehen ist; in dem Fall lieber auf dem Hauptweg bleiben. – Die Rückkehr erfolgt auf dem Anstiegsweg, wobei wir jedoch die Variante über den „Bauer in der Au“ einlegen können.

EXTRA-TIPP

Warum nicht diesen Ausflug mit einer Schifffahrt auf dem Tegernsee verbinden? Wir könnten von Gmund oder Tegernsee mit dem Schiff nach Bad Wiessee übersetzen. Dann schlendern wir durch den Kurpark und wandern hinauf zum Eingang des Söllbachtals.

KARTENHINWEIS Topographische Karte 1:50000 Blatt „Tölzer Land – Starnberger See“ (LDBV)

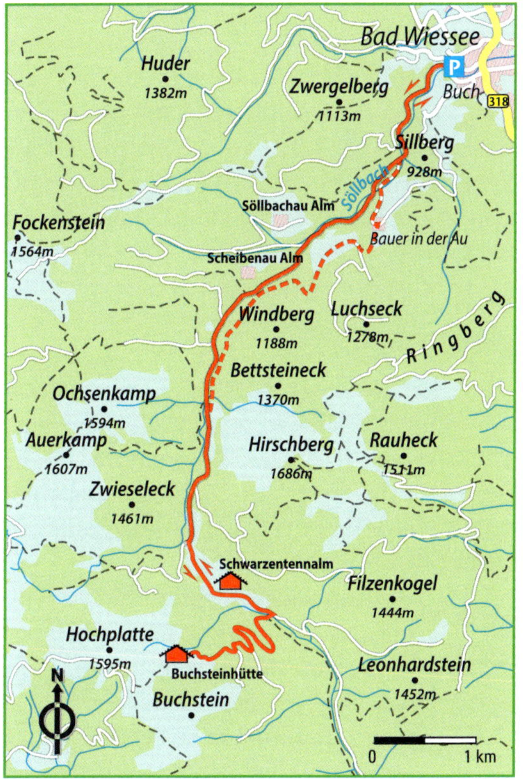

FÜR DEN GAUMEN

Die Buchsteinhütte bietet typische kalte Brotzeiten, diverse Suppen und einige warme Gerichte, die von Zeit zu Zeit wechseln. Ein paar Nudelgerichte und gelegentlich ein Braten sind auch dabei.

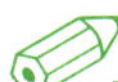

TOURISTINFO

Tourist-Information Bad Wiessee
Lindenplatz 6 • 83707 Bad Wiessee
Telefon: 08022/86030 • www.bad-wiessee.de

ANFAHRT

Mit dem Auto: Auf der Salzburger Autobahn (A8) bis zur Ausfahrt Holzkirchen, dann auf der B318 über Gmund nach Bad Wiessee. Vom südwestlichen Ortsrand folgen wir der Ausschilderung zum Berggasthaus Sonnenbichl; nach 400 Metern links zum großen Wanderparkplatz am Eingang ins Söllbachtal.

Mit Bahn & Bus: Mit der Bahn von München über Holzkirchen zum Haltepunkt Gmund am Tegernsee; von dort weiter mit dem RVO-Bus nach Bad Wiessee bis zum Haltepunkt Gmund am Tegernsee; von dort weiter mit dem RVO-Bus nach Bad Wiessee bis zum Ortsteil Abwinkl, dann weiter zu Fuß.

CHARAKTER

Leichte Wanderung auf breiten Wander- bzw. Wirtschaftswegen mit nur leichten Anstiegen; lediglich der Schlussanstieg hinauf zur Buchsteinhütte fordert ein wenig unsere Muskeln.

HÖHENUNTERSCHIEDE

Vom Wanderparkplatz zur Buchsteinhütte: 460 Hm im Anstieg

GEHZEITEN

Vom Wanderparkplatz über die Söllbachklause zur Schwarzentennalm 2 1/4 Std.; Von dort Anstieg zur Buchsteinhütte 3/4 Std., Rückweg 2 3/4 Std. Gesamtgehzeit: 5 3/4 Std.

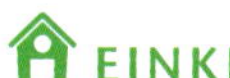

EINKEHR

Schwarzentennalm (1027 m), nahezu ganzjährig bewirtschaftet, Donnerstag Ruhetag, in der Wintersaison auch Mittwoch; Tel. 08029/386, www.tegernsee.com/a-schwarzentenn-alm

Buchsteinhütte (1240 m), ganzjährig bewirtschaftet, im Sommer Montag Ruhetag, im Winter auch Dienstag, 40 Betten und Lager; Tel. 08029/244, www.buchsteinhuette.com/

VON DER ACHENSEEPASSSTRASSE ZUR SCHWARZENTENNALM

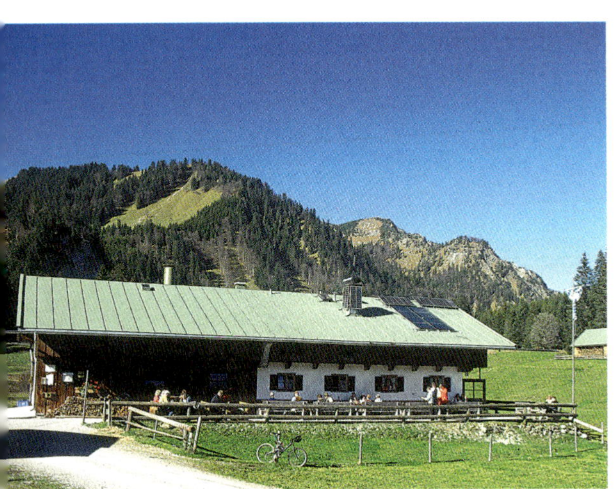

Die Schwarzentennalm

Idyllisches Hochtal zwischen Hirschberg und Kampen

Nicht weit vom Tegernsee – eingefasst von Hirschberg, Leonhardstein, dem Gipfelpaar Roß- und Buchstein und dem Gipfeltrio der Kampen – liegt das reizvolle Schwarzenbachtal. Auf den buckligen Wiesen weiden im Sommer die Kühe und das Jungvieh. Ohne viele Höhenmeter bewältigen zu müssen, sind wir in kurzer Zeit inmitten eines weitläufigen Almgeländes, das mit der Schwarzentennalm auch noch eine nahezu ganzjährig bewirtschaftete Einkehrstation aufweist. Das weitläufige Hochtal ist zwar auch bequem von Bad Wiessee aus zu erreichen, der deutlich kürzere Zugang erfolgt jedoch von Süden, von der Deutschen Alpenstraße aus. Also nichts wie hin!

Die Talwanderung

Vom Wanderparkplatz Winterstube nehmen wir den ausgeschilderten Wirtschaftsweg ins bewaldete Schwarzenbachtal. Der Weg steigt mäßig an (Achtung auf Mountainbikefahrer), rechts erhebt sich der Leonhardstein, den wir allerdings erst weiter oben mit einem schönem Rückblick sehen können, links erheben sich Roß- und Buchstein, deren Gipfel aber verdeckt sind. Kurz nach der Abzweigung zur Buchsteinhütte weitet sich das Tal und gibt den Blick auf die Almwiesen der Schwarzentennalm frei. Von hier ist es eine gemütliche Viertelstunde durch ebene Almwiesen zur gleichnamigen Einkehrstation. Dort können wir auf der Terrasse sitzen, die sich nahezu um das gesamte Almgebäude zieht.

Variante

Etwa 500 Meter nach dem Ausgangspunkt führt links ein Brückerl auf die linke Bachseite. Wir folgen nun dem Lauf des Schwarzenbachs auf einem Wanderweg taleinwärts bis zu einer weiteren Brücke (links führt der Weg zur Buchsteinhütte ab). Rechts über die Brücke geht es wieder zurück zum Wirtschaftsweg. Dieser Weg ist zwar schöner als die etwas eintönige Almstraße, ist aber immer wieder mal nach heftigen Regenfällen etwas „ausgewaschen“.

EXTRA-TIPP

Nicht weit von unserem Ausgangspunkt befindet sich das Dorf Glashütte. Hier betrieb das Kloster Tegernsee von 1690 bis 1698 eine Glasbrennerei. Die aufwendig errichtete Anlage fiel jedoch einem Brand zum Opfer und wurde nicht wieder aufgebaut. Heute befindet sich dort noch ein Gasthaus (das Zapfrecht wurde 1698 dem letzten Glashüttenschreiber verliehen) und eine sehenswerte Kirche mit einem schönem Barockaltar.

FÜR DEN GAUMEN

Die Schwarzentennalm bietet eine gute Küche mit Suppen und Brotzeiten, einigen warmen Gerichten wie z. B. Käsknödel, gebackenen Leberkäs usw., am Sonntag kommt auch ein Schweinsbraten ins Rohr. Schon ein guter Grund, sich auf die Socken zu machen, denn dort ist er wirklich frisch und in so mancher anderen bayerischen Wirtschaft scheint er allmählich von der Speisekarte zu verschwinden.

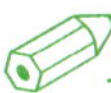

TOURISTINFO

Tourist-Information
Nördliche Hauptstraße 3 • 83708 Kreuth
Telefon: 08029/9979080 • www.kreuth.de

ANFAHRT

Mit dem Auto: Auf der Salzburger Autobahn (A8) bis zur Ausfahrt Holzkirchen, dann auf der B318 über Gmund, Bad Wiessee und Kreuth in Richtung Achensee. Etwa 2,5 Kilometer nach der Abzweigung nach Wildbad Kreuth befindet sich an der B307 der Wanderparkplatz Winterstube bzw. kurz dahinter der Parkplatz Klamm.
Mit Bahn & Bus: Mit der Bahn von München über Holzkirchen und Gmund zum Endbahnhof in Tegernsee; von dort weiter mit dem RVO-Bus in Richtung Achensee bis zur Haltestelle „Klamm".

KARTENHINWEIS Topographische Karte 1:50000 Blatt „Mangfallgebirge" (LDBV)

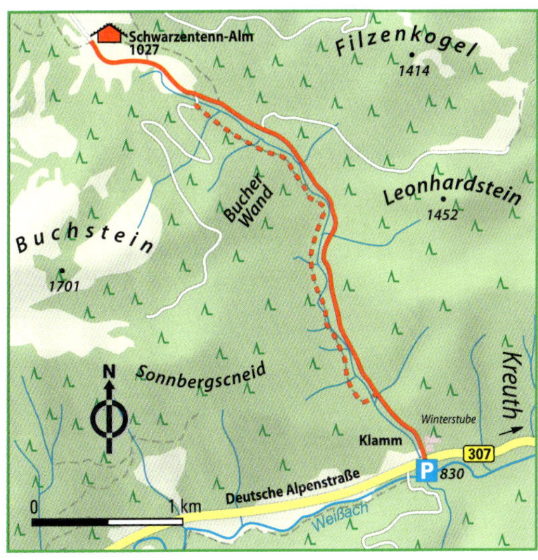

CHARAKTER

Leichte Wanderung auf gutem Wanderweg bzw. Wirtschaftsweg (je nach Gusto)

HÖHENUNTERSCHIEDE

Vom Wanderparkplatz Winterstube zur Schwarzentennalm: 200 Hm im Anstieg

AUSGANGS- UND ENDPUNKT

Wanderparkplatz Winterstube an der Achenseepassstraße (830 m)

GEHZEITEN

Vom Wanderparkplatz zur Schwarzentennalm 1 1/4 Std.; Rückweg auf dem Anstiegsweg 1 Std. Gesamtgehzeit: 2 1/4 Std.

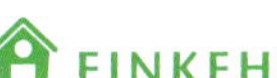

EINKEHR

Schwarzentennalm (1027 m), nahezu ganzjährig bewirtschaftet, Donnerstag Ruhetag, in der Wintersaison auch Mittwoch; Tel. 08029/386, www.tegernsee.com/a-schwarzentenn-alm

... UND NOCH EIN TIPP

Diese Strecke zur Schwarzentennalm ist auch für Kinderwägen gut geeignet (gut instand gehaltener Wirtschaftsweg). Zudem steigt der Weg nur mäßig an.

30 DURCH DAS ZEISELBACHTAL HINAUF ZUR AUERALM

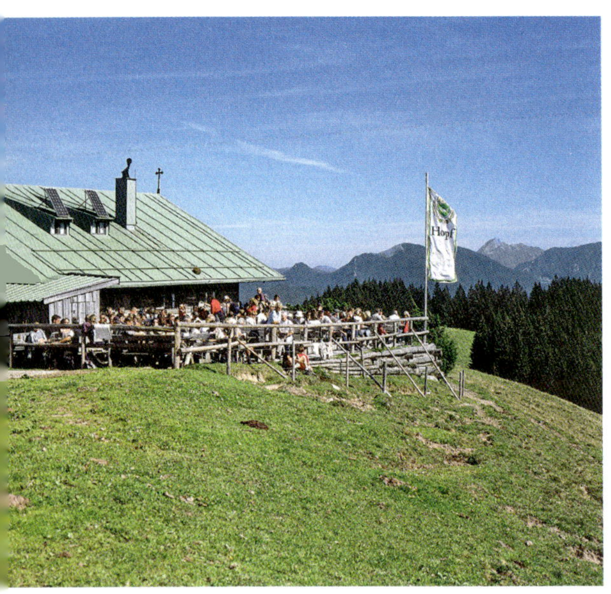

Die Aueralm

Selbst gemachte Striezel vor großartiger Kulisse

Die Aueralm über dem Tegernsee ist ein beliebtes Ganzjahresziel, das mit einer windstillen, aussichtreichen Panorama-Terrasse punkten kann – zu jeder Jahreszeit.

Die Almwanderung

Vom Wanderparkplatz folgen wir den zahlreichen Wegweisern zunächst eben in das schattige Zeiselbachtal hinein. Es geht immer am Bach entlang. Der Weg verengt sich und wird dann bald recht steil. Wir verlassen den Wald und treffen auf die aus dem Söllbachtal heraufführende Almstraße. Auf dieser rechts weiter zur bald sichtbaren Aueralm.

Variante

Abstieg über das Waxelmooseck: Auf dem Anstiegsweg ein Stück zurück, dann geradeaus weiter (nicht links hinab ins Zeiselbachtal), bis links ein Fahrweg abzweigt (Mark. E4, „Maximiliansweg"); diesem folgen wir – uns bei der nächsten Verzweigung ebenfalls links haltend – zur Waxelmoosalm. Über das Wachselmooseck und den Zwergelberg geht es hinab zur Bergstation eines Skilifts und weiter durch Wiesen und Wald zum Wanderparkplatz.

FÜR DEN GAUMEN

Auf der Aueralm gibt es Suppen und die üblichen Brotzeiten, aber auch selbst gemachte Kuchen und Topfenstriezel. Im Frühjahr bietet die Wirtin ein paar Bärlauchgerichte an und im Sommer, wenn das Vieh auf der Weide ist, gibt es Almbutter, Frischkäse von der Kuh, selbst gemachten Ziegenkäse und auch frischen Joghurt.

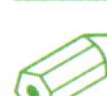

TOURISTINFO

Tourist-Information Bad Wiessee
Lindenplatz 6 • 83707 Bad Wiessee
Telefon: 080 22/8 60 30
www.bad-wiessee.de

ANFAHRT

Mit dem Auto: Auf der Salzburger Autobahn (A 8) bis zur Ausfahrt Holzkirchen, dann auf der B 318 über Gmund nach Bad Wiessee. Vom südwestlichen Ortsrand folgen wir der Ausschilderung zum Berggasthaus Sonnenbichl; etwas oberhalb davon befindet sich der große Wanderparkplatz (trotzdem sollte man besonders an einem schönen Wochenende früh kommen, denn die Tour ist beliebt und der Parkplatz schnell gefüllt).

Mit Bahn & Bus: Mit der Bahn von München über Holzkirchen zum Haltepunkt Gmund am Tegernsee; von dort weiter mit dem RVO-Bus nach Bad Wiessee bis zum Ortsteil Abwinkl.

KARTENHINWEIS Topographische Karte 1:50 000 Blatt „Tölzer Land – Starnberger See“ (LDBV)

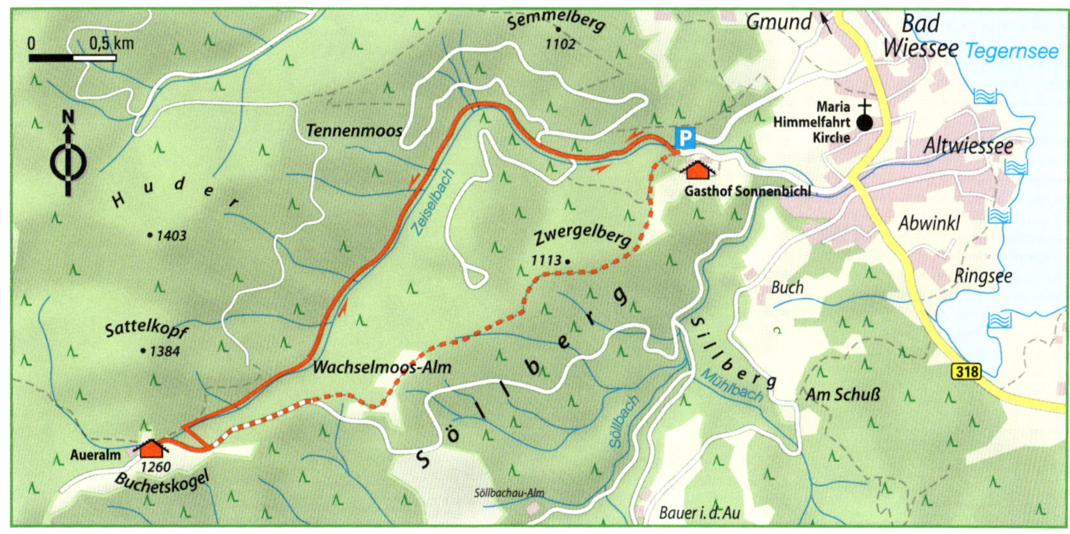

CHARAKTER

Leichte Wanderung auf breitem Wanderweg bzw. Wirtschaftsweg, die zweite Hälfte ist teilweise recht steil. Die Variante über das Waxelmooseck führt zunächst auf Wirtschaftsweg, dann auf Bergwanderweg hinab zum Ausgangspunkt.

EXTRA-TIPP

In Bad Wiessee finden wir Deutschlands kräftigste Jod- und Schwefelquellen und daher gibt es dort auch ein pulsierendes Kurzentrum mit Trink- und Wandelhalle, Kuramt, Theater, Kurpark und ein Spielkasino. Und natürlich die Pumphäuser der „König-Ludwig-III-Quelle“ und der Wilhelmina-Quelle, die das kostbare Nass aus dem Boden befördern. Entlang der Promenade von Bad Wiessee gibt es einige Strandbäder und Badebuchten.

HÖHENUNTERSCHIEDE

Vom Wanderparkplatz zur Aueralm: 410 Hm

AUSGANGS- UND ENDPUNKT

Großer Wanderparkplatz am Eingang ins Zeiselbachtal (850 m)

GEHZEITEN

Vom Wanderparkplatz durchs Zeiselbachtal zur Aueralm 2 Std.; Rückweg 1 1/2 Std. (für die Abstiegsvariante gilt die gleiche Gehzeit). Gesamtgehzeit: 3 1/2 Std.

EINKEHR

Aueralm (1260 m), ganzjährig bewirtschaftet ohne Betriebsruhe, Montag Ruhetag, feiertags geöffnet; Tel. 080 22/8 36 00, www.aueralm.de

Berggasthaus Sonnenbichl, kurz vor dem Wanderparkplatz, ganzjährig bewirtschaftet, Montag bis Mittwoch Ruhetag; Tel. 080 22/9 87 30, www.amsonnenbichl.de

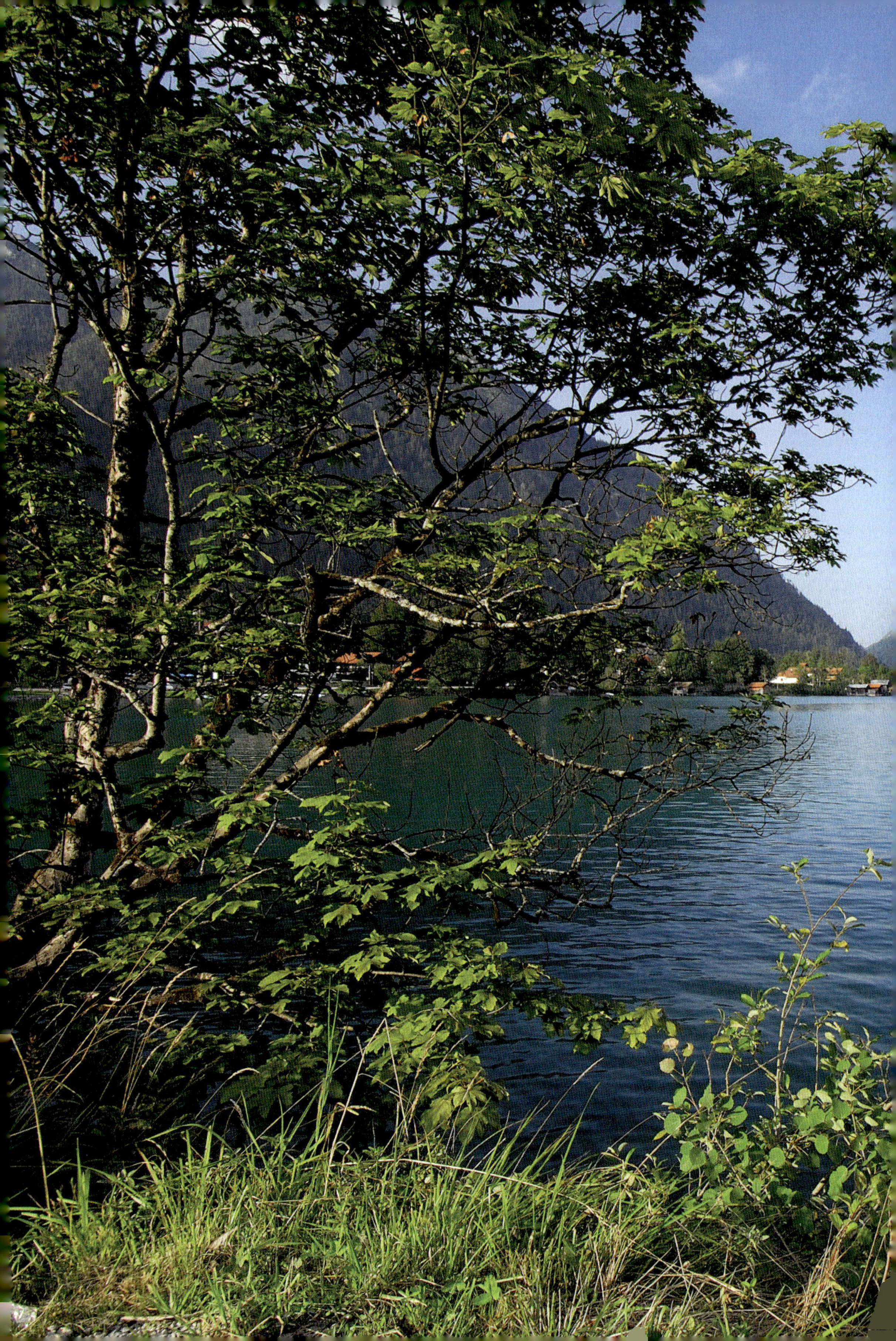

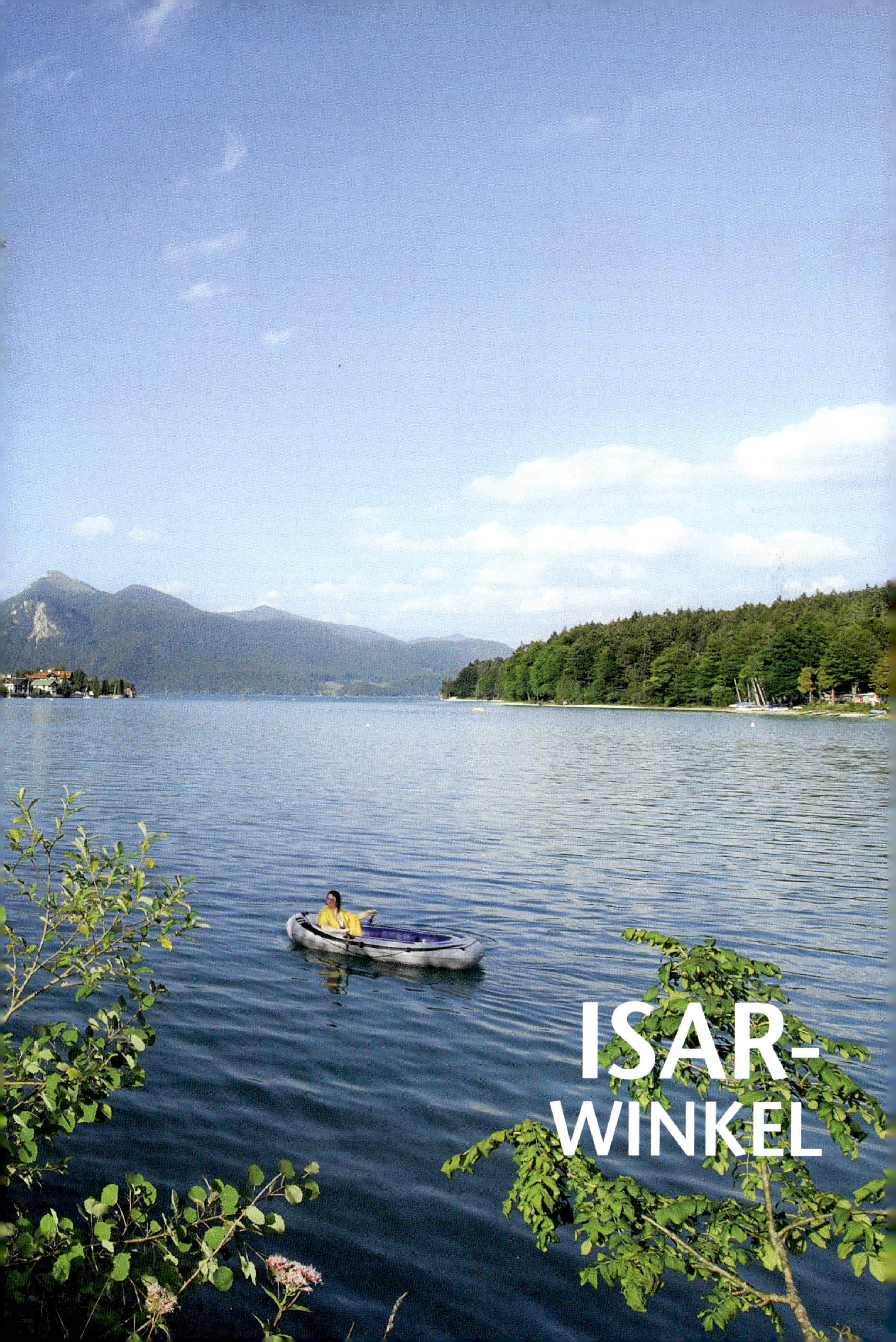
ISAR-
WINKEL

31 KLEINE GIPFELRUNDE AN BLOMBERG UND ZWIESEL

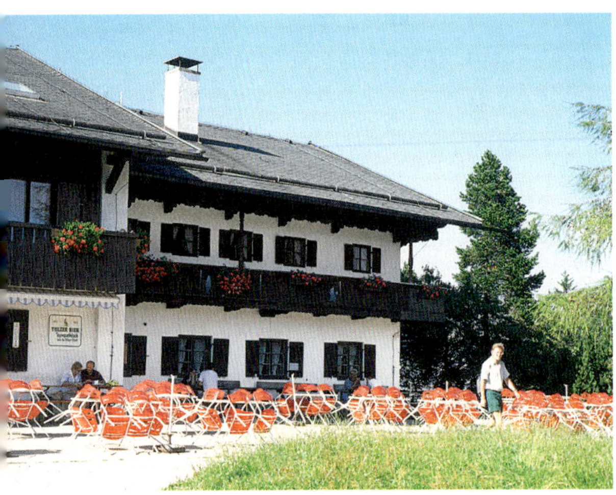

Das Blomberghaus

Auf die Hausberge der Bad Tölzer

Am Blomberg ist der Bär los, könnte man salopp sagen – denn dieser Vorgebirgsgipfel ist schnell erreichbar, es gibt eine gute Gaststätte unterhalb des Gipfels und die Blombergbahn hilft uns bequem hinauf in aussichtsreiche Höhe. Doch halt! An der Bergstation sehen wir außer Wald nicht viel. Die großartige Aussicht – auf Brauneck und Benediktenwand und das Alpenvorland – müssen wir uns erst erwandern. Aber keine Sorge, dieser Gipfel ist auch für „faule Socken" drin. Und talwärts gönnen wir uns dann eine Fahrt mit der Sommerrodelbahn.

Die Gipfelwanderung

Von der Bergstation der Blombergbahn leitet uns ein unbefestigter, breiter Wirtschaftsweg zunächst leicht fallend durch Wald, dann wieder ansteigend hinüber zum Blomberghaus. Von dort wandern wir weiter auf dem breiten, nun aussichtsreicheren Weg – links sehen wir das lang gezogene Brauneck – mäßig ansteigend zum Sattel an der „Kotlache". Hier verlassen wir den breiten Weg nach links und steigen auf zunächst steinigem Weg durch lichten Wald in Richtung Zwieselgipfel bergan. Zuletzt geht es über freie Bergwiesen zum höchsten Punkt des Blombergs. Dort oben erwartet uns ein schlichtes Holzkreuz und eine Bank zum Ausruhen und Schauen.

Variante

Vom Sattel oberhalb des Blomberghauses (wo der Gipfelweg zum Zwiesel abzweigt) führt rechts ein unbefestigter Fahrweg in weiten Kehren durch Wald hinab zur Talstation der Blombergbahn.

FÜR DEN GAUMEN

Das Blomberghaus bietet neben einer großen Terrasse und einem Kinderspielplatz auch eine abwechslungsreiche Küche. Würstel, Knödel, Braten, Suppen, alles ist vertreten, um hungrige Wanderermägen zu füllen.

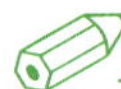

TOURISTINFO

Tourist-Information Bad Tölz
Max-Höfler-Platz 1 • 83646 Bad Tölz
Telefon: 08041/78670
www.bad-toelz.de

ANFAHRT

Mit dem Auto: Auf der Garmischer Autobahn (A95) bis zur Ausfahrt Penzberg/Iffeldorf oder Sindelsdorf, dann entweder über Penzberg oder über die B472 über Bad Heilbrunn in Richtung Bad Tölz bis zur Talstation der Blombergbahn, mit großem Wanderparkplatz.

Mit Bahn & Bus: Mit der Bahn von München über Holzkirchen nach Bad Tölz; von dort weiter mit dem RVO-Bus zur Talstation der Blombergbahn.

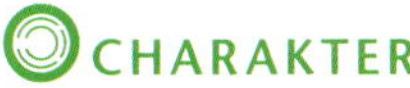

CHARAKTER

Leichte Wanderung auf breitem Wanderweg bzw. Wirtschaftsweg bis zum Sattel vor dem Zwieselberg; dann Bergsteig, teilweise steinig, nach Regen auch matschig. Abstieg auf dem alten Zwieselweg auf Forststraße möglich. Der direkte Abstieg auf dem Rodelweg kurz hinter dem Blomberghaus ist sehr steil und daher nicht zu empfehlen.

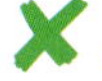

HÖHENUNTERSCHIEDE

Von der Bergstation zum Blomberghaus: wenige Meter im Ab- wie im Aufstieg; vom Blomberghaus zum Zwiesel: 150 Hm im Anstieg

AUSGANGS- UND ENDPUNKT

Bergstation der Blombergbahn (1234 m)

BERGBAHN

Blombergbahn: Doppelsesselbahn mit zwei Sektionen, mit Ausnahme im November ganzjährig täglicher Betrieb 9 bis 17 Uhr, im Sommer auch länger; Tel. 08041/3726

KARTENHINWEIS **Topographische Karte 1:50000 Blatt „Tölzer Land – Starnberger See" (LDBV)**

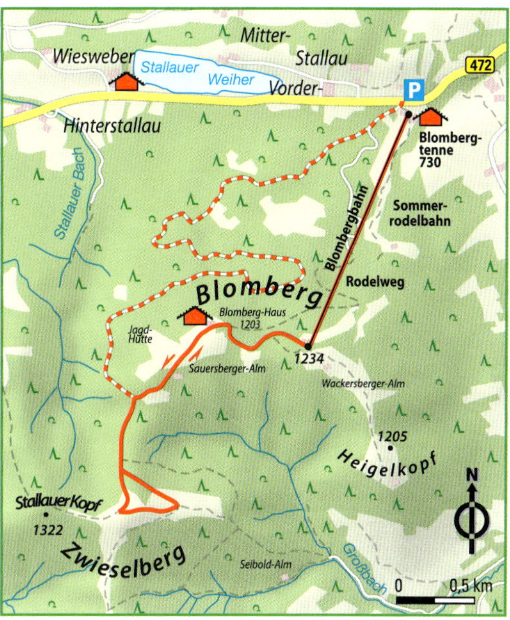

EXTRA-TIPP

Der große Hit am Blomberg ist seit undenklichen Zeiten: die Sommerrodelbahn; sie ist mit knapp 1300 Metern Deutschlands längste und wurde im Sommer 2000 komplett neu errichtet, um dem weiteren Ansturm gewachsen zu sein. 17 Steilkurven und zahllose „Hindernisse" machen die Bahn zu einer Herausforderung. Die Schlitten gibt es an der Mittelstation und sie tragen uns mit rasender Geschwindigkeit hinab zur Talstation. Seit dem Sommer 2008 gibt es zusätzlich den Blomberg-Blitz mit einer Länge von 500 Metern, eine Ganzjahresanlage. Die Betriebszeiten der Bahn sind zwischen 9 und 17 Uhr, vorausgesetzt, es herrscht gutes Wetter.

GEHZEITEN

Von der Bergstation der Blombergbahn zum Blomberghaus 20 Min., Anstieg von dort zum Zwiesel 3/4 Std.; Rückweg zur Bergstation 1 Std. Gesamtgehzeit: gute 2 Std. – Abstieg auf der Forststraße zur Talstation 1 1/4 Std.

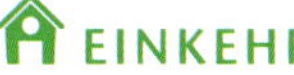

Blomberghaus (1203 m), ganzjährig bewirtschaftet, in der Wintersaison nach Witterung, Übernachtung in 62 Betten (Einzel- und Mehrbettzimmer); Tel. 08041/6436, www.blomberghaus.de
Blombergtenne (730 m), während der Betriebszeiten der Blombergbahn bewirtschaftet
Gegenüber der Talstation die **Krapfenhütte**.

32 VON LENGGRIES AUSSICHTSREICH ZUR DENKALM

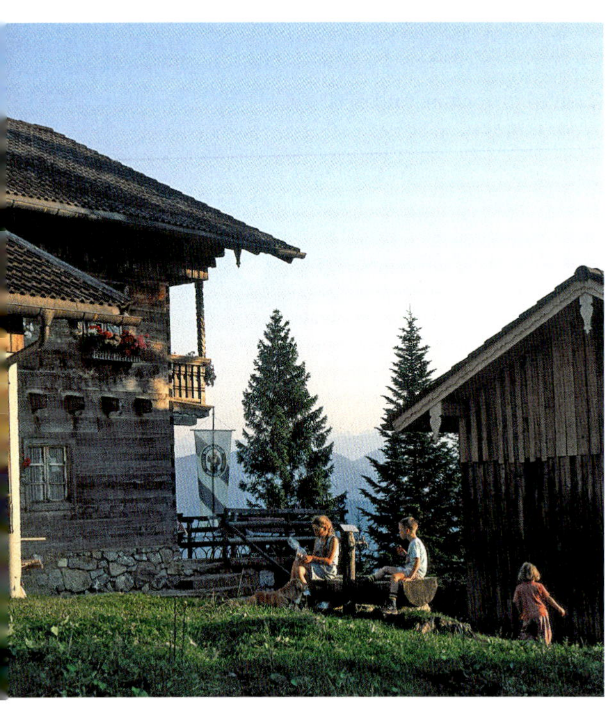

Die Denkalm über Lenggries

Ganzjahresziel über dem Isartal

Der Ort Lenggries hat eine lange Tradition als Flößerstation am langen Weg der Isar aus dem Karwendelgebirge bis zur Donau. Dass der Ort schon früher wohlhabend war, sieht man wohl am besten an seiner großen und reich ausgestatteten Pfarrkirche. Ansonsten ist es heutzutage eher ein Platz, der bäuerliche Gelassenheit ausstrahlt. Direkt über dem Ort, etwas versteckt in den bewaldeten Vorbergen, liegt die Denkalm. Ein beliebtes Ganzjahresziel, das schnell erreicht ist und mit einem schönen Ausblick über das Isartal punkten kann.

Die Almwanderung

In der Ortsmitte (vom Bahnhof ist es auch nicht weit dorthin) halten wir uns nach der Pfarrkirche links und biegen in die Gebhartgasse ein (Wegweiser „Denkalm"), sodann geht es durch die Gaißacher Straße und die Bachmairgasse zum Ortsrand. Über eine Hangstufe wandern wir hinauf zu den Bergwiesen, die sich dann bis zum Fuß der Vorberge erstrecken (wir passieren dabei ein Täfelchen, das anzeigt, ob die Denkalm auch geöffnet ist, was sehr hilfreich ist, denn wir wollen ja schließlich nicht vor einer verschlossenen Tür stehen). Nach den letzten Häusern schlendern wir auf einem Teersträßchen auf den Waldrand zu. Dort halten wir uns links, queren das Brückerl über den Tratenbach und folgen dem nun unbefestigten Wirtschaftsweg in weiten Schleifen durch

EXTRA-TIPP

Wer mit seinen Kindern oder Enkelkindern unterwegs ist, sucht für den quirligen Nachwuchs nach der beschaulichen Almwanderung vielleicht noch einen Nervenkitzel – da ist der „Hochseilgarten Isarwinkel" in Lenggries (er befindet sich 250 Meter vom Parkplatz der Brauneckbahn entfernt) genau das Richtige: Auf drei Ebenen mit insgesamt 90 Stationen kann jeder seine Grenzen austesten. Die Ausrüstung kann ausgeliehen werden. Für die Einkehr gibt es einen Kiosk; ganz in der Nähe befindet sich auch die „Alte Mulistation". Kinder über 1,40 Meter können dort selbständig klettern, Kinder unter 1,30 Metern sind noch zu klein, wer dazwischen liegt muss von einem Erwachsenen begleitet werden. Öffnungszeiten: täglich von 9 bis 18 Uhr, außerhalb der Ferien Montag/Dienstag Ruhetag.
www.hochseilgarten-isarwinkel.de/de/hochseilgarten/

KARTENHINWEIS Topographische Karte 1:50 000 Blatt „Tölzer Land – Starnberger See“ (LDBV)

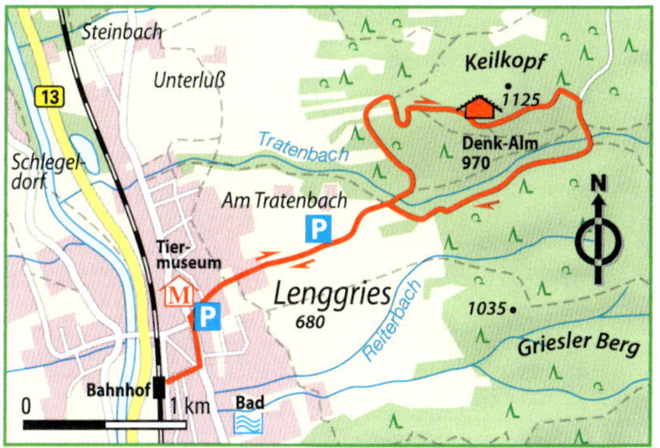

Wald – ein paar steile Passagen sind auch drin – unfehlbar hinauf zur Denkalm. – Für den Abstieg können wir eine andere Route wählen: Von der Einkehrstation folgen wir dem rechts noch ein Stück bergan führenden Ziehweg, halten uns bei der Weggabelung rechts und wandern durch Wald bergan (bald Wegweiser „Lenggries“). In einer weiten Kehre geht es hinauf zu einem Sattel, dann nach einem kleinen Höhenverlust hinauf zum höchsten Punkt unserer Runde.

Von nun an geht es nur mehr bergab. Wir treffen auf eine quer führende Forststraße und folgen dieser auf der linken Seite des Tratenbachs hinab zum Waldrand, wo wir wieder auf unseren Anstiegsweg treffen. Auf ihm zurück nach Lenggries.

FÜR DEN GAUMEN

Die Denkalm setzt auf einfache Kost, es gibt Suppen (aber nicht immer), Brotzeiten und Würstl und, wenn es gerade passt, auch mal einen Kaiserschmarrn (das heißt, wenn es in der Küche etwas ruhiger zugeht, also bei Hochbetrieb sind die Aussichten eher schlecht!).

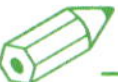

TOURISTINFO

Tourist-Information Lenggries
Rathausplatz 2 • 83661 Lenggries
Telefon: 08042/50088 00
www.lenggries.de

ANFAHRT

Mit dem Auto: Auf der Salzburger Autobahn (A 8) bis zur Ausfahrt Holzkirchen, dann auf der B 13 über Bad Tölz nach Lenggries. Oder über die Garmischer Autobahn (A 95) bis Ausfahrt Penzberg/Iffeldorf, dann weiter über Penzberg, Bad Heilbrunn und Bad Tölz nach Lenggries. Parken im Ort oder links an der Pfarrkirche vorbei der Ausschilderung zum Schwimmbad „Isarwelle“ bzw. zur Denkalm folgen, bis zum kleinen Parkplatz am Ende der öffentlichen Straße.

Mit Bahn & Bus: Mit der Bahn von München über Holzkirchen und Bad Tölz zum Endbahnhof in Lenggries. Dann weiter zu Fuß.

HÖHENUNTERSCHIEDE

Von Lenggries zur Denkalm: 290 Hm; Abstiegsrunde: Anstieg weitere 100 Hm, Abstieg 390 Hm

AUSGANGS- UND ENDPUNKT

Lenggries (680 m)

GEHZEITEN

Vom Wanderparkplatz zur Denkalm 1 Std.; Rückweg über den Tratenbach 1 1/4 Std. Gesamtgehzeit: 2 1/4 Std.

EINKEHR

Denkalm (970 m), ganzjährig bewirtschaftet, Mittwoch Ruhetag; Tel. 08042/2770 (am Beginn des Weges Schild zu den Öffnungszeiten), www.denkalm.de

Mehrere Gasthöfe in Lenggries

33 ÜBER DAS BRAUNECK-GIPFELHAUS ZU TÖLZER HÜTTE UND STIEALM

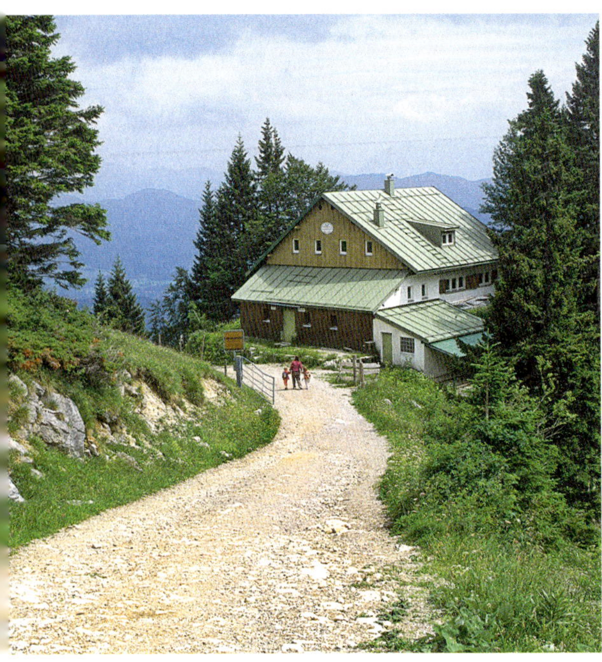

Der Höhenweg am Brauneck

Panoramarunde auf dem Brauneck

Das Brauneck hat immer Saison. Ob im Sommer oder im Winter – wir werden nicht alleine sein. Ein gehörigen Anteil an dieser Tatsache hat natürlich die Brauneckbahn, die uns geschwind ins aussichtsreiche Höhen bringt. Zahlreiche Höhenwege und Einkehralmen laden ein zum Wandern und zum Verweilen. Damit wir aber nicht nur Verweilen, haben wir uns zumindest ein kleines Ziel gesetzt: die Stiealm, am Ende eines aussichtsreichen und nicht sehr langen Höhenwegs.

Die Höhenwanderung

Von der Bergstation der Brauneckbahn folgen wir zunächst dem ausgeschilderten Kleinen Panoramaweg, der aussichtsreich und mit geringem Gefälle hinab zur Tölzer Hütte führt. Das wäre schon mal die erste Einkehrstation. Doch wir gehen weiter und folgen der steilen Almstraße in ein paar Kehren hinab zur Quenger- und zur Strasser-Alm, die uns ebenfalls zu einem Halt animieren wollen. Bei beiden Hütten können wir mit schönem Blick auf die Karwendelberge unser Süppchen schlürfen. Anschließend geht es nun mit einer Gegensteigung hinauf zu den Bergwiesen der Stiealm die in einem weiten Hochtalkessel liegt. Hier könnten wir den Rest des Tages verbringen, bevor es auf gleichem Weg wieder zurück zur Bergstation geht.

Variante

Von der Bergstation der Brauneckbahn folgen wir sogleich rechts dem breiten Zustieg zum Brauneck-Gipfelhaus. Von dort ist es nur ein Katzensprung zum gleichnamigen Gipfel, der mit einem schlichten, aber unübersehbaren Kreuz ausgestattet ist. Dort genießen wir einen herrlichen Tiefblick ins Isartal. Gegenüber baut sich der Geigerstein und dahinter der Fockenstein auf. Ziele, die wir gerne bei un-

KARTENHINWEIS **Topographische Karte 1:50000 Blatt „Tölzer Land – Starnberger See" (LDBV)**

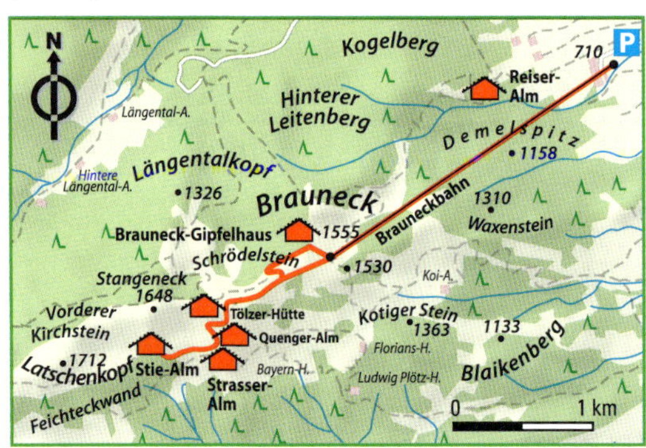

serer nächsten Tagen Tour ansteuern wollen, denn sie bieten das gegenteilige „Programm" – völlige Ruhe. Wir schauen noch ein wenig den Drachenfliegern und Gleitschirmpiloten zu, die hier oben ihre Startrampe haben, und folgen nun dem Höhenkamm aussichtsreich nach Westen. Kurz hinter dem Schrödelstein nehmen wir den links abzweigenden Wanderweg, der uns hinab zum Kleinen Panoramaweg leitet.

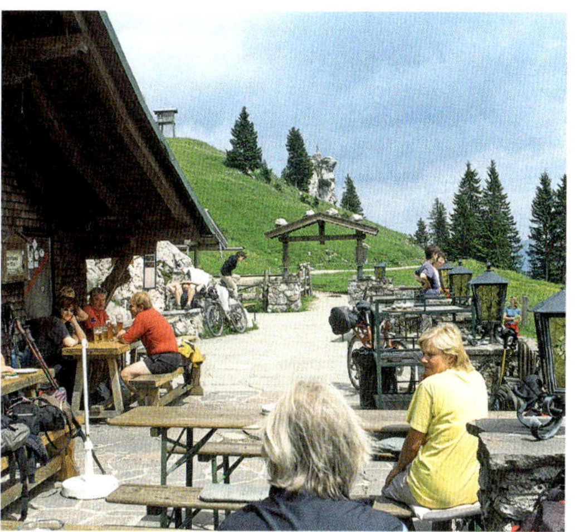

Auf der Terrasse der Stiealm

FÜR DEN GAUMEN

Auf unserer Wanderung von der Bergstation der Brauneckbahn kommen wir an einigen Einkehrstellen vorbei, und jede von ihnen bietet etwas Besonderes. Am Sonntag gibt es z. B. schon mal einen Schweinsbraten. Also beim Vorbeigehen auf die Tafel schauen. Vermutlich werden wir aber beim Wendepunkt an der Stiealm einkehren. Es gibt nicht nur Suppen zum Aufwärmen an kalten Tagen, sondern eine abwechslungsreiche Küche mit diversen Gerichten. Fleisch kommen aus eigener Zucht; die Eier und der Käse sind ebenfalls aus eigener Produktion. Falls wir die Runde über das Brauneck-Gipfelhaus machen, auch dort gibt es eine Terrasse und eine gute Küche. Da wir jedoch noch am Anfang der Tour sind, belassen wir es vielleicht bei einer Kaspressknödelsuppe.

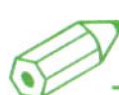

TOURISTINFO

Tourist-Information
Rathausplatz 2 • 83661 Lenggries
Telefon: 08042/5008800
www.lenggries.de

ANFAHRT

Mit dem Auto: Auf der Salzburger Autobahn (A8) bis zur Ausfahrt Holzkirchen, dann auf der B13 über Bad Tölz nach Lenggries. Oder über die Garmischer Autobahn (A95) bis Ausfahrt Penzberg/Iffeldorf, dann weiter über Penzberg, Bad Heilbrunn und Bad Tölz nach Lenggries; dort über die Isarbrücke und weiter zur Talstation der Brauneckbahn mit großem Wanderparkplatz.

EXTRA-TIPP

Rund um die Stiealm weiden und grasen im Sommer zahlreiche Kühe und Jungvieh sowie einige Pferde und Schafe. Seit einigen Jahren gibt es auf der Stiealm auch eine Almkäserei, in der die würzige Almmilch zu Butter und Käse verarbeitet wird. Die hergestellten Käselaibe reifen dann in einem Naturkeller für einige Monate, bis sie reif für den Verzehr sind. Die Almprodukte können direkt vor Ort gekauft werden. Auch wird dort oben frisches Brot gebacken und an die Wanderer verkauft.

ÜBER DAS BRAUNECK-GIPFELHAUS ZU TÖLZER HÜTTE UND STIEALM

Mit Bahn & Bus: Mit der Bahn von München über Holzkirchen und Bad Tölz zum Endbahnhof in Lenggries. Dann weiter zu Fuß oder mit dem Bus zur Talstation der Brauneckbahn.

CHARAKTER

Leichte Wanderung auf breitem Wanderweg bzw. Wirtschaftsweg. Einige steile Passagen im Auf- wie im Anstieg, besonders der Anstieg zur Stiealm gehen ein bisschen in die Knochen.

HÖHENUNTERSCHIEDE

Von der Bergstation der Brauneckbahn zum Brauneckgipfel: 25 Hm; Abstieg und Wiederanstieg zur Stiealm: 210 Hm; Rückkehr zur Bergstation: 180 Hm im Abstieg wie im Anstieg

AUSGANGS- UND ENDPUNKT

Bergstation der Brauneckbahn (1530 m)

BERGBAHN

Brauneckbahn, ganzjährig betriebene Großkabinenbahn, Fahrzeiten während der Wandersaison von Mai bis Ende Oktober täglich von 8.15 bis 17.45 Uhr; Tel. 08042/503940

GEHZEITEN

Von der Bergstation der Brauneckbahn zum Brauneckgipfel 10 Min.; Übergang von dort über die Tölzer Hütte zur Stiealm 1 Std.; Rückweg auf dem Panoramaweg zur Bergstation ¾ Std. Gesamtgehzeit: 2 Std.

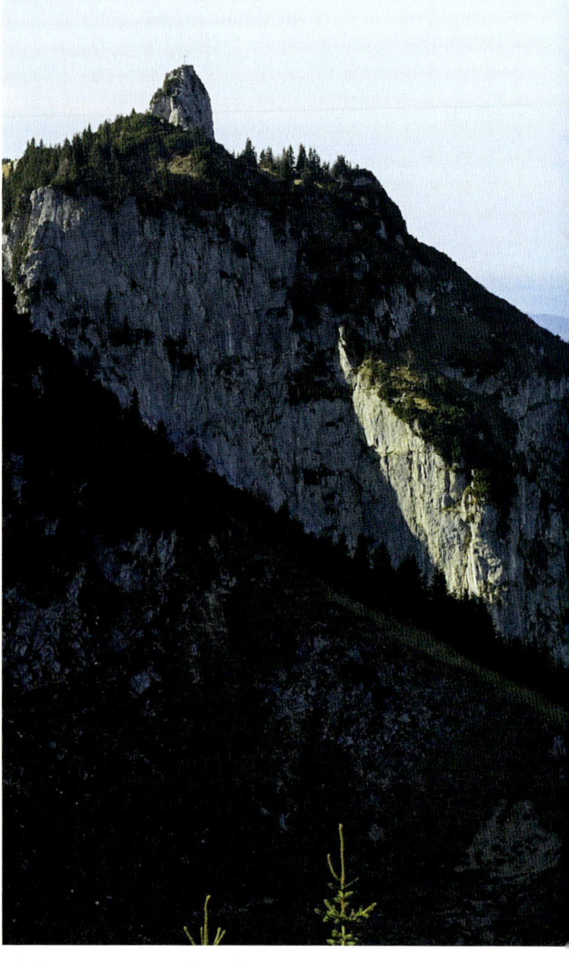

Blick vom Brauneck aufs Alpenvorland

EINKEHR

Brauneck-Gipfelhaus (1540 m), Alpenvereinshaus, ganzjährig bewirtschaftet, Montag/Dienstag Ruhetag, 80 Schlafplätze; Tel. 08042/8786, www.brauneckgipfelhaus.de

... UND NOCH EIN TIPP

Gleich hinter der Stiealm gibt es am Stangeneck einen großen Klettergarten mit gut gesicherten Routen in allen Schwierigkeitsgraten. Falls wir nicht selbst Hand an den Fels legen wollen, auch das Zuschauen alleine reizt schon den Betrachter.

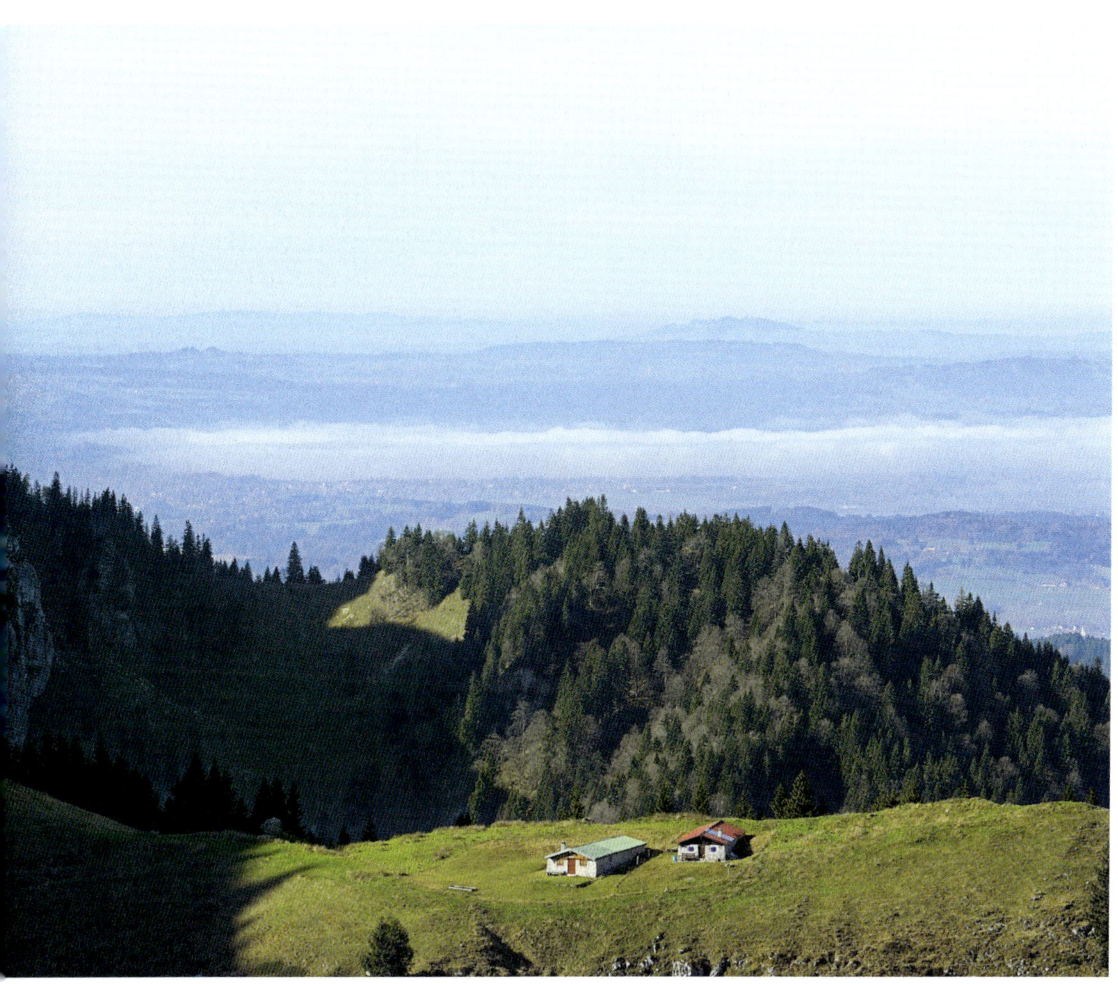

Tölzer Hütte (1500 m), nahezu ganzjährig bewirtschaftet, im Sommer Montag Ruhetag; Tel. 08043/8732, www.lenggries.de/toelzer-huette-am-brauneck

Quengeralm (1440 m), nahezu ganzjährig bewirtschaftet, im Sommer Dienstag Ruhetag, Anfang November bis Anfang Dezember Betriebsruhe, 27 Schlafplätze; Tel. 08042/5079205, www.quengeralm-brauneck.de

Strasser-Alm (1435 m), nahezu ganzjährig bewirtschaftet, bei Regen geschlossen, im November Betriebsruhe, Tel. 08042/3123, www.lenggries.de/strasser-alm-am-brauneck

Stiealm (1520 m), nahezu ganzjährig bewirtschaftet, im Sommer Dienstag/Mittwoch Ruhetag, im Winter kein Ruhetag, 100 Schlafplätze, Übernachtung von Donnerstag bis Sonntag; Tel. 08042/2336, www.stie-alm.de

34 ÜBER DIE FIEBERKAPELLE NACH SACHENBACH AM WALCHENSEE

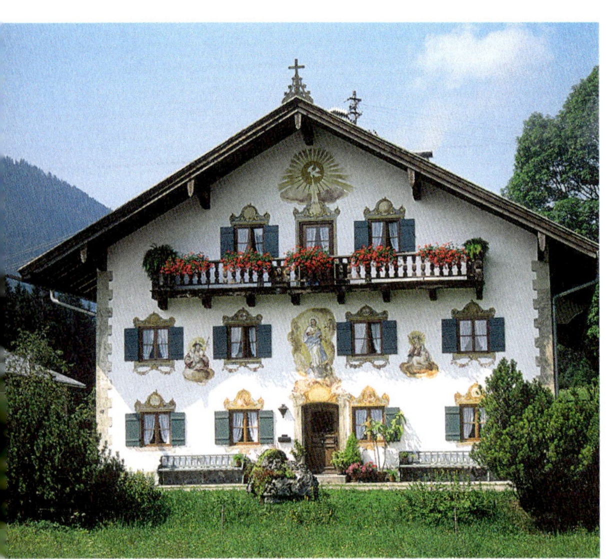

Der Seppenbauernhof in Sachenbach

Eine abwechslungsreiche Rundtour in der Jachenau

Vom großen Parkplatz folgen wir zunächst dem Teersträßchen zum Weiler Berg, gehen dort geradeaus auf einem Wirtschaftsweg weiter und erreichen leicht ansteigend die Fieberkapelle. Jenseits davon geht es nun auf einem Wirtschaftsweg abwärts (der Walchensee blinkt schon herauf), das letzte Stück bis Sachenbach ist sogar geteert. Vier Höfe bilden diesen Weiler, darunter der sehr schöne Seppenbauernhof. An diesem rechts vorbei und vor bis zum Kiosk mit kleiner Terrasse. Hier zweigt links der „Uferweg nach Niedernach" ab, dem wir nun folgen. Ein unbefestigter Wirtschaftsweg (gleich nach dem Viehgatter gibt es einen schönen Picknickplatz mit Tisch und „Holzsesseln") leitet uns nun – bis auf das erste Stück – direkt am Ufer des Walchensees entlang nach Niedernach. Nach einer weiteren Einkehr queren wir bei der Brücke die Straße und folgen dem markierten Wanderweg (Wegweiser „Fußweg nach Jachenau"). Am Bachlauf entlang wandern wir durch Bauernwiesen und Wald – der Weg verengt sich dabei stellenweise zu einem Pfad und leitet uns im Auf und Ab – nach einem Gatter auf dem Wirtschaftsweg zu einem Brückerl und links hinauf zur Straße nach Jachenau. Wir queren diese und folgen dem Wegweiser „Jachenau-Dorf" am Fuß des bewaldeten Berghanges entlang in das hübsche Bauerndorf, wo unsere Wanderung ihren Anfang nahm.

FÜR DEN GAUMEN

Im idyllischen Flecken Sachenbach, direkt am Walchensee gelegen, sollten wir eine erste ausgiebige Brotzeit einlegen. Falls wir uns nicht aus dem Rucksack verpflegen wollen, bietet sich der dortige Hofladen für die Verköstigung an. Gut besucht ist dann die Waldschänke Niedernach, auf die wir anschließend stoßen, sie liegt allerdings direkt an der Straße und so ist der Ausflüglerpegel recht hoch. Aber die hausgemachten Kuchen und Torten sind eine Empfehlung wert.

EXTRA-TIPP

Das Walchenseemuseum in Urfeld (von Jachenau über Mautstraße erreichbar) im ehemaligen Hotel Post zeigt in 16 Ausstellungsräumen eine heimatkundliche Sammlung zu Walchensee, Kochelsee, Jachenau, Kesselberg und Herzogstand. Darüber hinaus gibt es 60 Originalradierungen von Lovis Corinth, der zeitweise in Urfeld gewohnt hatte. Öffnungszeiten: Juni bis bis Oktober von Donnerstag bis Sonntag 10.30 bis 16.30 Uhr. www.walchenseemuseum.de

Und natürlich gibt es im Ort Jachenau die alten Bauernwirtschaften, die sich mittlerweile aber recht „gemausert“ haben.

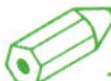

TOURISTINFO

Gästeinformation
Dorf 51 • 83676 Jachenau
Telefon: 08043/919891
www.jachenau.de

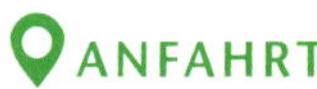

ANFAHRT

Mit dem Auto: Auf der Salzburger Autobahn (A8) bis zur Ausfahrt Holzkirchen, dann auf der B13 über Bad Tölz und Lenggries in die Jachenau. In Ortsmitte Jachenau rechts zum Schützenhaus, der große Parkplatz befindet sich dahinter.
Mit Bahn & Bus: Mit der Bahn von München über Holzkirchen und Bad Tölz zum Endbahnhof in Lenggries; von dort weiter mit dem RVO-Bus nach Jachenau

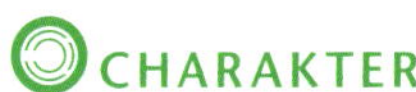

CHARAKTER

Leichte, überwiegend ebene Wanderung auf breiten Wander- bzw. Wirtschaftswegen

HÖHENUNTERSCHIEDE

Für die gesamte Runde etwa 100 Hm im Auf- wie im Abstieg, höchster Punkt bei der sogenannten Fieberkapelle

AUSGANGS- UND ENDPUNKT

Ortsmitte bzw. Parkplatz beim Schützenhaus in Jachenau (775 m)

GEHZEITEN

Von Jachenau nach Sachenbach 1 1/2 Std., Weiterweg nach Niedernach 1 Std., Rückkehr nach Jachenau 1 1/2 Std. Gesamtgehzeit: 4 Std.

KARTENHINWEIS Topographische Karte 1:50000 Blatt „Tölzer Land – Starnberger See“ (LDBV)

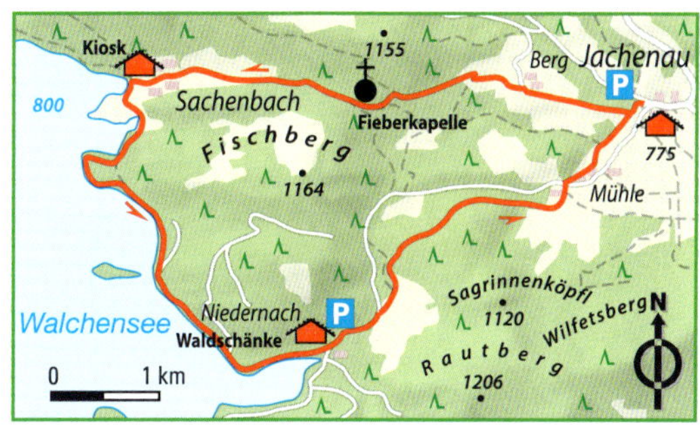

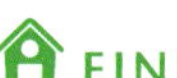

EINKEHR

Im Ort Jachenau: **Gasthof-Hotel Zur Post,** ganzjährig bewirtschaftet, Montag Ruhetag; Tel. 08043/363
Gasthof zur Jachenau, ganzjährig bewirtschaftet, Dienstag Ruhetag; Tel. 08043/9100, www.hotel-gasthof-jachenau-toelzer-land.de/kontakt/
Schützenhaus Jachenau
Unterwegs: **Kiosk Sachenbach,** Hofladen mit Imbiss, geöffnet Mai bis Oktober; Tel. 08851/359, www.jachenau.de/kioskhofladen
Waldschänke Niedernach, bewirtschaftet Mai bis November, Donnerstag/Freitag Ruhetag; Tel. 08043/1021, www.jachenau.de/waldschaenke-niedernach

... UND NOCH EIN TIPP

In Sachenbach am Walchensee wurden im Sommer 2008 die Abenteuer des kleinen Wicki von „Bully“ Herbig verfilmt. Dazu wurde neben dem Bauerndorf ein Wikingerdorf errichtet. Ein paar dieser Häuser sind im Ort Walchensee zu sehen.

35 BLITZBESUCH AUF DEM HERZOGSTAND

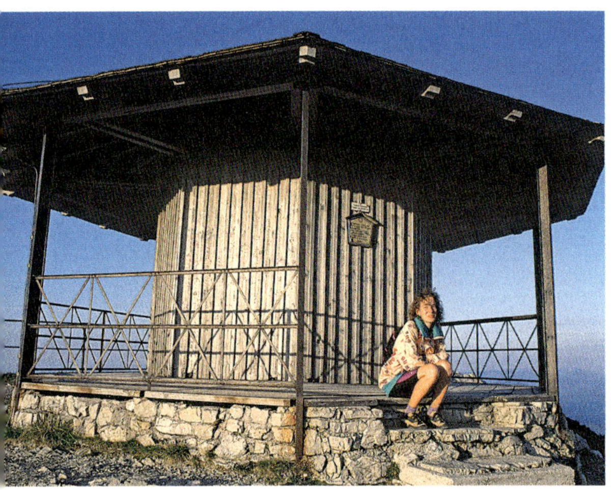

Der Pavillon auf dem Herzogstand

Zwischen Kochelsee und Walchensee

Der Herzogstand war schon in früher Zeit ein beliebtes Jagdrevier der Bayernherzöge. Ludwig II. machte ihn dann zu einem seiner Lieblingsberge und ließ knapp unterhalb des Gipfels ein Jagdhaus und auf dem Gipfel einen Pavillon errichten. Der „Märchenkönig" ritt damals noch etwas beschwerlich von der Kesselberghöhe auf dem so genannten Reitweg hinauf zur Königshütte. Dank einer Kabinenbahn haben wir es heute leichter, Höhe zu gewinnen. Mit wenig zusätzlicher Anstrengung können wir dann einen Panoramablick der Extraklasse genießen: Tief unter uns blinkt auf der einen der Kochelsee herauf, auf der anderen Seite zieht uns der Walchensee in seinen Bann. Und darüber erheben sich die Karwendelberge. Bei guter Fernsicht sind sogar Großglockner und Großvenediger zu sehen. Falls es auf dem freien Gipfelkamm etwas „zieht": Kein Problem, der Pavillon ist offen und bietet Schutz vor heftigen Winden.

Die Gipfelwanderung

Von der Bergstation der Herzogstandbahn wandern wir zunächst auf einem breiten Wanderweg leicht fallend hinüber zu den Herzogstandhäusern. Von dort ist der Weiterweg zum Gipfel bereits einsehbar. Auf gutem Wanderweg – immer gut ausgeschildert – geht es dann mäßig ansteigend am Martinskopf vorbei direkt auf den dicht mit Latschen bewachsenen Gipfelhang zu. Dann steigen wir über zahlreiche Serpentinen bergwärts. Wir erreichen zuerst das etwas tiefer gelegene Gipfelkreuz und wandern dann in wenigen Minuten hinauf zum höchsten Punkt, den ein Pavillon schmückt. – Rückkehr auf dem Anstiegsweg.

FÜR DEN GAUMEN

Auf den Herzogstandhäusern gibt es neben den üblichen Brotzeiten und Suppen (z. B. Linsensuppe) auch Schweinsbraten, Kaiserschmarrn und Kuchen.

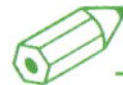

TOURISTINFO

Tourist-Information Walchensee
Ringstraße 1 • 82432 Walchensee
Telefon: 08858/411 • www.walchensee.de

EXTRA-TIPP

Der Walchensee speist mit über sechs Druckleitungen die Turbinen des 200 Meter tiefer gelegenen Walchenseekraftwerks am Südufer des Kochelsees. Die von 1918 bis 1924 von Oskar von Miller errichtete Anlage versorgte in der Folge das ganze Oberland mit Strom. Öffnungszeiten: Mai bis September 9 bis 18 Uhr, im Winter 9 bis 17 Uhr.

ANFAHRT

Mit dem Auto: Auf der Garmischer Autobahn (A95) bis zur Ausfahrt Kochelsee, dann auf der St. 2062 nach Kochelsee und weiter auf der B11 über den Kesselberg nach Walchensee zur Talstation der Herzogstandbahn mit großem, gebührenpflichtigem Wanderparkplatz.

Mit Bahn & Bus: Mit der Bahn von München über Weilheim und Murnau nach Kochel am See; von dort weiter mit dem RVO- Bus nach Walchensee zur Talstation der Herzogstandbahn.

CHARAKTER

Leichte Wanderung auf breitem Wanderweg leicht fallend hinüber zu den Herzogstandhäusern; der Anstieg auf den Herzogstand erfolgt dann auf breitem Bergwanderweg, zuletzt über zahlreiche gestufte Serpentinen durch einen Latschenhang hinauf zum Gipfelkreuz und weiter zum Pavillon.

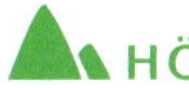

HÖHENUNTERSCHIEDE

Von der Bergstation zu den Herzogstandhäusern: 25 Hm im Abstieg; von dort zum Pavillon auf dem Herzogstand: 156 Hm

AUSGANGS- UND ENDPUNKT

Bergstation der Herzogstandbahn (1600 m)

BERGBAHN

Herzogstandbahn (Großkabinenbahn), nahezu ganzjährig in Betrieb, in der Hauptsaison täglich 9 bis 17.15 Uhr (Abfahrten stündlich), in der Nebensaison kürzer und nur nach Bedarf. Mittagspause 12 bis 13 Uhr; Tel. 08858/236

GEHZEITEN

Von der Bergstation zu den Herzogstandhäusern 15 Min.; Anstieg auf den Herzogstand 3/4 Std. Rückweg zur Bergstation 3/4 Std. Gesamtgehzeit: 1 3/4 Std.

KARTENHINWEIS **Topographische Karte 1:50000 Blatt „Tölzer Land – Starnberger See" (LDBV)**

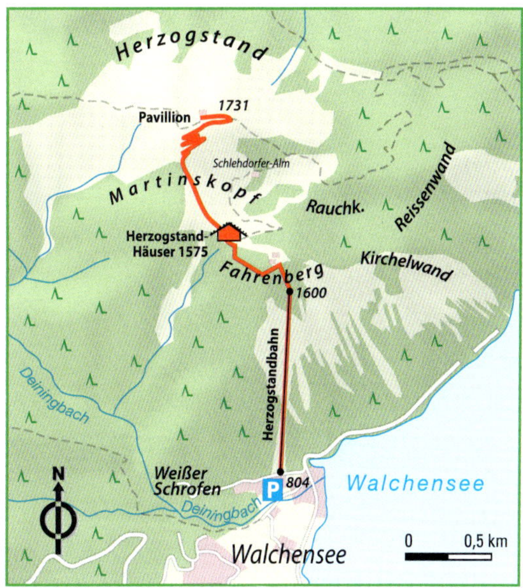

EINKEHR

Herzogstandhäuser (1575 m), ganzjährig bewirtschaftet, Dienstag Ruhetag, Wintersaison am Wochenende geöffnet, 25 Betten, 39 Lager; Tel. 08851/234, www.berggasthaus-herzogstand.de

... UND NOCH EIN TIPP

Rund um den Walchensee gibt es zahlreiche reizvolle Badeplätze. Die Wasserqualität ist sehr gut, doch wegen seiner Tiefe und seiner Lage auf knapp über 800 Meter erwärmt er sich erst im Sommer. Die schönsten Liegeplätze befinden sich auf der Halbinsel direkt gegenüber Walchensee sowie am Südufer.

36 EINE RUNDE UM DEN BARMSEE MIT BADEEINLAGE

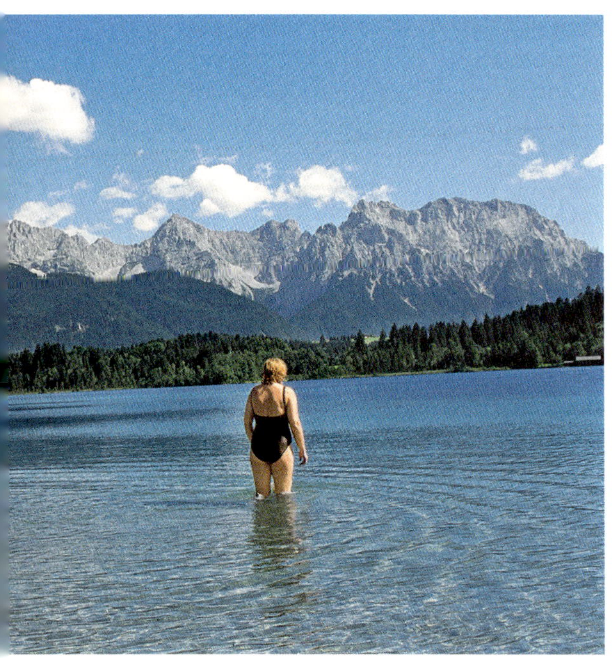

Der Barmsee

Vor den Gipfelriesen des Karwendels

Zwei Naturseen, der eine mit einer kleinen Badeanstalt, ein schöner Alpenblick und gute Wanderwege. Die Barmsee-Umrundung erfreut das Herz. Und wenn die Temperaturen stimmen, springen wir auch ins kühle Nass.

Die Seenrunde

Vom Parkplatz gehen wir links am Alpengasthof vorbei und folgen dem breiten, unbefestigten Wanderweg zum Grubsee (bei der ersten Wegverzweigung links halten). Kurz vor dem Kassenhäuschen führt rechts ein Steg über einen Graben (Wegweiser). Wir folgen nun dem ausgeschilderten „Barmsee-Rundweg" leicht bergan zu einer Wegkreuzung. Dort weiter geradeaus durch Wald zum höchsten Punkt (940 m) der Wanderung mit Blick auf den Barmsee. Nun geht es in zwei Kehren hinab zum See und links in Nähe des Ufers um den See herum zu schönen, buckligen Liegewiesen und einem herrlichen Blick auf die Gipfel des Karwendels. Hier sollten wir bleiben (schöner Bade- und Picknickplatz) und den restlichen Tag genießen.

Anschließend setzen wir die Wanderung fort; der breite Weg führt nun vom Barmsee weg und zweigt nach 200 Metern rechts in den Bannwald ab (Wegweiser „Barmsee-Rundweg – Krün"). Rechter Hand ist das Seeufer aus Naturschutzgründen gesperrt (Vogelbrut). Wir schlendern durch Wald und halten uns bei den beiden folgenden Wegverzweigungen jeweils rechts. Wir queren einen Bach, folgen dann dem rechts abzweigenden Wanderweg (Wegweiser „Fußweg Barmsee"), der uns zu einem schmalen Teersträßchen führt. Auf diesem geht es zurück zu unserem Ausgangspunkt beim Alpengasthof Barmsee.

Variante

Wer mit der Bahn anfahren will, kann diese reizvolle Runde von Klais aus angehen. Am Bahnhof halten wir uns links, gehen vor zum Bahnübergang und zur B 2. Auf der gegenüberliegenden Seite links 100 Meter auf dem Fußweg, bis rechts der „Isartaler Rundwanderweg" abzweigt. Auf schmalem Wirtschaftsweg bergwärts (Wegweiser „Barmsee – Grubsee"), dann bald in Mischwald hinein zum Sonnenhügel und weiter zum Grubsee.

FÜR DEN GAUMEN

Am Ausgangspunkt unserer Tour liegt der Alpengasthof Barmsee mit großer Terrasse und schönem Blick auf die Karwendelberge. Die Küche gibt einiges her (mittags und abends – bis 21.30 Uhr –

KARTENHINWEIS **Topographische Karte 1:50 000 Blatt „Karwendelgebirge" (LDBV)**

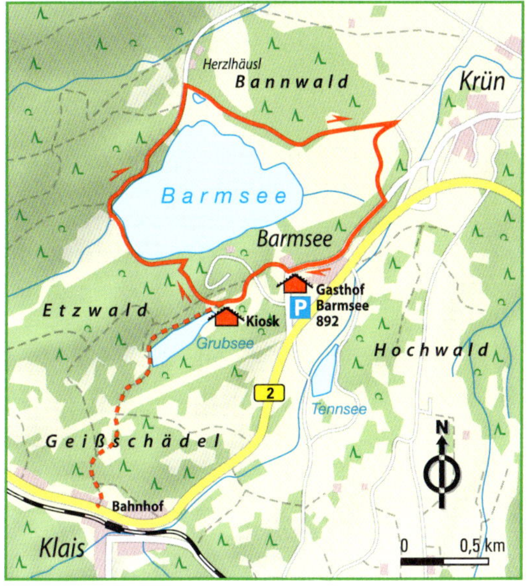

volle Karte, am Nachmittag Brotzeiten und die typische Wandererverpflegung „Erbsensuppe mit Würstl"), so können wir z.B. wählen unter Rinderrouladen, Barmseehecht, Spanferkelbraten oder dem Barmseetopf.

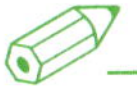

TOURISTINFO

Tourist-Information Wallgau
Mittenwalder Str. 8 • 82499 Wallgau
Telefon: 08825/925050
www.wallgau.de

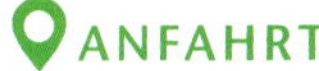

ANFAHRT

Mit dem Auto: Auf der Garmischer Autobahn (A95) bis zu deren Ende, dann auf der B2 nach Garmisch-Partenkirchen und weiter in Richtung Mittenwald; knapp 2 km nach Klais rechts Abfahrt von der B2, unter dieser links hindurch und auf schmalem Sträßchen zum Wanderparkplatz beim Gasthof Barmsee (892 m).

Mit Bahn & Bus: Mit der Bahn von München nach Klais. Von dort weiter zu Fuß.

CHARAKTER

Leichte Wanderung auf breiten Wander- bzw. Wirtschaftswegen

HÖHENUNTERSCHIEDE

Für die gesamte Runde 50 Hm im Auf- wie Abstieg

AUSGANGS- UND ENDPUNKT

Wanderparkplatz beim Gasthof Barmsee (892 m)

GEHZEITEN

Vom Wanderparkplatz rund um den Barmsee 1 1/2 Std.; Abstecher zum Grubsee 1/2 Std. Gesamtgehzeit: 2 Std. – Zugangsvariante von Klais: 30 Min.

EINKEHR

Gasthof-Hotel Barmsee (892 m), ganzjährig bewirtschaftet, Terrasse, Tel. 08825/2034, www.barmsee.de

Kiosk Grubsee (910 m), während des Badebetriebs im Sommer bewirtschaftet

EXTRA-TIPP

Die beiden größeren Orte im Umkreis unserer Wanderung sind Krün und Wallgau. Beide können mit einem reizvollen Ortsbild mit Lüftlmalereien sowie „anständigen" Wirtschaften mit bayerischen Bierstuben aufwarten. Besonders der Gasthof Post in Wallgau überrascht mit seinen großartigen Wandmalereien.

37 ÜBER DEN KRANZBERG UND DEN LAUTERSEE

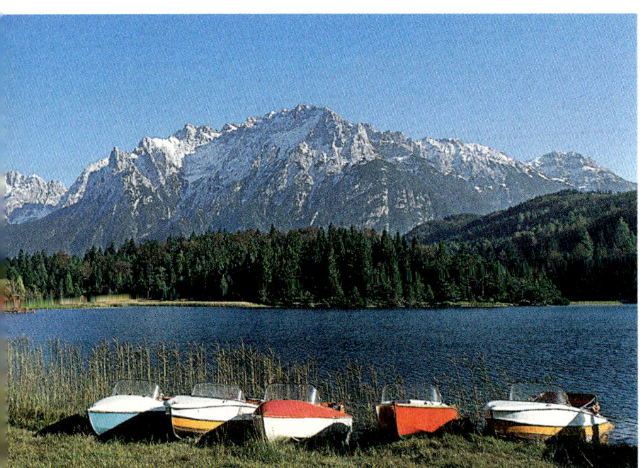

Blick über den Lautersee auf das Karwendel

Durch die Vorberge des Wetterstein

Hoch über dem berühmten Geigenbauort Mittenwald liegen zwei reizvolle Bergseen. Diesen vorgelagert ist der Kranzberggipfel. Alle drei verbinden wir heute zu einer Rundtour, die alles zu bieten hat, was eine Wanderung zum Erlebnis macht: interessante Bergwege, eine grandiose Aussicht auf steil aufragende Bergflanken, mehrere Einkehrstationen mit regionalen Spezialitäten und ein See zum Baden.

Die Höhenrunde

Auf dem ersten Teil unserer Wanderung ins Vorgebirge des Wettersteinmassivs schweben wir von Mittenwald zunächst gemütlich hoch, bis auf eine Höhe von 1230 Metern. Gleich nebenan, auf der Terrasse des Berggasthauses St. Anton, lockt schon der Blick auf das prächtige Karwendelpanorama, aber wir wollen ja weiter. Falls der Lift nicht in Betrieb ist, können wir bis hierher die Strecke auch auf einem gesperrten Fahrweg heraufwandern. Wir starten nun unsere Wanderung zum Kranzberghaus und folgen den Wegweisern in Richtung „Kranzberggipfel. Der Anstieg erfolgt durch Wald und zuweilen können wir den Fahrweg mit einem Fußweg vertauschen. Vom Kranzberghaus geht es dann in wenigen Minuten über Serpentinen hinauf zum Gipfel, wo uns eine Unterstandshütte mit zahlreichen Sonnenbänken aus Holz erwartet. Zugleich lockt uns ein gewaltiges Panorama: Im Osten steigen die Felswände des Karwendelgebirges 1400 Meter über dem Talboden auf, auf der anderen Seite erhebt sich beeindruckend die Wettersteinwand und weiter hinten erkennen wir die Alpspitze. Wir gehen nun zurück zum Kranzberghaus und folgen rechts dem Wegweiser hinab zum Ferchensee. Ein Steig – mit teils angelegten Holzstufen und über Wurzelwerk – führt uns durch lichten Wald hinab. Wir treffen auf die Kehre einer Fahrstraße, dann geht es weiter hinab. Das Gasthaus Ferchensee liegt dann direkt an dem gesperrten Sträßchen, das von Mittenwald nach Elmau führt. Wir folgen nun dem Wanderweg am Südufer des Ferchensees unter den steilen Ferchenseewänden entlang, queren dann die Fahrstraße und biegen links in den breiten Weg ein, der direkt hinab

KARTENHINWEIS **Topographische Karte 1:50000 Blatt „Werdenfelser Land" (LDBV)**

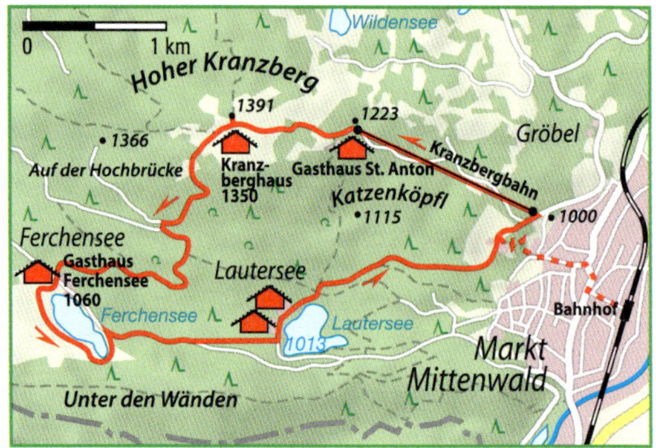

zum Lautersee führt. Gleich hinter dem Lautersee (Strandbad und Bootsverleih) treffen wir auf eine Wegverzweigung mit Hinweistafeln. Wir folgen nun dem Weg hinab durch das Laintal. Nach dem engsten Teil der Schlucht, kurz hinter der Mariengrotte, biegen wir links ab und wandern hinüber zum Ausgangspunkt unserer Tour.

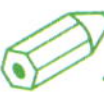

TOURISTINFO

Tourist-Information Mittenwald
Dammkarstraße 3 • 82481 Mittenwald
Telefon: 088 23/3 39 81
www.mittenwald.de

ANFAHRT

Mit dem Auto: Auf der Garmischer Autobahn (A 95) bis zu deren Ende bei Eschenlohe, dann weiter auf der B 2 über Garmisch-Partenkirchen nach Mittenwald. Im Ort ist die Zufahrt zur Kranzbergbahn ausgeschildert. Dort befindet sich auch ein Parkplatz.
Mit Bahn & Bus: Mit der Bahn auf der Linie München–Innsbruck über Garmisch-Partenkirchen nach Mittenwald. Vom Bahnhof weiter zu Fuß zur Talstation der Kranzbergbahn.

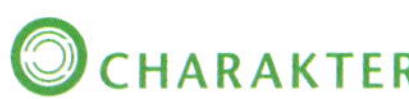

CHARAKTER

Leichte Bergwege, einige Passagen auf Wirtschaftssträßchen, Bergpfade am Kranzberggipfel

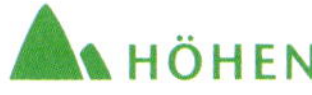

HÖHENUNTERSCHIEDE

Von der Bergstation zum Hohen Kranzberg: 161 Hm, Abstieg: knapp 400 Hm

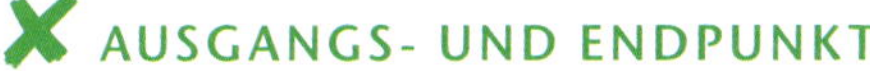

AUSGANGS- UND ENDPUNKT

Talstation der Kranzbergbahn (1000 m) in Mittenwald

BERGBAHN

Kranzbergbahn: Betriebszeiten von Mai bis Oktober täglich (bei guter Witterung) von 9 bis 16.30 Uhr. Tel. 088 23/15 53

GEHZEITEN

Von der Bergstation (1230 m) der Kranzbergbahn (Sessellift) zum Kranzberghaus 20 Min., von dort weiter zum Kranzberggipfel 15 Min., Abstieg zum Ferchensee 1 Std., Rückkehr über den Lautersee nach Mittenwald 1 Std. Gesamtgehzeit: 2 3/4 Std.

EINKEHR

Berggasthaus St. Anton (1227 m), ganzjährig bewirtschaftet, Dienstag Ruhetag, Tel. 088 23/80 01
Die Gasthäuser am Ferchensee (1065 m) und am Lautersee (1016 m) sind ebenfalls nahezu ganzjährig bewirtschaftet.

EXTRA-TIPP

Der Bauersohn Matthias Klotz brachte im Jahre 1684 nach langen Wanderjahren in der Schweiz und Italien die Geigenbaukunst in seinen Heimatort Mittenwald. Seit nunmehr über 300 Jahren ist dieser Grenzort ein Zentrum des Geigenbaus, zu dem Schüler aus der ganzen Welt kommen. Fortgeführt wird diese Tradition von der Staatlichen Berufs- und Fachschule für Geigen- und Zupfinstrumentenbau. Einen Einblick in diese Kunst können wir im Geigenbaumuseum (Ballenhausgasse 3) gewinnen.
Öffnungszeiten: In der Regel von 10 bis 17 Uhr, Montag ist geschlossen.
Tel. 088 23/25 11

38 AUF NEUEN STEGEN DURCH DIE WILDE LEUTASCHKLAMM

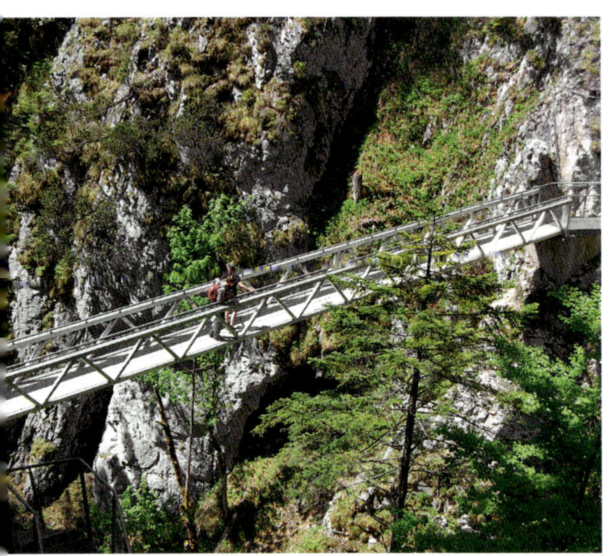

Die Panoramabrücke in der Leutaschklamm

Wildes Wasser zwischen Mittenwald und Leutasch

Die Leutascher Ache durchbricht auf ihrem Weg aus der Leutasch zur Isar einen Bergrücken. Der hintere Teil der Klamm wurde vor ein paar Jahren mit einer aufwendigen Weganlage – hoch über dem Grund der Klamm – erschlossen. Der Sage nach soll es hier „Kobolde" und „Klammgeister" geben. Entsprechend wurden die Steige danach benannt. Hinweis: Alter und neuer Weg sind nicht miteinander verbunden.

Die Klammwanderung

Die Wege sind nicht zu verfehlen (einen Flyer gibt es am Kiosk!). Wir starten am besten am Kiosk und wandern hinauf zum Gasthaus Gletscherschliff. Dort folgen wir dem „Koboldweg" bis zum Klammeinstieg. Hoch über der Klamm geht es dann über die Höllbrücke zur Panoramabrücke. Dort links aufwärts und dann hinab zum Ausgangspunkt

Variante

Alte Leutaschklamm („Wasserfallsteig"): Vom Kiosk führt ein gesicherter Steig (Eintrittsgebühr) 250 Meter weit in die tief eingeschnittene Schlucht. Am Ende des Weges stehen wir staunend vor einem schönen, 23 Meter hohen Wasserfall. Hinweis. Alter und neuer Weg sind nicht miteinander verbunden.

FÜR DEN GAUMEN

Von der Terrasse des Berggasthofs Gletscherschliff haben wir einen herrlichen Blick auf das Karwendelgebirge. Und mit Bedacht sollten wir die Einkehr dort ans Ende unseres Ausfluges in die Leutaschklamm legen, damit der Genuss keine Störung erfährt. Spezialitäten sind z. B. der Hirschbraten, der Gemüseeintopf mit Lammfleisch oder der Kaiserschmarrn.

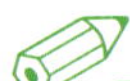

TOURISTINFO

Tourist-Information Mittenwald
Dammkarstraße 3 • 82481 Mittenwald
Telefon: 08823/33981
www.mittenwald.de

ANFAHRT

Mit dem Auto: Auf der Garmischer Autobahn (A95) bis zu deren Ende, dann auf der B2 nach Garmisch-Partenkirchen und weiter bis Mitten-

EXTRA-TIPP

Hinter dem Berggasthaus Gletscherschliff sind die 25 000 Jahre alten Schleifspuren des Inntalgletschers der letzten Eiszeit zu bestaunen.

wald. Dort der Ausschilderung zur Karwendelbahn folgen und weiter bis zur Innsbrucker Straße. Dort gebührenpflichtiger Parkplatz. Oder am Ortsende rechts der Straße in die Leutasch folgen (Grenzübertritt). Nach 3 Kilometern befindet sich auf der linken Seite der Wanderparkplatz (1024 m; 5 €) mit Einkehrmöglichkeit. Auf halber Strecke in die Leutasch befindet sich ein weiterer kleiner Parkplatz mit Zugangsvariante in die Klamm.
Mit Bahn & Bus: Mit der Bahn von München über Weilheim nach Garmisch-Partenkirchen und weiter nach Mittenwald. Von dort zu Fuß in die Ortsmitte, dort links der Innsbrucker Straße folgen, bis am Ortsende, nach der Straßenabzweigung in die Leutasch, der Weg „Am Köberl" abzweigt. Auf diesem zum Klammeingang (gut 30 Min.).

CHARAKTER

Der alte „Wasserfallweg" ist ausreichend breit angelegt, jedoch nur mit einem Geländer versehen. Der neue Klammweg wurde aufwendig mit zahlreichen Metallbrücken und Metallstegen gebaut, die mit Geländern und zusätzlich auch noch mit Maschendraht gesichert sind. Also kein Problem, auch mit kleineren Kindern sich in luftige Höhen über der Klamm zu begeben.

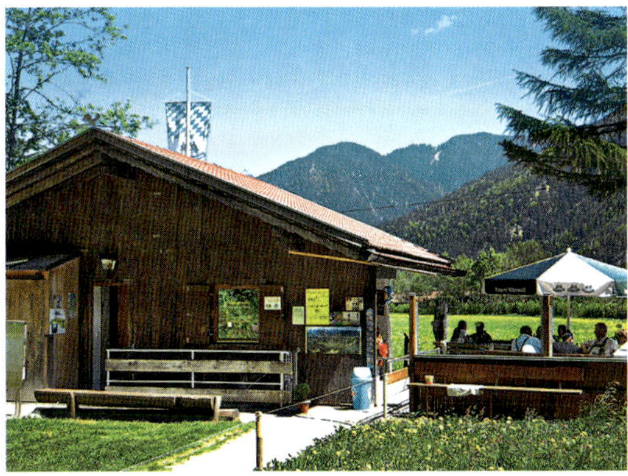

Der Klammkiosk

KARTENHINWEIS **Topographische Karte 1:50000 Blatt „Werdenfelser Land" (LDBV)**

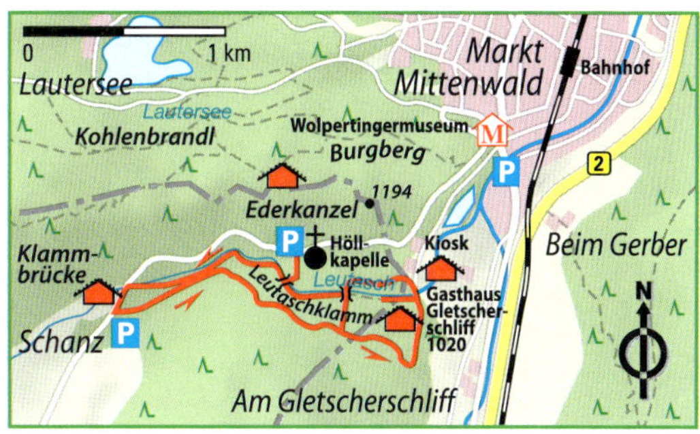

HÖHENUNTERSCHIEDE

Einiges an Auf und Ab, zusammengerechnet ein paar hundert Höhenmeter, obwohl der Ausgangspunkt bei Mittenwald und die Wende in der Leutasch sich auf nahezu gleicher Höhe befinden.

AUSGANGS- UND ENDPUNKT

Wanderparkplatz an der Innsbrucker Straße (920 m) oder Wanderparkplatz in der Leutasch (1024 m)

GEHZEITEN

Vom Wanderparkplatz 1 Std.; Rückweg 1 Std. Gesamtgehzeit: 2 Std. ist die reine Gehzeit. Da sich aber am Weg zahlreiche Informationstafeln befinden, die studiert werden wollen, sowie beim Schauen und Staunen viel Zeit vergeht, müssen wir schon 4 Std. Ausflugszeit einplanen.

EINKEHR

Berggasthaus Gletscherschliff (1020 m), ganzjährig bewirtschaftet, im November ist die jährliche Betriebsruhe, Montag/Dienstag Ruhetag, Tel. 08823/1453, www.gletscherschliff.de/mittenwald.html
Kiosk am Eingang zur Leutaschklamm (dort Eintrittsgebühr für den „Wasserfallweg" berappen)
Eine weitere Einkehrstation befindet sich auf der Leutascher Seite beim Wanderparkplatz.

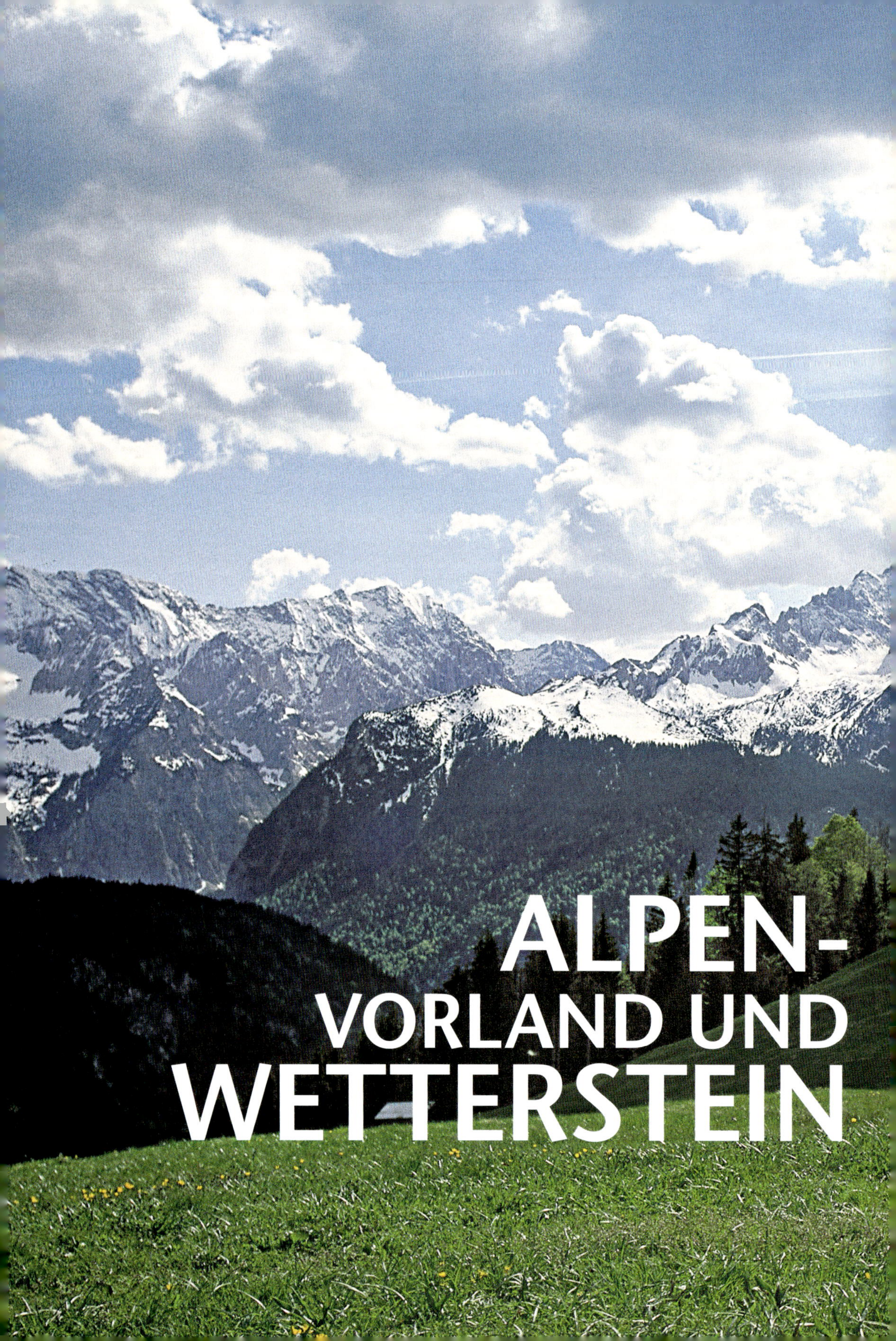

ALPEN-VORLAND UND WETTERSTEIN

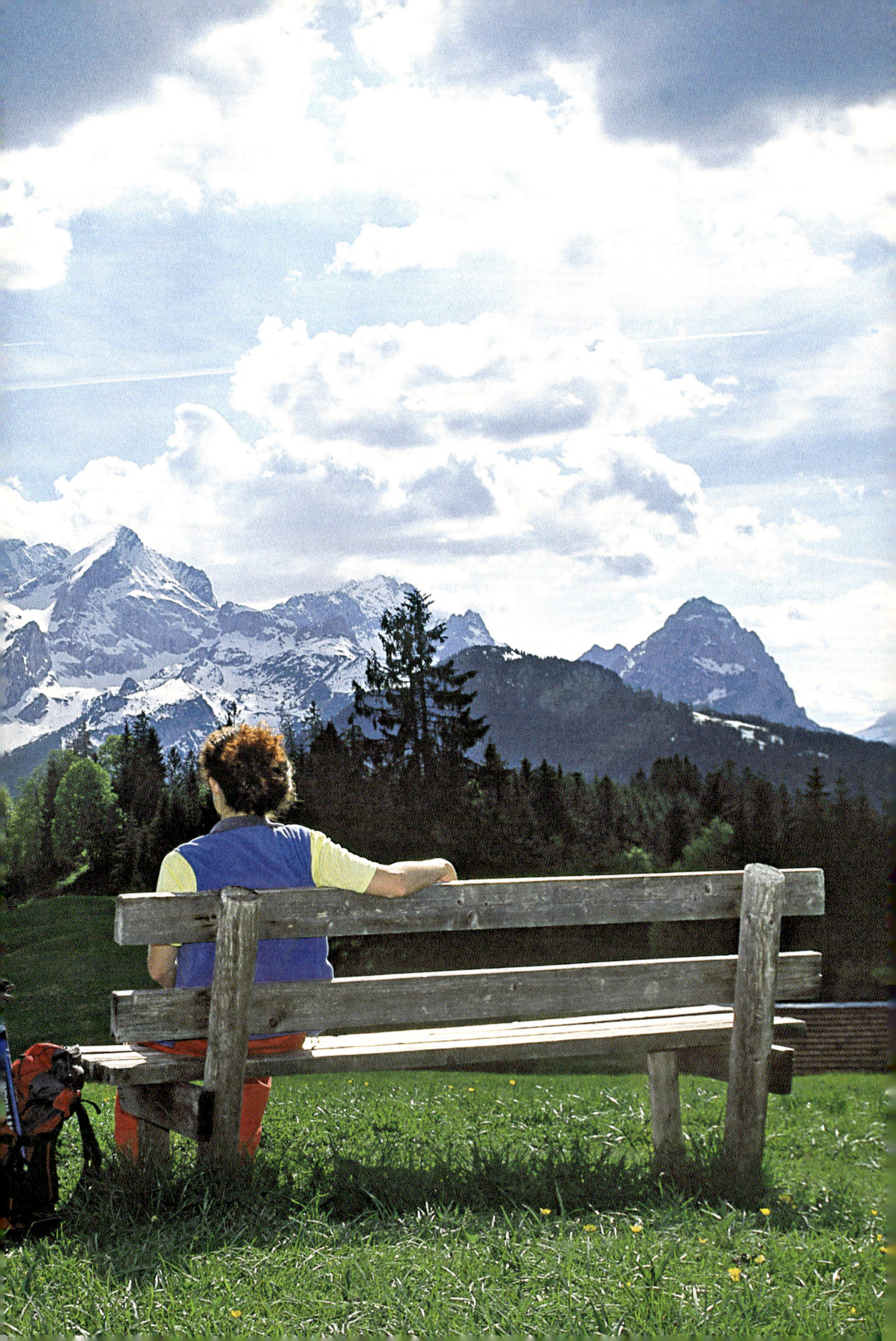

39 STREIFZÜGE DURCHS MURNAUER MOOS MIT BELIEBTER EINKEHR

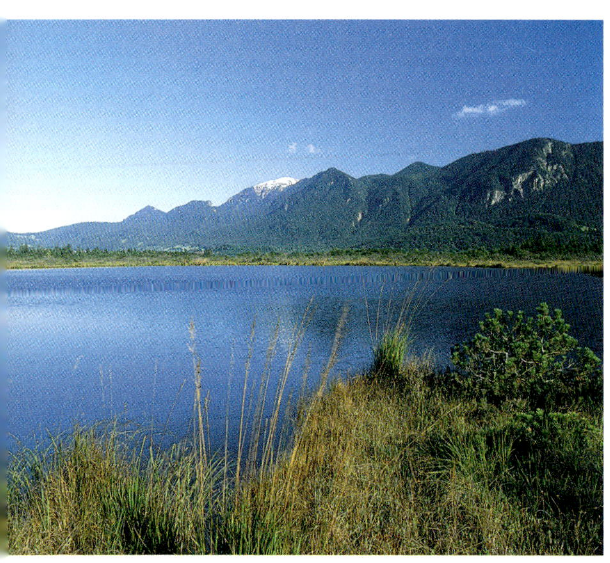

Die Vorberge vom Murnauer Moos

Im größten Moorgebiet Mitteleuropas

Das Murnauer Moos ist ein Überrest des Loisachgletschers, der sich bis weit in das Voralpenland erstreckte. Heute führt ein abwechslungsreicher, ausgeschilderter Wanderweg – der auch im Winter gut zu begehen ist – durch dieses reizvolle Naturschutzgebiet. Das mit einer Fläche von 32 m^2 größte lebende Moor in den Alpen ist zugleich das größte zusammenhängende Moorgebiet in Mitteleuropa. Es stellt nicht nur Rückzugsgebiet, Schutz- und Lebensraum für seltene Pflanzen und Tiere, es ist überdies auch das reichste Brutvogelgebiet in ganz Süddeutschland. Seit 1980 stehen große Teile davon auch unter Naturschutz. 10 Prozent des Murnauer Mooses sind Hochmoor, der große Rest sind Streuwiesen, Seggenriede, Schilfflächen sowie ungemähte Feuchtwiesen. Die gut ausgebauten Wege durch das Moos lassen eine Erkundung zu Fuß oder mit dem Fahrrad zu. Beste Beobachtungszeit ist von Mitte Mai bis Mitte Juni. Zu den seltenen Tieren gehören u.a. der Große Brachvogel, der Wachtelkönig, der Weißrückenspecht und das Blaukehlchen. Unsere Wanderung führt durch eine malerische Seen- und Moorlandschaft, die von der Kulisse der Bayerischen Alpen überragt wird. Das „Blaue Land" steht als Synonym für diese Landschaft, die ihren Namen der Künstlervereinigung „Der Blaue Reiter" verdankt. Übrigens lohnt sich die Tour durchs Moos auch im Winter, wenn die Gräser und Sträucher mit Eisblumen überzogen sind.

Die Moorwanderung

Vom großen Wanderparkplatz mit seinen großen Informationstafeln, die uns vorab schon einen Einblick in die Moorlandschaft des Murnauer Mooses geben, steuern wir auf die gesperrte Fahrstraße zu und folgen dieser – vorbei am Ramsachkircherl, das auf einer Anhöhe steht – zum Gasthaus Ähndl. Kurz davor queren wir links über ein Brückerl die Ramsach und befinden uns unvermittelt im Murnauer Moos. Unsere Route folgt zunächst einem breiten Sandweg (Wegweiser „Moosrundweg Nr. 5) – immer am Ramsachbach entlang – durch das weite Moos.

Wir biegen dann bei einer Brücke rechts ab und halten auf der anderen Bachseite auf einen Wald zu, dem „Langen Filz". Unser Weg führt nun in den Wald hinein. Das Moor wechselt zu einer Heidelandschaft. Auf einer Länge von 1,5 Kilometern wird das Hochmoor nun von einem Bohlensteg durchzogen. Etwas abseits vom Weg befindet sich ein Waldhäuschen. Am Ende des Steges setzt wieder ein Forstweg an, der uns hinaus zu den Wiesen von Westried führt. Hier wurde vor noch nicht allzu langer Zeit Torf abgebaut. In Westried halten wir uns

KARTENHINWEIS Topographische Karte 1:50000 Blatt „Ammergauer Alpen" (LDBV)

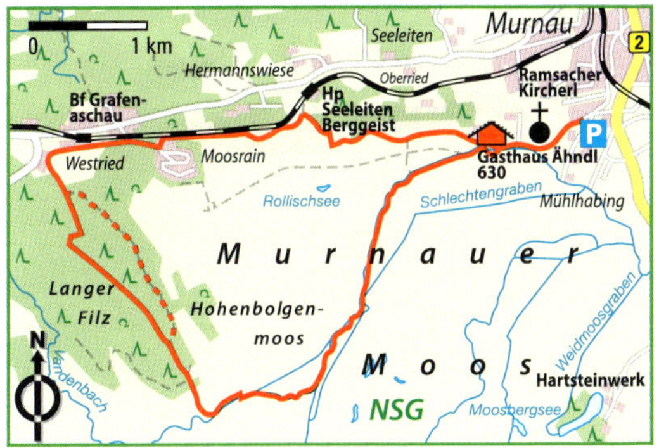

rechts, schlendern 15 Minuten lang zwischen den Häusern leicht bergab, bis links unser Wanderweg abzweigt. Wir queren die Bahnlinie, gehen ein Stück an dieser entlang, queren die Bahnlinie erneut, und wandern dann auf einem erhöhten Weg mit Panorama-Ausblick über das weitläufige Moos leicht fallend zurück nach Ramsach.

Und nach der Tour

Der 766 Hektar große Staffelsee ist ein Moorsee und inspirierte schon vor 100 Jahren die Künstler des Blauen Reiters. Und auch heute noch sind die Ufer dieses reizvollen Voralpensees kaum bebaut, die ganze Westhälfte steht sogar unter Naturschutz. Dort besteht absolutes Betretungsverbot. Als Badesee hat der Staffelsee aber einen sehr guten Ruf. Es gibt vier offizielle Strandbäder in Murnau, in Seehausen und in Uffing sowie zahlreiche frei zugäng-

EXTRA-TIPP

Im Dezember 1911 fand in München die erste Ausstellung der Künstlervereinigung „Der Blaue Reiter" – zu denen u. a. Gabriele Münter, Wassily Kandinsky, Franz Marc, August Macke und Alexej Jawlensky gehörten – statt. Ein Jahr darauf erschien der von Wassily Kandinsky und Franz Marc herausgegebene Almanach „Der Blaue Reiter", eine wichtige Programmschrift der modernen Kunst. Blau war nicht nur die Farbe von Seen und Bergen der bayerischen Voralpenlandschaft, Blau war auch die Symbolfarbe für geistige Kraft und Transzendenz. Eines der wichtigsten, stilbildenden Werke ist das bekannte Werk von Franz Marc: „Die blauen Pferde".

Zu Beginn des 20. Jahrhunderts entdeckten nicht nur wohlhabende Bürger, sondern auch zahlreiche Künstler die Seen- und Moorlandschaft des bayerischen Oberlandes als ideale Sommerfrische. Gabriele Münter sogar, ihren Wohnsitz dorthin zu verlegen. Gabriele Münter (1877 bis 1962) erwarb ein Landhaus außerhalb von Murnau, das sie zunächst bis 1914, dann wieder ab Ende der 20er-Jahre bis zu ihrem Tod bewohnte. Da ihr Lebensgefährte Russe war, gaben die Murnauer ihrem Domizil bald den Namen „Russenhaus". Seit 1984 ist das Haus als Museum zugänglich. Zu sehen sind, neben Teilen der Originalausstattung, von den beiden Künstlern bemalte Möbel, Gemälde, Grafiken Münters sowie einige Stücke ihrer Volkskunstsammlung. Das Museum (in der Kottmüllerallee 6) ist täglich (außer montags) geöffnet 14 bis 17 Uhr; Tel. 08841/628880. www.lehnbachhaus.de

Noch ein Hinweis: Im Schlossmuseum in Murnau, das sich in Ortsmitte in einem ehemaligen Pflegschloss befindet, finden wir u. a. die weltweit größte, ständige Ausstellung von Münter-Bildern.

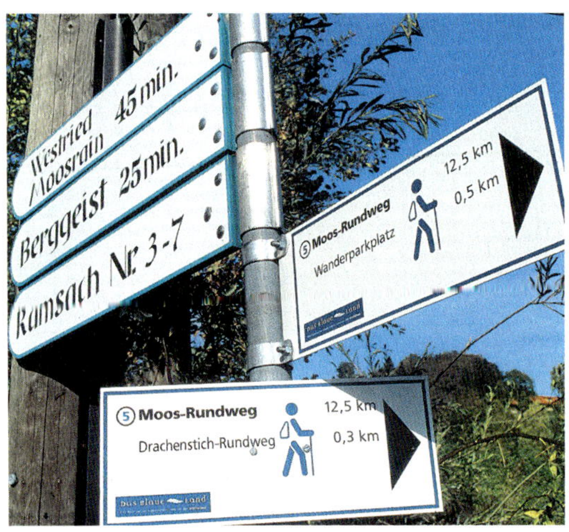

Wir sind gut ausgeschildert unterwegs

liche Stellen. Da sich der See schnell erwärmt und im Herbst auch nur langsam abkühlt, dauert die Badesaison dort etwas länger. Im See befinden sich sieben Inseln, von denen die Insel Wörth die größte ist. Auf ihr soll es bereits im 8. Jahrhundert ein Kloster gegeben haben. Die Fronleichnamsprozession in Seehausen, die mit Booten und Zillen zur Insel Wörth übersetzt und an der St.-Jakobs-Kapelle endet, ist sehenswert.

FÜR DEN GAUMEN

Im Gasthaus Ähndl wird geboten: Gutbürgerliche Küche mit Biergarten und Kinderspielplatz. Und es gibt einen Platz für „Zamperl".

TOURISTINFO

Tourist-Information Murnau
Kohlgruber Str. 1
82418 Murnau am Staffelsee
Telefon: 08841/476241
www.murnau.de

ANFAHRT

Mit dem Auto: Auf der Garmischer Autobahn (A95) von München in Richtung Garmisch bis zur Ausfahrt Murnau Kochelsee, dort weiter auf der St. 2062 in Richtung Murnau bis kurz vor die Ortsmitte; dort folgen wir der Ausschilderung der B2 in Richtung Eschenlohe. Kurz nach der Bahnunterführung rechts ab zum Ramsachkircherl; kurz davor befindet sich der gebührenpflichtige Wanderparkplatz mit Infotafeln.

Mit Bahn & Bus: Von München über Weilheim nach Murnau; von dort weiter auf ausgeschilderten Wegen nach Ramsach.

... UND NOCH EIN TIPP

Vor allem im ersten Teil der Wanderung ab dem St.- Georgs-Kircherl in Ramsach lässt sich Ende Mai/Anfang Juni der Karmingimpel mit seinem Gesang vernehmen. Dieser vor allem in Mitteleuropa beheimatete, etwa 15 Zentimeter große Singvogel hält sich vorwiegend in Feuchtgebieten, in Weidengebüsch und in lockeren Mischwäldern auf. Kopf, Brust und Bürzel sind bei den Männchen karminrot, wohingegen die Weibchen, aber auch die jungen Männchen über eine unauffällige braune Farbe verfügen. Brutzeit ist von Mai bis Juli, wobei das Weibchen 4 bis 6 Eier legt. Der Lockruf des Männchens lautet „zlit zlit". Das Nest des Karmingimpels befindet sich niedrig im Gebüsch.

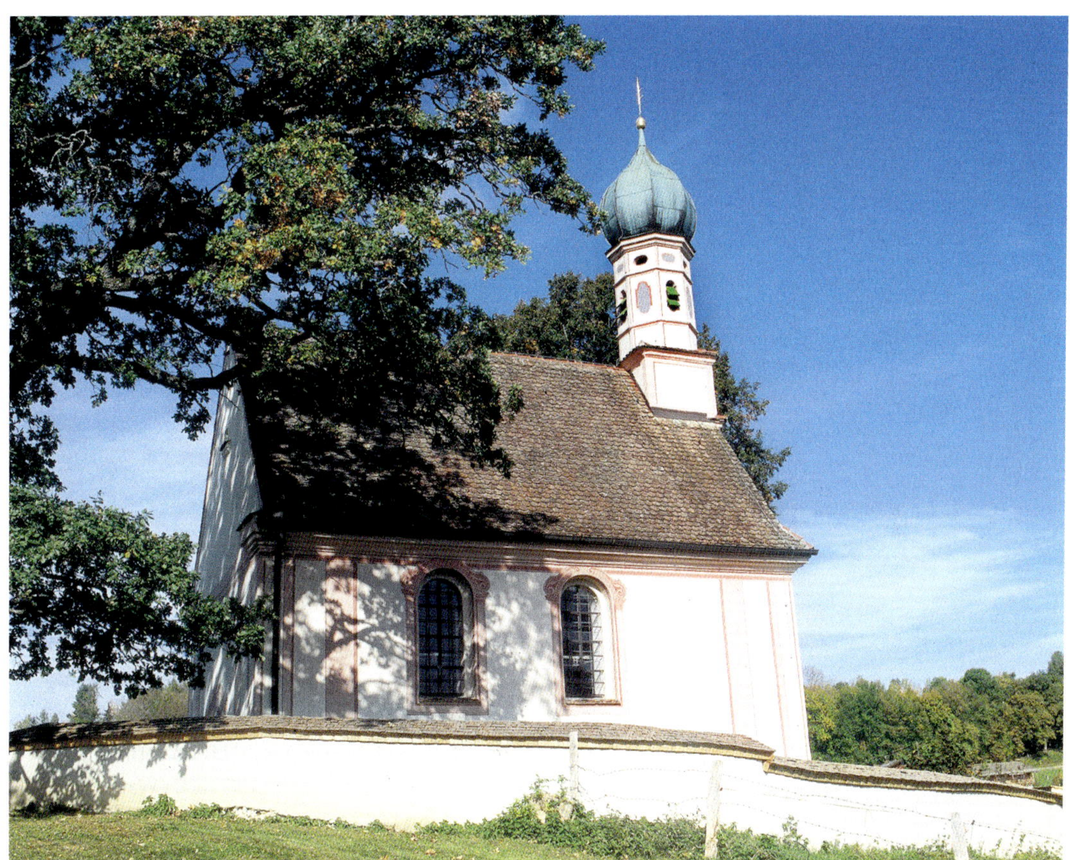

Das Ramsachkircherl

CHARAKTER

Leicht begehbare, teils breite Wanderwege. Die Etappe durch den Langen Filz wurde durch einem 1,5 Kilometer langen Bohlensteg begehbar gemacht. Gutes Schuhwerk ist unbedingt wichtig.

HÖHENUNTERSCHIEDE

Nur wenige Meter, also zu vernachlässigen

AUSGANGS- UND ENDPUNKT

Der Wanderparkplatz Ramsach (620 m), ein paar hundert Meter vor dem Ramsachkircherl

GEHZEITEN

Vom Wanderparkplatz zum Langen Filz 1¼ Std., vom Langen Filz nach Westried ¾ Std., von Westried zum Gasthaus Ähndl und zurück zum Wanderparkplatz 1¼ Std. Gesamtgehzeit: 3¼ Std. – Wer vom Bahnhof zum Ausgangspunkt wandert, muss pro einfacher Strecke 45 Minuten rechnen.

EINKEHR

Gasthaus Ähndl (630 m) in Ramsach, beliebte Einkehr mit Biergarten unter schattigen Bäumen, Tel. 08841/5241, www.aehndl.de

40 STILLE WEGE VON BENEDIKTBEUERN ZUM KOCHELSEE

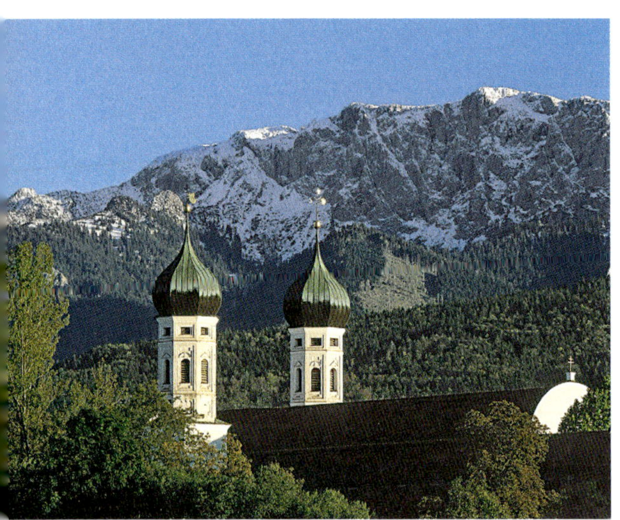

Kloster Benediktbeuern vor der Benediktenwand

Unterwegs im Blauen Land

Die Tour im Alpenvorland bietet uns mehrere Höhepunkte: Sei es der Besuch der ehemaligen Benediktinerabtei Benediktbeuern, sei es das Erlebnis Moos, sei es der Kochelsee. Nicht versäumen sollten wir jedoch am Wendepunkt in Kochelsee einen Besuch des Franz-Marc-Museums, denn wie kein anderer hat er die Sicht auf diese reizvolle Landschaft geprägt.

Die Moorwanderung

Wir starten unsere Streckenwanderung am Bahnhof von Benediktbeuern (der noch aus dem Jahre 1898 stammt) und wandern an der Bahnlinie entlang in Richtung Kochelsee und damit auf den Herzogstand zu (Kloster und Klosterstüberl heben wir uns für die Rückkehr auf). Links erkennen wir die Benediktenwand. Der Weg zum Kochelsee ist gut ausgeschildert. Nach einer halben Wegstunde erreichen wir eine Bahnunterführung; hier halten wir uns rechts und folgen der Ausschilderung nach Brunnenbach. Wir wandern durch reiches Bauernland mit alten Stadeln und weidenden Pferden.

Wir überqueren dann die Lainbachbrücke, halten uns sogleich links und erreichen das aufgelassene Gehöft Brunnenbach. Wir halten uns kurz davor jedoch rechts und erreichen bald das Ufer der Loisach. Immer dicht am Fluss entlang, gesäumt von hohem Schilf, erreichen wir bei einer Wegverzweigung eine Brücke; über diese hinweg und bald ist die Straße Großweil – Kochel erreicht.

Wir queren die Straße und geradeaus erreichen wir das Ufer des Kochelsees und das TRIMINI. (hier ist auch der Steg für das Motorschiff). Nun links am Südufer des Sees entlang bis zur Hauptstraße im Ort Kochel. Rechts an dieser entlang, wo wir auch bald die Ausschilderung zum Franz-Marc-Museum entdecken, dem wir natürlich einen Besuch abstatten. – Vom Museum wandern wir dann ein Stück bergan und schlendern durch die ruhige Seite von Kochel, erreichen so das Kochler Rathaus, halten uns dort links zum Ortskern und gehen dann die wenigen Schritte weiter zum Bahnhof von Kochel, wo wir die Rückfahrt nach Benediktbeuern antreten.

Variante

Falls wir dem Franz-Marc-Museum keinen Besuch abstatten wollen. Können wir vom Seeufer direkt durch den Ort die Abkürzung zum Bahnhof Kochelsee nehmen.

FÜR DEN GAUMEN

Unterwegs gibt es keine Einkehrmöglichkeit, wohl aber am Ausgangspunkt und am Wendepunkt der Tour in Kochelsee (mehrere gute Wirtschaften sowie das Café und Restaurant im TRIMINI. In Benediktbeuern ist es das Klosterbräustüberl, das unser Interesse wecken könnte. Man kann drinnen in gemütlichen, dunkel getäfelten Räumen unter beeindruckenden Kreuzbogengewölben sitzen oder draußen im Biergarten. Die Küche ist natürlich – wie es sich für eine Klosterwirtschaft geziemt – regional gehalten.

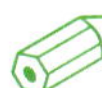

TOURISTINFO

Tourist-Information Benediktbeuern
Prälatenstraße 3 • 83671 Benediktbeuern
Telefon: 08857/248
www.benediktbeuern.de

ANFAHRT

Mit dem Auto: Auf der Garmischer Autobahn (A95) bis zur Ausfahrt Sindelsdorf, dann weiter auf der B472 und der B11 über Bichl nach Benediktbeuern. Dort große Parkplätze im Klosterbereich.
Mit Bahn & Bus: Mit der Bahn von München auf der Strecke nach Kochel über Tutzing und Penzberg nach Benediktbeuern.

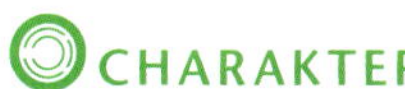

CHARAKTER

Ebene Wanderung auf guten Natursträßchen und Wanderwegen. Einige Passagen auf Wirtschafts- und Ortssträßchen.

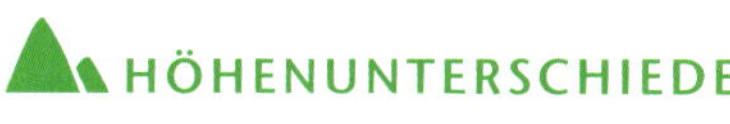

HÖHENUNTERSCHIEDE

Minimal

AUSGANGS- UND ENDPUNKT

Großparkplatz Kloster Benediktbeuern (617 m)
Endpunkt am Bahnhof in Kochel am See (605 m)

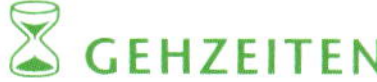

GEHZEITEN

Vom Großparkplatz Benediktbeuern nach Brunnenbach 1 Std., von Brunnenbach zum Kochelsee (TRIMINI) 1 Std., von dort zum Franz-Marc-Museum knappe 1/2 Std., vom Museum zum Bahnhof von Kochel 20 Min. Gesamtgehzeit: ca. 3 Std.

KARTENHINWEIS **Topographische Karte 1:50000 Blatt „Tölzer Land – Starnberger See" (LDBV)**

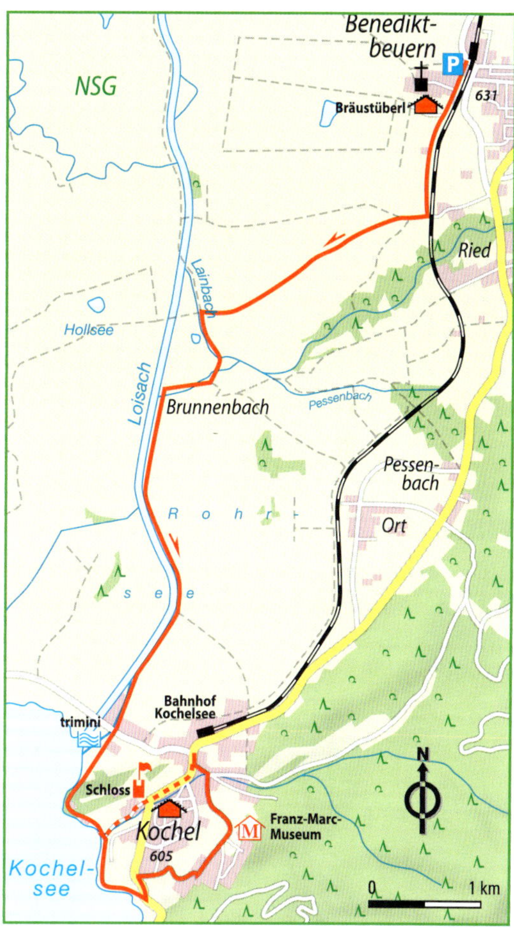

EINKEHR

Klosterbräustüberl in Benediktbeuern (631 m), am Zeiler Weg 2, ganzjährig täglich bewirtschaftet, in der Wintersaison Montag/Dienstag Ruhetag; Tel. 08857/9407, www.klosterwirt.de
Mehrere Gasthäuser in Kochel am See

41 VON SCHLEHDORF HINAUF ZUR GLENTLEITEN UND ZURÜCK

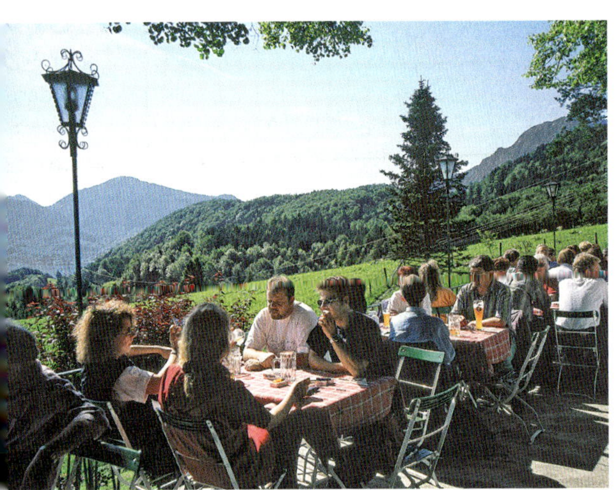

Auf der Kreutalm

Ein Freilichtmuseum der Extraklasse

Auf dieser wunderschönen Runde im Alpenvorland mit der prächtigen Kulisse von Kochelsee, Jochberg und Herzogstand wandern wir hinauf zum Freilichtmuseum Glentleiten, kehren dort oder an der Kreutalm ein und beschließen den Tag mit einem Bad im Kochelsee. Und falls uns der Sinn nach Spiritualität steht, schauen wir noch beim Kloster Schlehdorf vorbei.

Die Rundwanderung

Von der Ortsmitte in Schlehdorf folgen wir zunächst der Mittelstraße und der Brombergstraße bis zu den letzten Häusern von Schlehdorf. Dann geht es auf einem unmarkierten Wirtschaftsweg bergan und in den Wald hinein. Der Weg schlängelt sich seitlich am Bromberg hoch und trifft dann auf einen von links heraufführenden Forstweg. Diesem folgen wir kurz und biegen dann kurz hinter dem Scheitelpunkt in einem spitzen Winkel nach rechts in eine Fahrspur ein. Bald geht es in einer Linkskurve weiter und steiler bergan zu einer Jagdhütte. Nach einem Bachgraben trennen sich die Wege, wir gehen rechts, dann nochmals rechts und treten aus dem Wald heraus. Wir treffen auf einen quer führenden Weg und steigen links hinauf zur Fahrstraße, die das Freilichtmuseum mit der Kreutalm verbindet. Nun entweder links zur ersten Einkehr oder rechts zur Glentleiten. – Abstieg: Zurück bis kurz vor die Kreutalm, dann links hinab in eine große Wiese. Auf Pfad bergab über meist freies Gelände. Bei einem Weidezaun treffen wir auf einen Wegweiser. Nach einem Viehunterstand passieren wir ein Gatter und folgen dann dem breiten Weg (Rentenbüheler Straße, dann Karpfseestraße) zurück nach Schlehdorf.

FÜR DEN GAUMEN

Bevor wir uns auf das Museumsgelände „stürzen“, wollen wir der Kreutalm (810 m), die uns ein herrliches Alpenpanorama mit Blick auf den Kochelsee bietet, eine Chance geben. Falls wir mit Kindern unterwegs sind: Es gibt dort einen schönen Kinderspielplatz mit Trampolin! Die Küche ist regional ausgerichtet und bietet wöchentlich wechselnde

EXTRA-TIPP

Freilichtmuseum Glentleiten: Auf über 25 Hektar Ausstellungsfläche steht hier ein Stück Oberbayern im Kleinen. Bauernhöfe, Handwerksbetriebe, Ställe, Bauerngärten, ein Kramerladen. Bauern- und Dorfleben, wie es noch vor 50 Jahren Realität war. Öffnungszeiten: von ca. 20. März bis Anfang November von Dienstag bis Sonntag 9 bis 18 Uhr, im Juli/August sowie an Feiertagen auch montags geöffnet, www.glentleiten.de

bayerische Gerichte wie Gemüsestrudl, Wuildererpfandl, Kässpatzen, Kaiserschmarrn, Forellen, Renken und natürlich auch Wildgerichte sowie diverse Brotzeiten. Für den süßen Gaumen gibt es Apfelstrudel, Topfenstrudel und diverse Kuchen.

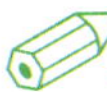

TOURISTINFO

Tourist-Information Kochel am See
Bahnhofstr. 23 • 82431 Kochel am See
Telefon: 0 88 51/3 38
www.kochel.de oder
Gemeinde Schlehdorf: www.schlehdorf.de

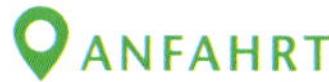

ANFAHRT

Mit dem Auto: Auf der Garmischer Autobahn (A 95) bis zur Ausfahrt Murnau/Kochelsee, dann auf der St. 2062 über Großweil nach Schlehdorf. Parkmöglichkeiten im Ort (z. B. hinter dem Gasthof Klosterbräu). **Mit Bahn & Bus:** Mit der Bahn von München über Weilheim und Murnau nach Kochel am See; von dort weiter mit dem RVO-Bus nach Schlehdorf.

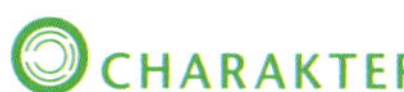

CHARAKTER

Leichte Wanderung auf breitem Wanderweg bzw. Wirtschaftsweg, einige Passagen auf Wiesenpfad

HÖHENUNTERSCHIEDE

Von Schlehdorf um den Bromberg nach Glentleiten: 260 Hm im Anstieg, wenige Meter im Abstieg; Abstieg nach Schlehdorf: 200 Hm

AUSGANGS- UND ENDPUNKT

Ortsmitte von Schlehdorf (609 m)

GEHZEITEN

Von Schlehdorf zum Freilichtmuseum Glentleiten 1 1/2 Std.; Rückweg nach Schlehdorf 1 1/4 Std. Gesamtgehzeit: 2 3/4 Std.

KARTENHINWEIS Topographische Karte 1:50 000 Blatt „Tölzer Land – Starnberger See" (LDBV)

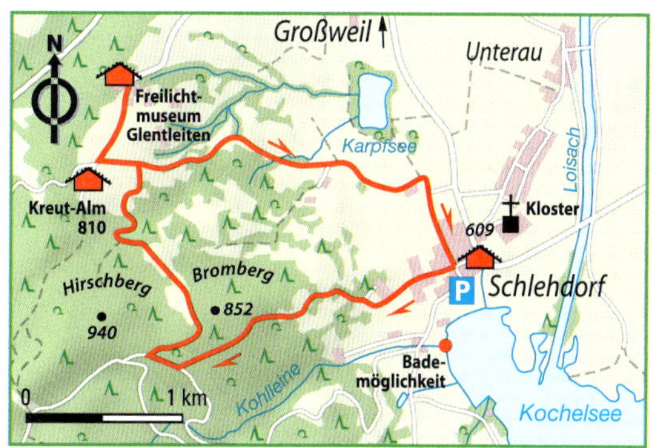

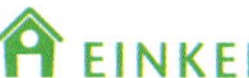

EINKEHR

Kreutalm (810 m), von Mitte März bis Mitte November durchgehend bewirtschaftet, bei schlechtem Wetter Montag Ruhetag; Tel. 0 88 41/58 22, www.kreutalm.de/
Freilichtmuseum Glentleiten: **Salettl** mit historischem Biergarten, **Kramerladen** mit kleinem Biergarten (Brotzeiten), Museumsgaststätte **Starker Stadel** (Selbstbedienung), www.glentleiten.de
Gasthof-Hotel Klosterbräu (Tel. 0 88 51/2 86, www.klosterbraeu-schlehdorf.de/) sowie **Fischerwirt** (Tel. 0 88 51/4 84, www.fischerwirt-schlehdorf.de/) in Schlehdorf

... UND NOCH EIN TIPP

Südlich von Schlehdorf gibt es einen schönen Badeplatz am Kochelseeufer. Weitere Bademöglichkeiten gibt es am jenseitigen Ufer sowie im TRIMINI. – Hinweis: Auf dem Kochelsee gibt es auch eine Schifffahrt: Ausflugsboote verkehren zwischen Schlehdorf, Altjoch und Kochel am See.

42 VOM BERGGASTHAUS ECKBAUER DURCH DIE PARTNACHKLAMM

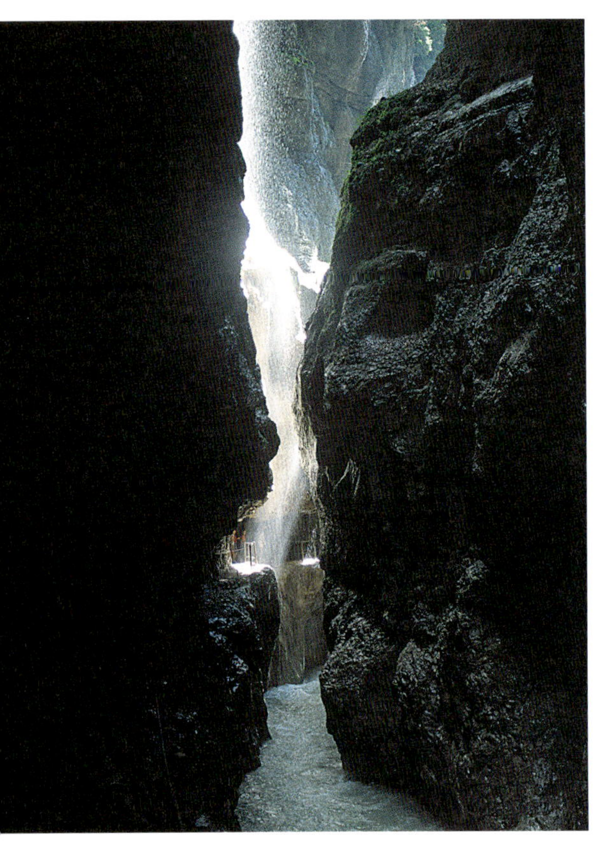

In der Partnachklamm

Tiefer geht's nicht im Wetterstein

Die Durchwanderung der Partnachklamm gehört zweifelsohne zu den Highlights im Wettersteingebirge. Wir machen's bequem und wandern vom Eckbauer talwärts. Wer Probleme mit den Knien hat, macht's natürlich andersherum.

Die Klammwanderung

Von der Bergstation der Eckbauerbahn schlendern wir über freies Gelände in wenigen Minuten sehr aussichtsreich hinüber zum Berggasthaus Eckbauer, der an der Hangkante über dem Hintergraseck thront. Direkt vor uns erhebt sich augenfällig die markante Alpspitze, rechts dahinter erkennen wir den lang gestreckten Felsenkamm der Zugspitze. Dort leitet uns (gut ausgeschildert) dann ein serpentinenreicher Steig hinab durch Wald zur Partnach. Bei der Wegverzweigung kurz davor Umweg über Vordergraseck möglich (siehe auch Variante). Rechts dann am hier noch zahmen Bach entlang und in die tosende Schlucht hinein. Ein gut gesicherter Steig leitet uns talwärts. Am Klammausgang (Gebühr) gibt es mehrere Einkehrmöglichkeiten, bevor wir uns mit der Kutsche zum Parkplatz zurückbringen lassen.

Variante

Von Vordergraseck können wir über die „Hohe Brücke" auf die andere Seite der Partnach wandern (70 m Tiefblick in die Klamm). Dort geht es links haltend hinauf zur Partnachalm. Von ihr führt ein Wirtschaftsweg hinab zum Ausgangspunkt.

FÜR DEN GAUMEN

Beim „Eckbauer" kommen nur heimische Produkte und Fleischwaren auf den Tisch. Die Karte bietet Schnitzel mit hausgemachtem Kartoffelsalat, Spinatkasspatzen, Brotzeiten und hausgemachte Suppen an. Für die Süßmäuler gibt es Kaiserschmarrn, Germknödel und Kuchen.

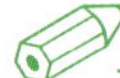

TOURISTINFO

Tourist-Information
Richard-Strauß-Platz 2
82467 Garmisch-Partenkirchen
Telefon: 08821/180700
www.gapa.de

KARTENHINWEIS Topographische Karte 1:50000 Blatt „Werdenfelser Land“ (LDBV)

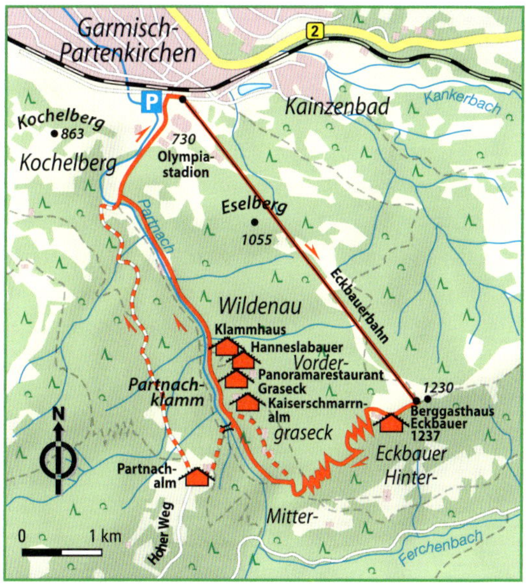

ANFAHRT

Mit dem Auto: Auf der Garmischer Autobahn (A 95) bis zum Autobahnende, dann auf der B 2 weiter in Richtung Garmisch-Partenkirchen; nach dem Tunnel weiter in Richtung Mittenwald. Im Ort der Ausschilderung zur Eckbauerbahn bzw. zum Olympia-Skistadion folgen; dort befindet sich ein großer gebührenpflichtiger Parkplatz.
Mit Bahn & Bus: Mit der Bahn nach Garmisch-Partenkirchen; von dort mit dem Ortsbus weiter bis zur Haltestelle Olympia-Skistadion.

CHARAKTER

Leichte Bergabwanderung, die jedoch an einigen Stellen Trittsicherheit erfordert. Der Übergang von der Bergstation zum Berggasthaus Eckbauer erfolgt auf breitem Wanderweg, der Abstieg zur Partnachklamm jedoch über steile, gestufte Serpentinen. Der Klammweg ist gut gesichert mit Geländern und Seilen. Auf Kinder jedoch gut aufpassen! – Die Abstiegsvariante führt zunächst über einen Bergwanderweg hinauf zur Partnachalm, von dort leitet uns ein bequemer und breiter Wirtschaftsweg hinab ins Tal.

HÖHENUNTERSCHIEDE

Von der Bergstation zum Berggasthaus Eckbauer: nur wenige Hm, Abstieg vom Eckbauer ins Tal: 500 Hm

AUSGANGS- UND ENDPUNKT

Bergstation der Eckbauerbahn (1230 m)
Endpunkt am Großparkplatz am Olympia-Skistadion (730 m)

GEHZEITEN

Von der Bergstation der Eckbauerbahn zum Berggasthaus Eckbauer 10 Min.; Abstieg vom Eckbauer ins Tal 1 3/4 Std. Gesamtgehzeit: etwa 2 Std. – Abstiegsvariante über die Partnachalm 1 Std.

EINKEHR

Berggasthaus Eckbauer (1237 m), ganzjährig bewirtschaftet, Mittwoch Ruhetag (es gibt jedoch einen Kiosk mit Imbiss, der geöffnet ist); Tel. 08821/2214, www.eckbauer.de
Variante: **Panorama-Restaurant Graseck** (mit Selbstbedienungsimbiss) und **Berggasthof Hanneslabauer** (930 m), nahezu ganzjährig bewirtschaftet
Partnachalm (983 m), ganzjährig bewirtschaftet, Donnerstag Ruhetag; Tel. 02221/2615, www.partnach-alm.de

EXTRA-TIPP

Nicht weit vom Ausgangspunkt befindet sich das Kainzenbad für eine Erfrischung.

43 VON BADEPLATZ ZU BADEPLATZ RUND UM DEN EIBSEE

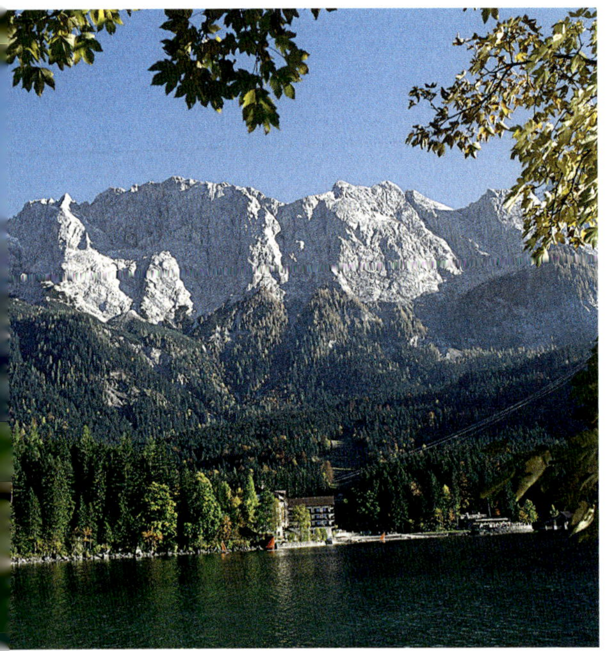

Am Eibsee

Die Zugspitze immer im Blick

Vermutlich hat ein prähistorischer Felssturz während der letzten Eiszeit am Fuß der Zugspitze eine bizarre Felslandschaft und damit auch den Eibsee geschaffen. 2000 Meter über den von Wald komplett eingerahmten Bergsee erhebt sich Deutschlands höchster Gipfel und gibt eine beeindruckende Kulisse ab. Im 35 Meter tiefen See befinden sich sieben kleine Inseln, die allesamt Namen des bayerischen Königshauses tragen. Bis 1880 standen am Eibsee nur zwei kleine Bauernhäuser, bis ein findiger Unternehmer den See ersteigerte und einen Gasthof und ein Hotel errichtete. Dem heutigen Trubel am See können wir aber schnell entkommen, wenn wir die Wanderstiefel schnüren. Und falls wir mal müde werden, es gibt immer wieder Ruhebänke am Weg.

Der Eibsee-Rundweg

Vom großen Parkplatz wandern wir die wenigen Meter hinab zum Eibsee mit Eibseehotel und Eibsee-Pavillon und treffen dort auf den ausgeschilderten See-Rundweg. Wir halten uns links und wandern nun immer am Seeufer bzw. durch Wald im Uhrzeigersinn um den See. Zunächst passieren wir den kleinen Frillensee (links) und die Badeanstalt. Dann verlassen wir den Uferweg und schlendern durch den stillen Nadelwald zum anderen Ende des Sees. Dort befindet sich eine Bedarfshaltestelle des Motorboots, das auf dem See verkehrt. Immer wieder kommen wir an lauschigen Plätzen vorbei, die zu einem Badeaufenthalt oder ein Picknick einladen. Die vor dem Nordufer des Eibsees liegenden sieben kleinen Inseln sind allesamt unbewohnt. Dort, wo der See eine Ausbuchtung macht, durchstreifen wir den Steinriglwald und treffen bald wieder auf den Eibsee mit den beliebtesten Badeplätzen. Bald ist auch der Steg an der Engstelle zwischen Eibsee und Untersee erreicht und von dort ist es auch nicht mehr weit zum Ausgangspunkt. – Um den Ausflug abzurunden, können wir uns

EXTRA-TIPP

Der Eibsee ist besonders für Familien mit Kindern immer einen Ausflug wert. Neben der schönen Wanderung rund um den See können wir auch mit dem Tretboot oder einem Ruderboot hinausfahren (direkt neben dem Eibsee-Pavillon) und den Blick auf die Zugspitze aus einer anderen Perspektive erleben. Außerdem gibt es dort einen Hochseilgarten und bei der Eibseealm auch einen Kinderspielplatz.

KARTENHINWEIS Topographische Karte 1:50000 Blatt „Werdenfelser Land“ (LDBV)

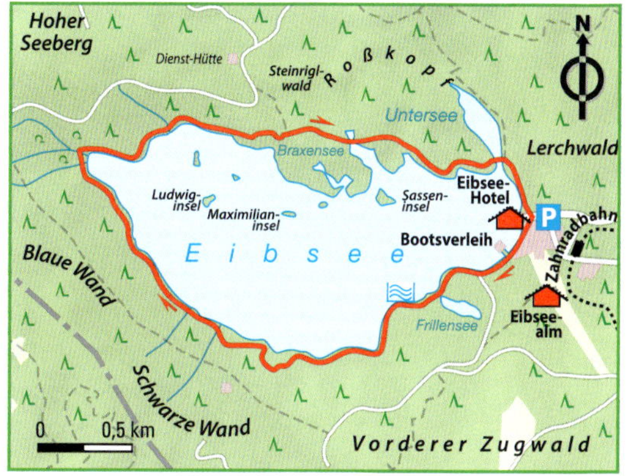

am Biergarten beim Eibsee-Hotel frischen Steckerlfisch gönnen.

FÜR DEN GAUMEN

In der Eibseealm, die etwa 5 Min. Gehzeit vom Eibsee entfernt auf einer aussichtsreichen Terrasse liegt, erwartet uns eine schmackhafte bayerische Küche, so z. B. Schweinsbraten mit Semmelknödel, Rahmschwammerl mit Semmelknödel oder Almschnitzel mit Speck.

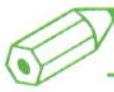

TOURISTINFO

Tourist-Information
im Kurhaus, Parkweg 8 • 82491 Grainau
Telefon: 08821/981850
www.grainau.de

ANFAHRT

Mit dem Auto: Auf der Garmischer Autobahn (A95) bis zum Autobahnende, dann auf der B2 weiter in Richtung Garmisch-Partenkirchen; nach dem langen Tunnel rechts raus und weiter auf der B23 der Ausschilderung nach Griesen/ Fernpass folgen. Kurz hinter Garmisch links ab und der Ausschilderung zum Eibsee (St. 2061) folgen. Am Ende der öffentlichen Straße erwartet uns ein gebührenpflichtiger Großparkplatz. Achtung: Auf diesem Parkplatz darf das Auto nicht über Nacht abgestellt werden.

Mit Bahn & Bus: Mit der Bahn über Murnau nach Garmisch-Partenkirchen; dort umsteigen in die Zugspitzbahn (nur wenige Minuten zu Fuß vom Bahnhof) und weiter zum Bahnhof Eibsee. Dorthin fährt auch ein RVO-Bus.

CHARAKTER

Leichte Wanderung auf guten und meist breiten Wanderwegen

HÖHENUNTERSCHIEDE

Maximal 50 Hm

AUSGANGS- UND ENDPUNKT

Großparkplatz am Ende der öffentlichen Straße (970 m) kurz vor dem Eibsee

GEHZEITEN

Für die gesamte Runde muss man maximal 2 Std. veranschlagen, da ist dann der eine oder andere Blick in die Landschaft noch drin.

EINKEHR

Eibsee-Hotel (970 m) mit Terrasse, ganzjährig bewirtschaftet, Restaurant nur für Hotelgäste; Tel. 08821/98810, www.eibsee-hotel.de
Eibseealm (960 m), nahezu ganzjährig bewirtschaftet, Dienstag Ruhetag; Tel. 08821/82411, www.grainau.de/a-eibsee-alm
Eibsee-Pavillon (960 m) mit Biergarten und großer Terrasse, ganzjährig bewirtschaftet; Tel. 08821/9881439, www.eibsee.de/de/eibsee-pavillon
Wer Zeit mitbringt, füllt seinen Rucksack mit Schmackhaftem und lässt sich auf einem der schönen Picknickplätze am See nieder.

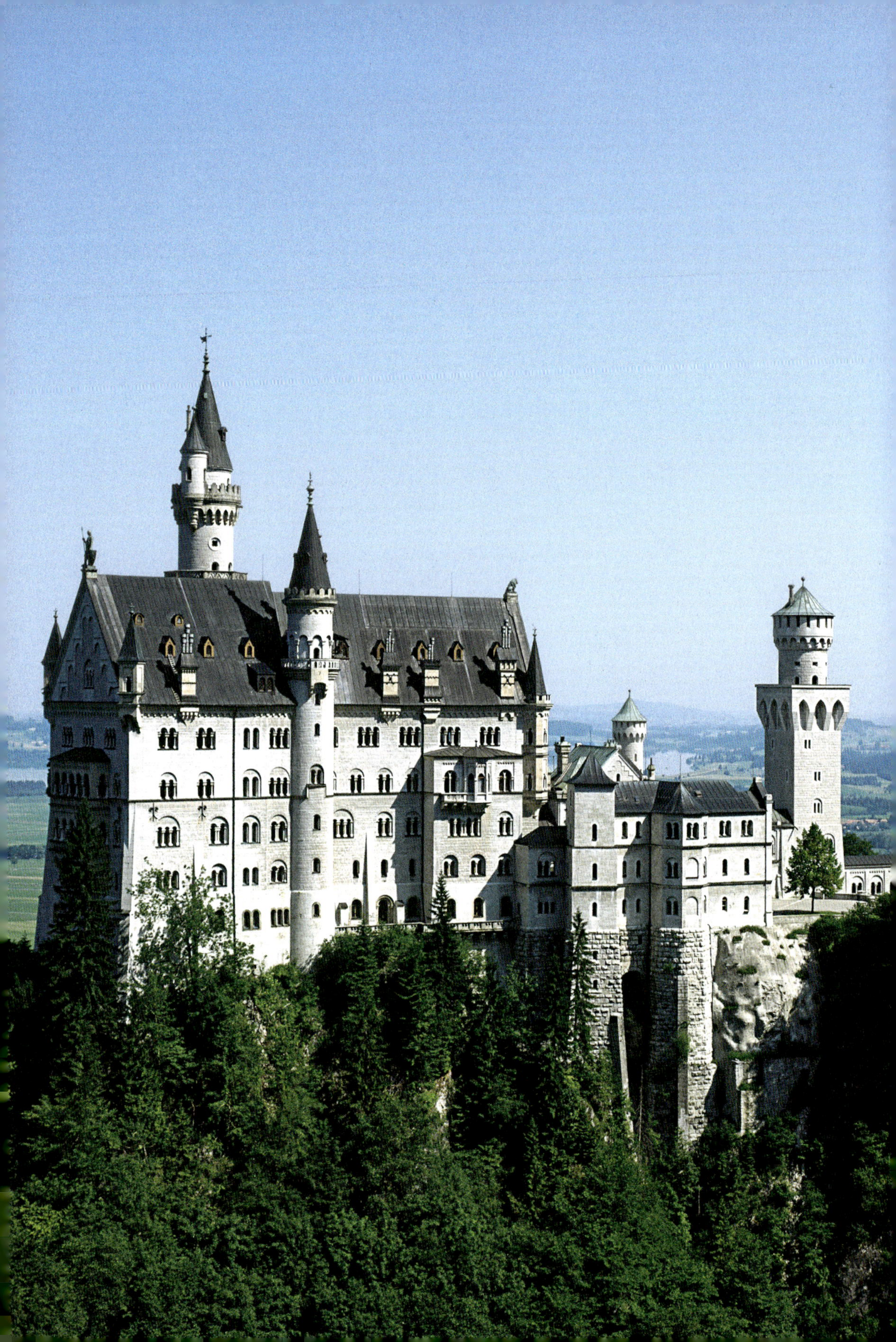

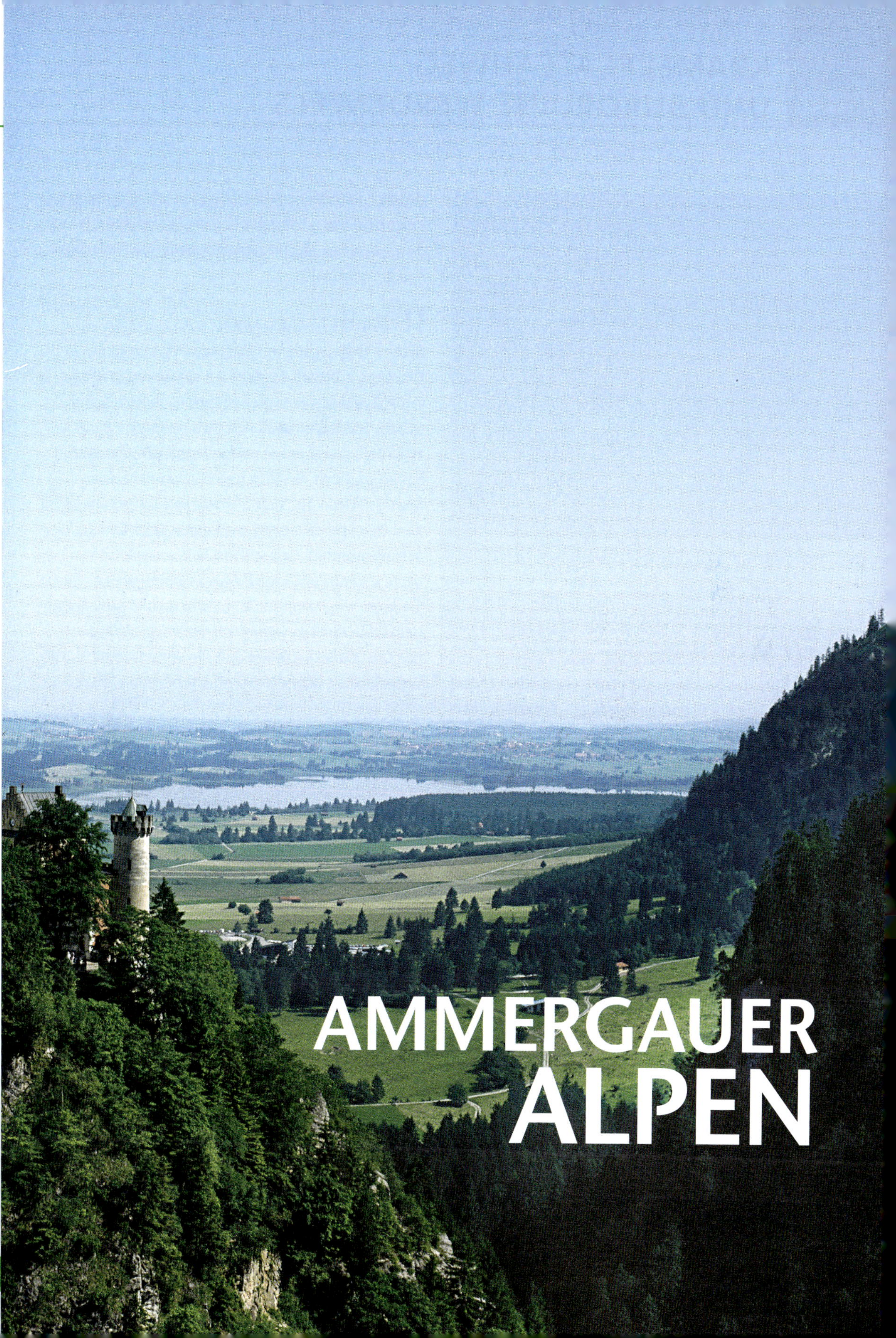

AMMERGAUER ALPEN

45 VON OBERAMMERGAU AUF DEN KOFEL

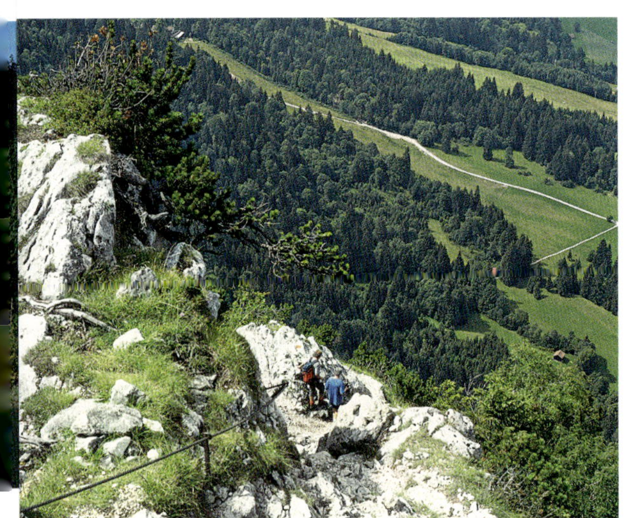

Tiefblick vom Kofel

Steiler Zahn über dem Passionsspielort

Der Kofel ist unübersehbar das Wahrzeichen von Oberammergau, nicht besonders hoch, aber sehr markant. Ein Sessellift erspart uns einen Großteil der Anstiegsmeter und so handelt es sich bei diesem Ausflug um einen Höhenweg mit einem zackigen Gipfelabstecher und eine Wanderung bergab. Davor stärken wir uns jedoch noch in der urigen Kolbensattelhütte, die im Jahre 2012 grundlegend umgebaut und erweitert wurde. Damals wurde das ganze „Hüttenkonzept" erneuert, und nun treffen sich hier oben die Familien, die ihren Kindern kleine Bergabenteuer bieten wollen. In Sichtweite der Hütte gibt es einen Bergabenteuerspielplatz mit Turmanlage, einen Spurenkreisel und Balancierstämme. Die Holztürme sind durch Kletterseile und Rutschen miteinander verbunden. Spaß & Action bietet auch der neue Alpine Coaster, eine wetterfeste Rodelbahn mit Magnetbremsen.

Die Gipfelwanderung

Von der Bergstation der Kolbensattelbahn schlendern wir die wenigen Meter hinüber zur Kolbensattelhütte und lassen es uns dort erst mal gut gehen, denn auf der gesamten Abstiegsrunde gibt es keine weitere Einkehrstation, daher nehmen wir zumindest etwas zum Trinken mit auf unsere Tour. Anschließend queren wir ein Stück Bergwiese und steigen kurz zum quer führenden Höhenweg an. Dort halten wir uns links und bald nimmt uns lichter Wald auf. Wir wandern nun auf dem Königssteig nahezu eben durch die bewaldete Nordseite des Brunnbergs zum Kofelsattel mit einem Unterstandshüttchen. Dort halten wir links auf die Gipfelfelsen zu. Ein gesicherter Steig leitet uns zu einer Scharte und jenseits dieser weiter zum Gipfel. – Zurück zum Gipfelfuß und links über den steilen Serpentinenweg hinab zu einer großen Bergwiese. Dort halten wir uns zweimal links und wandern am Fuße des Kofels auf dem Grottenweg zurück zum Ausgangspunkt.

FÜR DEN GAUMEN

Auf der Kolbensattelhütte ist natürlich „bayerisch" angesagt, da gibt es Brotzeiten und Schmankerl, wie man sie sich auf so einer Hütte erträumt: Rahmschwammerl mit Semmelknödel, Reiberdatschi, Kaiserschmarrn und dergleichen.

EXTRA-TIPP

Die Pfarrkirche von Oberammergau gehört zu den stilreinsten Rokokokirchen im Pfaffenwinkel. Erbaut wurde sie von 1736 bis 1746 von J. Schmuzer, dem Wessobrunner Baumeister.

KARTENHINWEIS **Topographische Karte 1:50 000 Blatt „Werdenfelser Land“ (LDBV)**

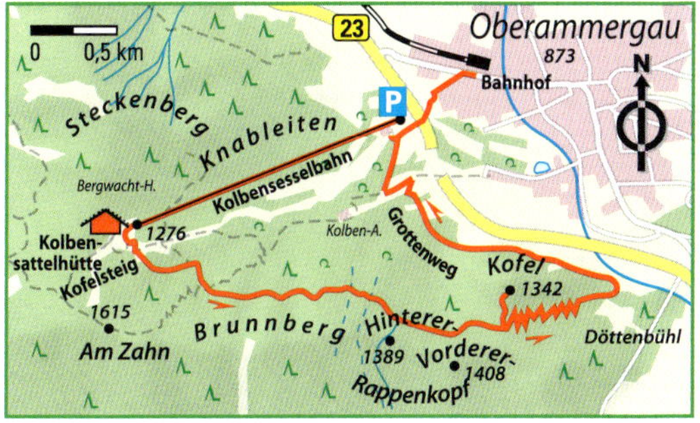

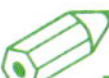

TOURISTINFO

Ammergauer Alpen GmbH
Eugen-Papst-Str. 9a
82487 Oberammergau
Telefon: 088 22/922 74 40
www.ammergauer-alpen.de

ANFAHRT

Mit dem Auto: Auf der Garmischer Autobahn (A95) bis zum Ende, dann weiter auf der B2 bis Oberau; dort rechts ab und über den Ettaler Sattel nach Ettal und weiter nach Oberammergau. Bei der zweiten Abfahrt rechts in Richtung Ortsmitte, sogleich jedoch wieder rechts unter der B23 hindurch und zur Talstation der Kolbensesselbahn; dort großer Wanderparkplatz (874 m).

Mit Bahn & Bus: Mit der Bahn von München über Weilheim nach Murnau; dort umsteigen in die Regionalbahn zum Endbahnhof in Oberammergau, dann weiter zu Fuß (ausgeschilderter Weg) zur Talstation der Kolbensesselbahn.

... UND NOCH EIN TIPP

Zwar finden sie nur alle 10 Jahre statt, aber für viele sind sie ein „Muss“: die Oberammergauer Passionsspiele. Alle Mitwirkenden sind Oberammergauer. Die Karten müssen Jahre im Voraus bestellt werden.

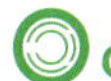

CHARAKTER

Überwiegend leichte Wanderung auf Wirtschaftswegen und breiten Wanderwegen; der schwindelfreien Bergwanderern vorbehalten (mit Drahtseilen gesicherter Steig). Aber auch „ohne“ ist diese Wanderung ein voller Genuss.

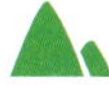

HÖHENUNTERSCHIEDE

Abstiegsrunde von der Bergstation der Kolbensesselbahn: 410 Hm, kurze Gegenanstiege; Gipfelanstieg zum Kofel: 127 Hm im Auf- wie im Abstieg

AUSGANGS- UND ENDPUNKT

Bergstation der Kolbensesselbahn (1276 m)

BERGBAHN

Kolbensesselbahn, Doppelsesselbahn, ganzjährig in Betrieb, während der Wandersaison von Mai bis Mitte Juli an Wochenenden, von Mitte Juli bis Mitte Oktober durchgehender Betrieb 9 bis 16.30 Uhr; Tel. 088 22/47 60

GEHZEITEN

Von der Bergstation zum Fuß des Kofels 1 Std.; Abstieg zur Talstation der Kolbensattelbahn 1 Std.; Gipfelabstecher 40 Min. Gesamtgehzeit: etwa 2 3/4 Std.

EINKEHR

Kolbensattelhütte (1270 m), privat, nahezu ganzjährig bewirtschaftet; Tel. 088 22/47 60, www.kolbensattel.de/kolbensattelhuette
Zahlreiche Gaststätten in Oberammergau

46 VON OBERAMMERGAU DURCHS GRASWANGTAL NACH LINDERHOF

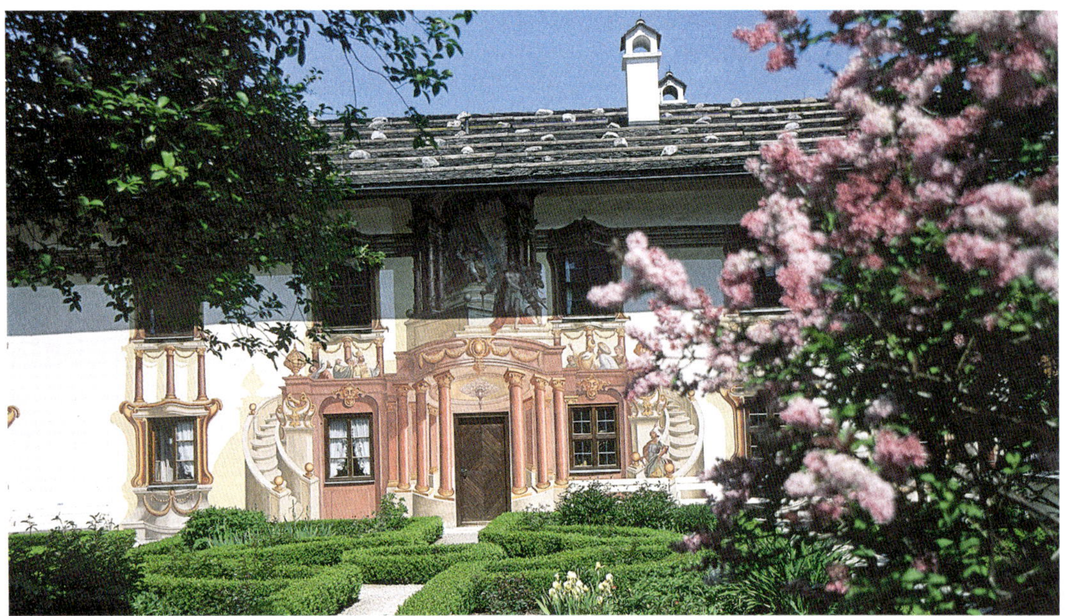

Das Pilatushaus in Oberammergau

Zum Schloss des Märchenkönigs

Das Graswangtal war früher sicherlich eine Oase der Ruhe, und in Teilen ist es das sicher heute noch. Doch es gibt dort einen Anziehungspunkt, der Ausflügler geradezu anzieht: das Schloss Linderhof des „Märchenkönigs". Auch auf uns übt dieses prunkvolle Schloss eine nicht unerhebliche Anziehungskraft aus, doch wir wollen uns ihm auf klassische Weise, „per pedes" also, nähern. Als Ausgangspunkt wählen wir den Holzschnitzer- und Passionsspielort, wo es schon zum Auftakt viel zu sehen gibt.

Die Talwanderung

Von der Ortsmitte in Oberammergau folgen wir zunächst dem Pürschlingweg und der König-Ludwig-Straße zur Ammer; dort queren wir die Ammerbrücke und wandern auf der anderen Seite am Fluss entlang zur B23, unterqueren diese und wandern dann am Friedhof entlang weiter zum Döttenbühl, wo wir auf den gesperrten Wirtschaftsweg nach Linderhof treffen. Wir halten uns rechts und wandern am Bergfuß entlang (links liegt das Weidmoos, das besonders im Frühjahr ein wahres Blumenparadies darstellt). Bei der Brücke über einen Zufluss der Kleinen Ammer haben wir die Möglichkeit, entweder rechts am Dickenwald entlangzuwandern oder nach der Brücke rechts durch das Gebiet der Ammerquelle. Die Wege treffen sich wieder und auf einem Wirtschaftsweg geht es vorbei am Weiler Rahm immer am Bergfuß entlang nach Graswang. Wir umgehen den Ort nordseitig (Einkehr im Ort bzw. bei der Gröblalm etwas außerhalb) und treffen auf den breiten Kohlweg. Dort halten wir uns rechts und wandern leicht ansteigend durch Wald

KARTENHINWEIS Topographische Karte 1:50000 Blatt „Werdenfelser Land" (LDBV)

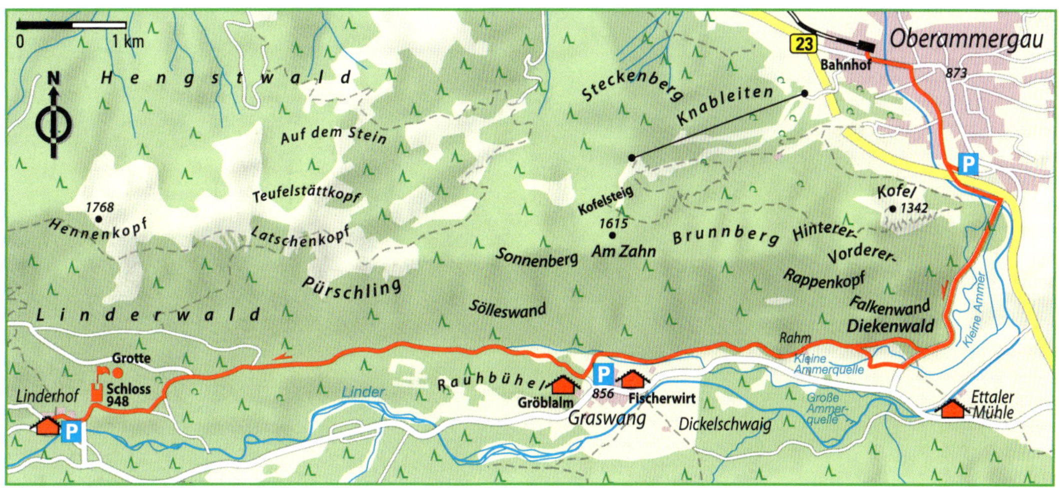

und Wiesen weiter nach Linderhof, wobei wir uns bei den beiden Wegverzweigungen jeweils links halten.

Die Rückkehr erfolgt dann entweder auf dem Hinweg oder wir nehmen einen der Busse, die Linderhof mit Oberammergau verbinden.

EXTRA-TIPP

Schloss Linderhof ist nicht das größte, wohl aber das am häufigsten besuchte des Märchenkönigs Ludwig II. Das im Zeitraum zwischen 1869 bis 1878 im Stil des späten Rokoko erbaute Schlösschen steht an der Stelle des Jagdhauses von Ludwigs Vater Max II, das kurzerhand versetzt worden war. Ursprünglich war im Graswangtal ein „zweites Versailles" geplant, doch waren wohl die Mittel dafür nicht vorhanden. Man baute stattdessen die königliche Villa zu einem Schloss aus und legte nach Entwürfen von Carl von Effner einen Schlosspark an. So entstand ein beeindruckender Landschaftsgarten, der nahtlos in den freien Hochgebirgswald oberhalb überleitet. Im Park und den umliegenden Wäldern ließ der König exotisch anmutende Bauten wie den Maurischen Kiosk, das Marokkanische Haus, die Venusgrotte und die Hundinghütte (die zweimal abgebrannte Hütte – zum letzten Mal im Jahre 1945 – wurde jeweils wieder aufgebaut) errichten, die sämtlich Szenen aus den Opern „Tannhäuser" und der „Walküre" von Richard Strauß nachempfunden wurden. Beeindruckend ist auch das Wasserspiel mit der Riesenfontäne. Die prächtigen Innenräume des Schlosses mit dem Spiegelsaal, dem Prunkschlafzimmer, dem Audienzzimmer und dem Speisezimmer können nur im Rahmen einer Führung besichtigt werden. Öffnungszeiten: Von Anfang April bis Mitte Oktober täglich 9 bis 18 Uhr, im Winterhalbjahr 10 bis 16 Uhr. Tel. 08822/92030.

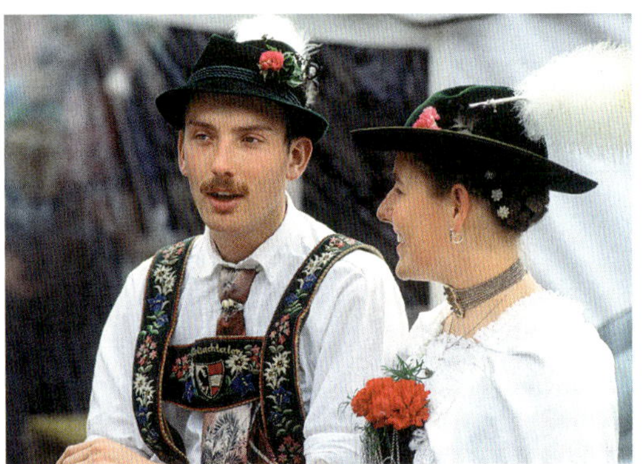

Die bayerische Tracht ist auch heute noch eine Selbstverständlichkeit im Oberland.

FÜR DEN GAUMEN

Direkt an unserem Wanderweg befindet sich keine Einkehrstelle, obgleich uns in Linderhof das Schlosshotel erwartet. Mit einem Schlenker auf halbem Weg können wir in Graswang beim Berggasthof Gröblalm Einkehr halten. Das auf einer kleinen Anhöhe gelegene Ausflugsgasthaus bietet Fleisch aus eigener Landwirtschaft und Metzgerei sowie saisonal Wild aus dem Ammertal. Kalbsrahmbraten, Pfeffersteak und natürlich auch Schweinshaxen gehören zum Repertoire der Küche.

... UND NOCH EIN TIPP

Ein Rundgang durch Oberammergau lässt uns schnell erkennen, warum dieser Ort weit über die Grenzen hinaus bekannt und beliebt ist. Er weist heute noch ein ansprechendes alpenländisches Flair auf, schmückt sich mit zahllosen Lüftlmalereien und ist vor allem durch seine Holzschnitzer und das Passionsspiel berühmt geworden.
Einen Einblick in die seit Jahrhunderten geförderte Kunst (Schnitzschule) können wir im Heimatmuseum (Dorfstraße 8) gewinnen. Es gibt immerhin noch über 100 aktive Holzschnitzer im Ort, von denen viele einen eigenen Laden haben.

TOURISTINFO

Ammergauer Alpen GmbH
Eugen-Papst-Str. 9a • 82487 Oberammergau
Telefon: 08822/922740
www.ammergauer-alpen.de

ANFAHRT

Mit dem Auto: Auf der Garmischer Autobahn (A95) bis zum Ende, dann weiter auf der B2 bis Oberau; dort rechts ab und über den Ettaler Sattel

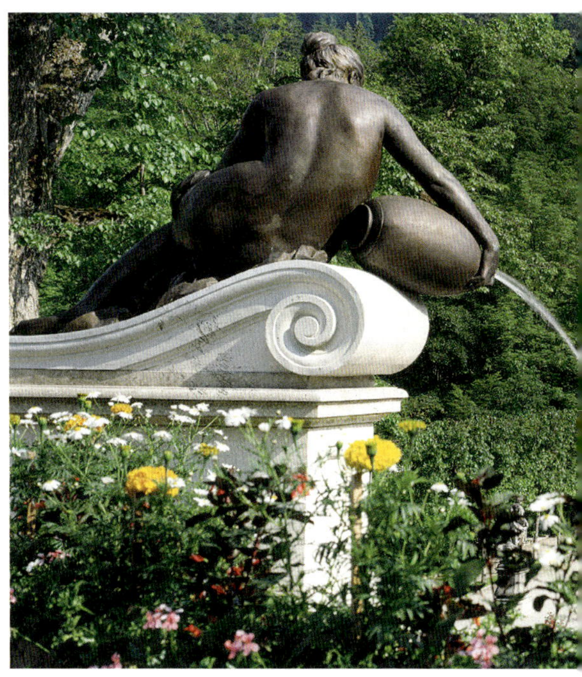

nach Ettal und weiter nach Oberammergau. Bei der ersten Abfahrt rechts und Richtung Ortsmitte, nach ca. 1 Kilometer befindet sich links ein großer Wanderparkplatz.

Mit Bahn & Bus: Mit der Bahn von München über Weilheim nach Murnau; dort umsteigen in die Regionalbahn zum Endbahnhof in 140) Oberammergau, dann weiter zu Fuß.

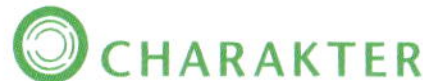

CHARAKTER

Leichte Wanderung auf breitem Wanderweg bzw. Wirtschaftsweg

HÖHENUNTERSCHIEDE

Überwiegend eben! Insgesamt etwa 100 Hm

AUSGANGS- UND ENDPUNKT

Bahnhof / Ortsmitte von Oberammergau (873 m)

GEHZEITEN

Von Oberammergau nach Graswang 2 Std., Weiterweg nach Linderhof 1 ¾ Std.; Rückweg auf dem Hinweg 3 ¾ Std. Gesamtgehzeit: 7½ Std. – Von Linderhof können wir jedoch auch mit dem Bus nach Oberammergau zurückkehren.

EINKEHR

Gröblalm (900 m) in Graswang, ganzjährig bewirtschaftet, 15 Zimmer; Tel. 08822/6434, www.groeblalm.de

Gasthof Fischerwirt in Graswang (866 m), ganzjährig bewirtschaftet, Zimmer und Ferienwohnung; Tel. 08822/6352, www.zum-fischerwirt.de

Schlosshotel Linderhof, ganzjährig bewirtschaftet; Tel. 08822/790

Zahlreiche Gaststätten in Oberammergau

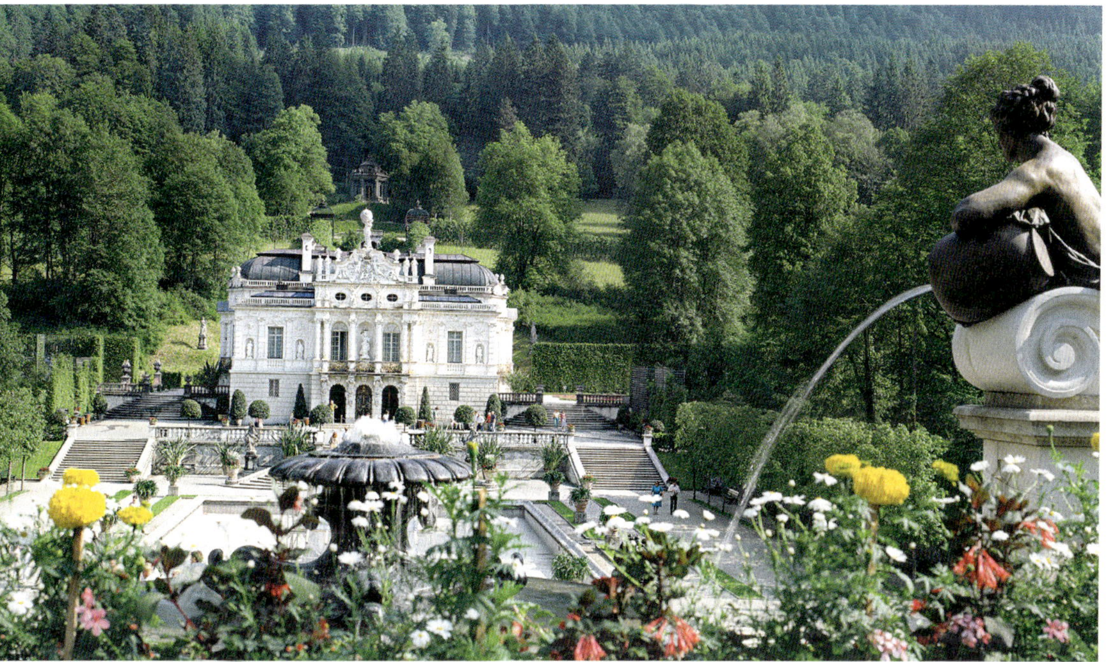

Schloss Linderhof mit Parkanlage

47 MIT DER LABERBERGBAHN IN DIE HÖHE UND UMS ETTALER MANNDL

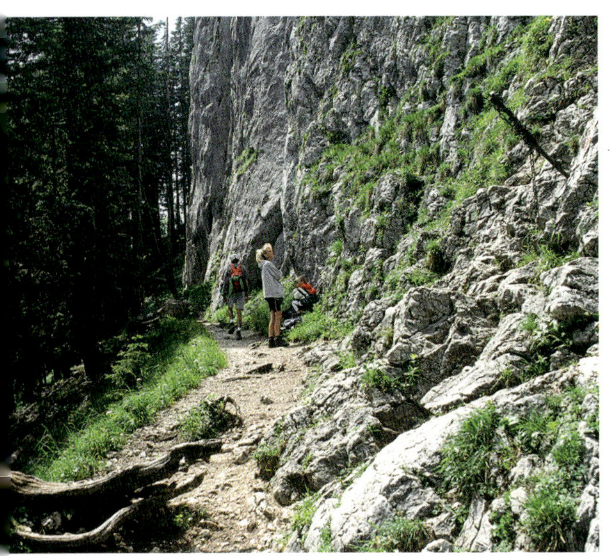

Am Gipfelfuß des Ettaler Manndls

Steiler Felszapfen über dem Alpenvorland

Diese Höhenwanderung am Laberberg gehört zu den Klassikern in den bayerischen Voralpen. Bequem geht es mit der Laberbergbahn in die Höhe, dann umrunden wir auf einem schönen Höhenweg das Ettaler Manndl, das für nicht Schwindelfreie eine kleine Herausforderung darstellt. Dann wandern wir hinab zu einem kleinen Bergsee und mit nur einem kleinen Gegenanstieg sind wir wieder an der Bergstation. Und ohne große Anstrengung haben wir einen ganzen Bergtag gefüllt und viel Schönes gesehen und erlebt.

Die Gipfelwanderung

Von der Bergstation der Laberbergbahn folgen wir dem ausgeschilderten Wanderweg leicht bergab in Richtung Ettaler Manndl. Der gut angelegte Steig - mit Stufen und Geländern versehen - bringt uns zuerst zum Nebelesattel. Dort halten wir uns rechts und wandern durch Wald zum Fuß des Ettaler Manndls (Abstecher zum Gipfel über Klettersteig). Wir folgen weiter dem Bergsteig und steigen über Serpentinen durch Bergwiesen zurück zur Bergstation oder wir nehmen den rechts abzweigenden breiten Weg über die Soilaalm und den Bärenbadflecken direkt hinab nach Oberammergau.

Variante

Abstieg über Soilaalm und Bärenbadflecken: Vom kleinen Soilesee führt zunächst ein sich rechts haltender Wanderweg hinab zu einem breitem Wirtschaftsweg, dem wir talwärts folgen. Links am Weg befindet sich die kleine Soilaalm, die mit Getränken und einfachen Brotzeiten lockt. Dort kürzen wir die Forststraße ein wenig ab und wandern dann auf dieser bequem hinab nach St. Gregor zum Ausgangspunkt.

FÜR DEN GAUMEN

Auf der großen Terrasse des Labergipfelhauses gibt es Brotzeiten, Suppen und einige warme Gerichte, in der Soilaalm am Abstiegsweg können wir noch kurz für eine einfache Brotzeit und Getränke einkehren. Am schönsten ist aber ein Picknick am idyllischen Soilasee. Also den Rucksack gut füllen!

EXTRA-TIPP

Im Pilatushaus (geöffnet von Dienstag bis Sonntag 10 bis 17 Uhr) in Oberammergau können wir Einblick in die Holzschnitzkunst bekommen, für die der Ort – neben den Passionsspielen – einen guten Ruf hat. Das Haus gilt auch als das wichtigste Zeugnis der Lüftlmalerei im Oberland.

ANFAHRT

Mit dem Auto: Auf der Garmischer Autobahn (A 95) bis zum Ende, dann weiter auf der B 2 bis Oberau; dort rechts ab und über den Ettaler Sattel nach Ettal und weiter nach Oberammergau. Bei der ersten Abfahrt rechts und Richtung Ortsmitte, bald wieder rechts und der Ausschilderung zur Laberbergbahn folgen; dort großer Wanderparkplatz. **Mit Bahn & Bus:** Mit der Bahn von München über Weilheim nach Murnau; dort umsteigen in die Regionalbahn zum Endbahnhof in Oberammergau, dann weiter zu Fuß oder mit dem Ortsbus zur Talstation der Laberbergbahn.

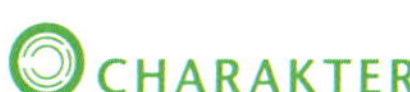

CHARAKTER

Leichte Wanderung auf Bergwanderwegen und Bergsteigen, teilweise mit Geländer gesichert. Die Abstiegsvariante über die Soilaalm verläuft auf einem Wirtschaftsweg. Wer sich den Gipfelanstieg auf das Ettaler Manndl zutraut, muss Trittsicherheit und Schwindelfreiheit mitbringen. Die Route ist mit einer langen Eisenkette gesichert (Klettersteig).

HÖHENUNTERSCHIEDE

Von der Bergstation hinab zum Soilesee: 300 Hm im Abstieg; Wiederanstieg zur Bergstation: 300 Hm

AUSGANGS- UND ENDPUNKT

Bergstation der Laberbergbahn (1683 m)

BERGBAHN

Laberbergbahn, Viererkabinen-Umlaufbahn, ganzjähriger Betrieb (mit Ausnahme der Revisionszeiten) täglich 9 bis 17 Uhr, im Sommer bis 17.30 Uhr; Mittagspause von etwa 12 bis 13 Uhr. Tel. 088 22/47 70

GEHZEITEN

Von der Bergstation zum Fuß des Ettaler Manndls 40 Min.; Gipfelabstecher 1/2 Std., Weiterweg zum Soilasee 20 Min.; Wiederanstieg zur Bergstation 1 Std. Gesamtgehzeit: Std. 2 1/2 Std. – Abstieg über den Bärenflecken nach Oberammergau (Variante) 1 1/2 Std.

KARTENHINWEIS **Topographische Karte 1:50000 Blatt „Werdenfelser Land" (LDBV)**

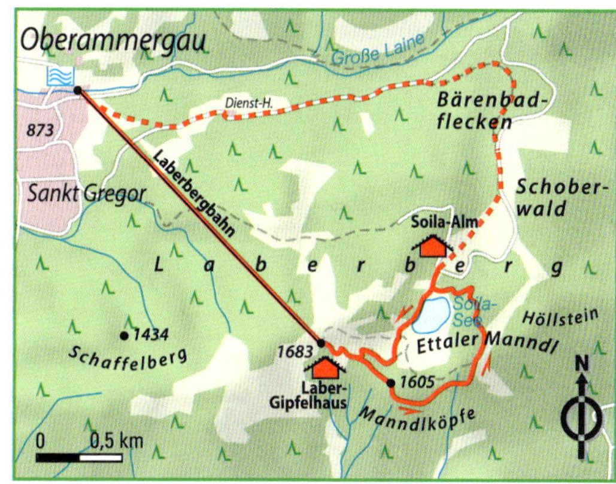

EINKEHR

Laber-Gipfelhaus (1686 m), nahezu ganzjährig bewirtschaftetes Gipfelhaus bei der Bergstation mit großer Terrasse; www.laber-bergbahn.de/berggasthaus

Soilaalm (1340 m), im Sommer einfach bewirtschaftet; Tel. 01 73/9 87 32 96

Zahlreiche Gaststätten in Oberammergau

... UND NOCH EIN TIPP

Und falls uns nach der Wanderung nach einem Bad gelüstet: Mit dem WellenBerg – gleich in der Nähe der Talstation der Laberbahn – verfügt Oberammergau über eine Vorzeigeanlage. Öffnungszeiten: täglich 10 bis 21 Uhr; Tel. 08 82 /92 360, www.wellenberg-oberammergau.de

48 VON DER HÖRNDLHÜTTE AUF DEN MAXIMILIANSWEG

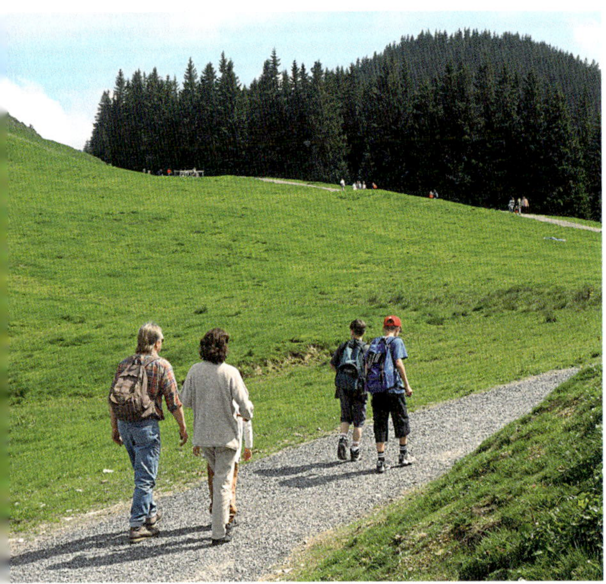

Der Höhenweg auf dem Hörnle

Gipfelhüpfer über Bad Kohlgrub

Das Hörnle ist der am weitesten vorgeschobene Gipfel der Ammergauer Alpen. Dementsprechend großartig ist auch die Aussicht von dort oben, die wir uns bei unseren Ausflügen ins Alpenvorland nicht entgehen lassen wollen. Bequem, wie wir sind, nehmen wir das Angebot gerne an, uns von der Hörnlebahn in die Höhe tragen zu lassen. Falls wir nicht gleich bei der Alpenvereinshütte hängen bleiben und nur die Aussicht und ein kühles Bier genießen wollen, machen wir uns auf und promenieren ein Stück auf dem „Maximiliansweg". Dieser vom Bodensee kommende Weitwanderweg führt direkt über das Hörnle und endet in Berchtesgaden. Von diesem reizvollen und leicht zu begehenden Höhenweg können wir dann den drei leichten Gipfeln des Hörnles aufs Haupt steigen und die Aussicht aufs Alpenvorland noch intensiver auskosten.

Die Gipfelwanderung

Von der Bergstation der Hörnlebahn wandern wir zunächst erst einmal die paar Meter hoch zur Hörndlhütte, einer Alpenvereinshütte der Sektion Starnberg. Die Terrasse und die schmackhaften Gerichte aus der Küche heben wir uns für später auf und wandern, uns links haltend, auf einem breiten Almweg (alles gut markiert) hinauf in Richtung Vorderes Hörnle (1484 m). Über einen kurzen steilen Wiesenpfad könnten wir uns bereits ein erstes Gipfelerlebnis holen. Wir wandern weiter, seitlich am Gipfel vorbei, und gelangen so zum Mittleren Hörnle (1496 m). Hier ergibt sich ebenfalls die Option einer kleinen Gipfelüberschreitung, bevor wir zur kleinen Hörnlealm gelangen. Auf dem Almfahrweg steuern wir dann das Hintere Hörnle (1548 m) und damit auch die höchste Erhebung an. Über freie Wiesenhänge ist auch dieser reizvolle Gipfel schnell erreicht. Die Rückkehr zur Bergstation erfolgt auf dem Herweg.

Variante

Vom Hinteren Hörnle können wir auch direkt ins Tal absteigen: Wir nehmen den markierten Pfad über den Elmauberg durch Wald hinab zu einer Forststraße, halten uns dann auf dieser links, der dritten Verzweigung dann rechts und wandern über Schönau und Obernau hinab nach Bad Kohlgrub.

FÜR DEN GAUMEN

Auf der Hörndlhütte gibt es kräftige Bergsteigerbrotzeiten und verschiedene warme Gerichte. Wir dürfen uns freuen auf: Schupfnudeln mit Kraut, Kässpatzen, Schweinsbraten, diverse Suppen und natürlich auch auf einen Kaiserschmarrn. In Bad Kohlgrub selbst finden wir ein paar Dorfwirtschaften, die ebenfalls empfehlenswert sind.

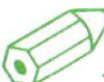

TOURISTINFO

Kur- und Tourist-Information im Haus des Gastes
Hauptstraße 27 • 82433 Bad Kohlgrub
Telefon: 08845/74220
www.ammergauer-alpen.de

ANFAHRT

Mit dem Auto: Auf der Garmischer Autobahn (A95) bis Ausfahrt Murnau/Kochelsee, dann auf der St. 2062 über Murnau nach Bad Kohlgrub; dort der Ausschilderung zur Hörnlebahn folgen. Gebührenpflichtiger Parkplatz an der Talstation.
Mit Bahn & Bus: Mit der Bahn von München über Weilheim nach Murnau; dort umsteigen in die Regionalbahn zum Bahnhof Bad Kohlgrub-Kurhaus, dann weiter zu Fuß auf aus geschilderten Wegen zur Talstation der Hörnlebahn.

KARTENHINWEIS Topographische Karte 1:50000 Blatt „Werdenfelser Land" (LDBV) oder Blatt „Ammergauer Alpen" (LDBV)

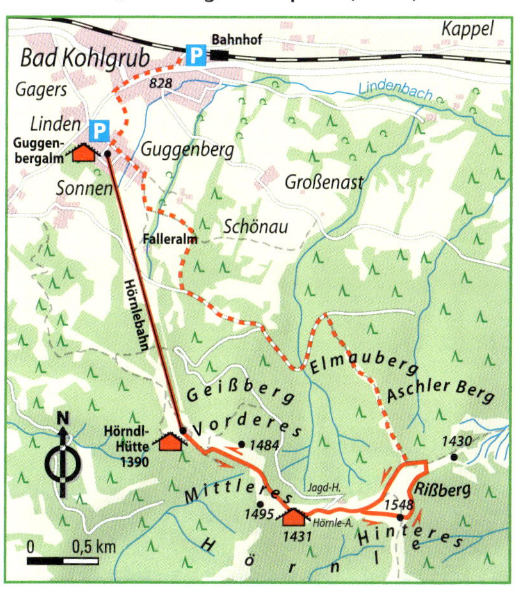

CHARAKTER

Leichte Wanderung auf breiten Wanderwegen. Die Gipfelabstecher entlang der Höhenroute erfolgen auf ungefährlichen Bergpfaden.

HÖHENUNTERSCHIEDE

Von der Bergstation zum Hinteren Hörnle: 160 Hm im Anstieg; Abstieg vom Hinteren Hörnle nach Bad Kohlgrub: 620 Hm

AUSGANGS- UND ENDPUNKT

Bergstation der Hörnlebahn (1380 m)

BERGBAHN

Hörnlebahn, Doppelsessellift mit Ganzjahresbetrieb (mit Ausnahme der Revisionszeiten im November und im April), täglich 9 bis 17 Uhr (letzte Talfahrt), im Winter 9 bis 16 Uhr; Tel. 08845/592, www.hoernlebahn.de

GEHZEITEN

Von der Bergstation zur Hörndlhütte wenige Minuten, von der Hörndlhütte zum Hinteren Hörnle 1 Std., Rückweg zur Bergstation 3/4 Std. Gesamtgehzeit: 2 Std. – Abstieg auf der Variante nach Bad Kohlgrub 1 Std.

EINKEHR

Hörndlhütte (1390 m), Alpenvereinshütte der Sektion Starnberg, ganzjährig bewirtschaftet, im November und im April Betriebsurlaub, 24 Lager (Übernachtung nur nach Voranmeldung); Tel. 08845/229, www.hoernle-huette.de
Hörnlealm (1431 m), Anfang Juni bis Anfang Oktober geöffnet, im Sommer Getränke und kleine Speisen erhältlich
Guggenbergalm an der Talstation, Mittwoch Ruhetag; Tel. 08845/758628, www.guggenberg-alm.de
Mehrere Gaststätten in Bad Kohlgrub

VON HOHENSCHWANGAU DURCH DIE PÖLLATSCHLUCHT

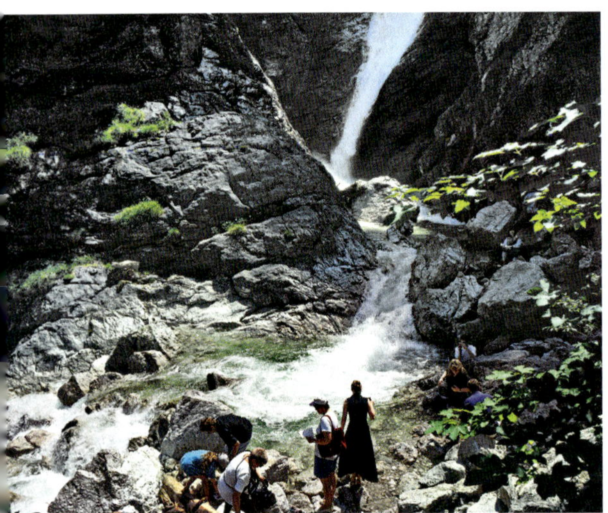

In der Pöllatschlucht

Einblicke und Ausblicke im König-Ludwig-Land

Im westlichen Teil des Ammergebirges gibt es nicht nur das größte geschlossene Waldgebiet, sondern auch das attraktivste Schloss des Märchenkönigs – Neuschwanstein. Mit Schloss Linderhof und Schloss Hohenschwangau finden wir hier drei Königsschlösser. Kein Wunder, dass die bayerischen Könige samt Anhang gerne zum Jagen hierherkamen. Einige der königlichen Jagdhäuser dienen heute als Einkehrstellen für Ausflügler und Wanderer.

Die Schluchtwanderung

Vom großen Parkplatz in Hohenschwangau zunächst in Richtung Schloss, bis zu einer Wegverzweigung, dort folgen wir dem ausgeschilderten Weg zum Schluchteingang. Der Auftakt ist bereits spektakulär, ein verankerter Eisensteg, der direkt über der hier engen Schlucht verläuft, führt uns in den Berg hinein. Ein Treppensteig führt uns anschließend in eine Ausbuchtung der Klamm, die sich ideal für eine Rast eignet. Weiter geht es dann auf breitem Wanderweg zum Aussichtspunkt auf den Pöllatfall. Hier verlassen wir die Schlucht und steigen hinauf zum Schloss Neuschwanstein (falls die Pöllatschlucht noch gesperrt ist, direkt zum Schloss aufsteigen). Wir wandern dann links weiter zum Aussichtspunkt Jugend und zur Marienbrücke, wo wir herrliche Ausblicke genießen. Kurz dahinter ist der Buswendeplatz, dort folgen wir der Ausschilderung des „Brunnenstubenwegs“ auf der rechten Seite der tief eingeschnittenen Pöllat durch schönen Wald in die Bleckenau. – Die Rückkehr erfolgt auf der anderen Bachseite auf dem Fahrweg bzw. mit dem Pendelbus.

FÜR DEN GAUMEN

Das Berggasthaus Bleckenau liegt ja im ehemaligen königlichen Jagdgebiet, und daraus bezieht auch

EXTRA-TIPP

Schloss Neuschwanstein ist der Inbegriff eines romantischen mittelalterlichen Schlosses. Aber wie so manches andere im Leben, handelt es sich hier nur bedingt um ein Original. Ludwig II., der sogenannte Märchenkönig, hat sich dieses Schloss im späten 19. Jahrhundert bauen lassen. Umgesetzt wurde der Bau von den Architekten Eduard Riedel und Georg Dollmann. Beim Tod des Königs war erst ein Teil fertig; die übrigen Arbeiten wurden bis zum Jahre 1892 zum Abschluss gebracht. Öffnungszeiten: Von April bis September täglich 9 bis 18 Uhr, im Winterhalbjahr täglich 10 bis 16 Uhr. Tel. 08362/93083-0, www.neuschwanstein.de

KARTENHINWEIS Topographische Karte 1:50000 Blatt „Füssen“ (LDBV)

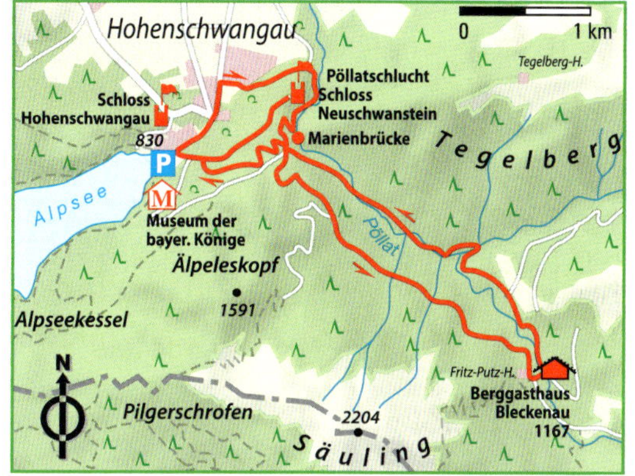

die heutige Küche ihre Tradition. Reh, Gams und Hirsch sind also gut auf der Speisekarte vertreten. Ein besonderer Leckerbissen ist der frisch zubereitete Aufbruch (Innereien), der mit frischen Bergkräutern, Majoran und selbst gemachtem Hirschfond zubereitet wird, dazu gibt es Semmelknödel oder Spätzle. Oder man wird mit Hirschgulasch, Linseneintopf, Schweinsbraten oder gebackenem Leberkäs glücklich.

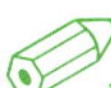

TOURISTINFO

Tourist-Information Schwangau
Münchner Straße 2 • 87645 Schwangau
Telefon: 08362/81980
www.schwangau.de

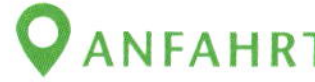

ANFAHRT

Mit dem Auto: Auf der A7 und der B309/310 über Füssen nach Schwangau oder über die B17 über Schongau und Halblech nach Schwangau und weiter nach Hohenschwangau. Großer, gebührenpflichtiger Parkplatz am Ende der Straße direkt vor dem Alpsee.

Mit Bahn & Bus: Mit der Bahn von München (umsteigen in Buchloe) oder Augsburg nach Füssen; von dort weiter mit RVA-Bus nach Hohenschwangau.

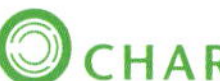

CHARAKTER

Gut gesicherter Steig durch die Pöllatschlucht, dann leichte Wanderung auf breitem Wanderweg bzw. Wirtschaftsweg

HÖHENUNTERSCHIEDE

Vom Wanderparkplatz durch die Pöllatschlucht zur Marienbrücke (984 m): 154 Hm; von der Marienbrücke zum Berggasthaus Bleckenau: 190 Hm

AUSGANGS- UND ENDPUNKT

Großparkplatz in Hohenschwangau (830 m)

GEHZEITEN

Vom Großparkplatz durch die Pöllatschlucht zur Marienbrücke 1 1/4 Std.; Weiterweg zum Berggasthaus Bleckenau 1 1/4 Std.; Rückweg nach Hohenschwangau 1 1/4 Std. Gesamtgehzeit: 4 1/4 Std.

EINKEHR

Zahlreiche Gaststätten in Hohenschwangau
Berggasthaus Bleckenau (1167 m), ganzjährig bewirtschaftet, Tel. 08362/8809878,
www.berggasthaus-bleckenau.de

... UND NOCH EIN TIPP

Vom Berggasthaus Bleckenau existiert ein Pendelverkehr hinab nach Hohenschwangau. Falls wir einfach nur „faul“ sein wollen, eine ideale Ergänzung zu unserer Wandertour. Und da die Rückkehr eh auf einem Wirtschaftsweg erfolgen würde, fällt uns die Entscheidung doppelt leicht.

50 DER ALPSEE MIT BLICK AUF DIE KÖNIGSSCHLÖSSER

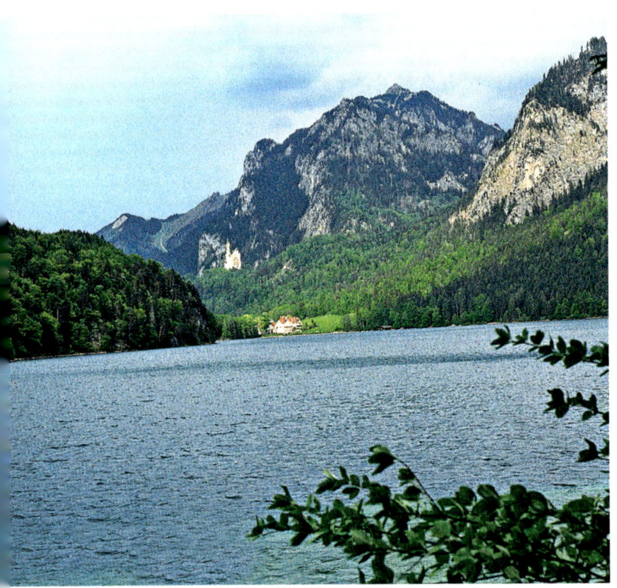

Alpsee mit Tegelberg

Baden und Kultur im Ostallgäu

Im Alpsee bei Hohenschwangau spiegeln sich die beiden Königsschlösser Hohenschwangau und Schloss Neuschwanstein. Beide weisen eine hohe Besucherfrequenz auf. Doch nur wenige Meter davon entfernt können wir eine reizvolle Wanderung unternehmen, die weder eine großartige Kondition noch eine besondere Ausrüstung erfordert.

Am Weg liegt eine Badeanstalt mit Einkehr, die herrlichen Ausblicke auf die Natur gibt es gratis und am Weg liegen schöne Plätze zum Rasten. Aber Achtung: Gebadet werden darf im Alpsee nur bei der Badeanstalt!

Die Seeumrundung

Wir starten unsere beschauliche Runde am großen Parkplatz am Fuß der Königsschlösser und schlendern vor zum Alpsee. Dort geht es zunächst links am Restaurant „Alpenrose am See“ (dort befindet sich auch das Museum der „bayerischen Könige“) vorbei, dann bleiben wir immer auf dem breiten Uferweg und halten auf die Badeanstalt zu. Falls wir hier nicht baden wollen, könnte uns jedoch die Terrasse zu einer Einkehr verlocken. Der Uferweg dahinter wird dann allmählich schmäler und auch abwechslungsreicher. Das Seeufer bricht hier stellenweise stark ab und wurde daher mit Holzbrücken und Holzstegen begehbar gemacht. Am oberen Ende des Sees genießen wir dann den herrlichen Blick auf die beiden

EXTRA-TIPP

Schloss Hohenschwangau liegt zwar im Schatten von Schloss Neuschwanstein, hat aber den Vorzug, zumindest auf historischem Boden zu stehen. Doch auch dieses Schloss wurde erst im Jahre 1833 erbaut, nachdem der Vorgängerbau in den Napoleonischen Kriegen zerstört worden war. Das Schloss war im Mittelalter Sitz der Herren von Schwangau und damit Lehensträger der Welfen und Staufer. Der Neubau wurde im Stil der englischen Neugotik errichtet, im Inneren orientierte er sich am Zeitgeist der Romantik, die den Themen der germanischen Sagen und der deutschen Geschichte verhaftet war. Die Räume sind mit Gegenständen aus der Erbauungszeit ausgestattet.
Öffnungszeiten: Von April bis September täglich 7.30 bis 17 Uhr, im Winterhalbjahr 8.30 bis 15 Uhr.

Königsschlösser, die sich jeweils links und rechts auf den Anhöhen erheben. Bald ist dann das Marienmonument erreicht, das an die bayerische Königinmutter Ludwigs II. erinnert. Falls wir bisher noch keine Rast eingelegt haben, hier ist ein schöner Platz dafür.

Wir wandern dann weiter am Ufer entlang, bald jedoch steigt unser Weg an und führt uns durch den hier steilen und bewaldeten Uferhang hinauf zur Fürstenstraße. Kurz davor erreichen wir den Aussichtspunkt „Pindarplatz", wo das Seeufer senkrecht abfällt und wir den Blick auf den blauen See sowie auf die Königsschlösser genießen. Ein schöner Platz zum Ausharren und Genießen. Idylle pur, keine Menschenmassen, keine das Bild störende Gebäude.

Das letzte Stück wandern wir dann auf der befestigten Fürstenstraße hinab zum Großparkplatz.

FÜR DEN GAUMEN

In Hohenschwangau bzw. in Nähe des großen Parkplatzes für die Besucher der beiden Königsschlösser gibt es mehrere Gaststätten zum Einkehren. Wir haben jedoch auch die Möglichkeit, direkt an unserer Wanderroute auf die Verpflegung aus dem Rucksack zu verzichten und die Beine unter einen Wirtshaustisch auszustrecken. Diese Gelegenheit bietet sich bei der Badeanstalt am Südufer (mit Kiosk).

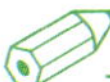

TOURISTINFO

Tourist-Information Schwangau
Münchner Straße 2
87645 Schwangau
Telefon: 08362/81980
www.schwangau.de

KARTENHINWEIS **Topographische Karte 1:50000 Blatt „Füssen" (LDBV)**

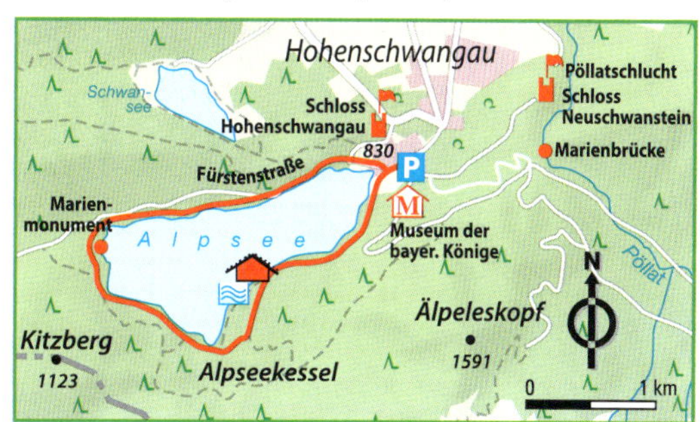

ANFAHRT

Mit dem Auto: Auf der A7 und der B309/310 über Füssen nach Schwangau oder über die B17 über Schongau und Halblech nach Schwangau und weiter nach Hohenschwangau. Großer, gebührenpflichtiger Parkplatz am südwestlichen Ortsende.
Mit Bahn & Bus: Mit der Bahn nach Füssen; von dort weiter mit RVA-Bus nach Hohenschwangau.

CHARAKTER

Leichte Wanderung auf breitem Wanderweg bzw. Wirtschaftsweg. Ein paar schmale Brückchen und Stege. Kurzer Anstieg zur Fürstenstraße auf Bergsteig.

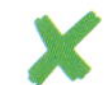

HÖHENUNTERSCHIEDE

Überwiegend eben! Insgesamt etwa 130 Hm

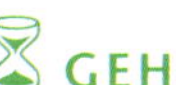

AUSGANGS- UND ENDPUNKT

Großparkplatz in Hohenschwangau (830 m)

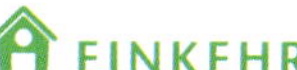

GEHZEITEN

Gesamtgehzeit für die komplette Runde: 2 Std.

EINKEHR

Zahlreiche Gaststätten in Hohenschwangau
Restaurant bei der Badeanstalt am Alpsee

Tourenübersichten

Um Ihnen die Auswahl bei der Tourenplanung zu erleichtern, haben wir uns um eine kleine Charakterisierung der einzelnen Wanderungen bemüht. Je nach Jahreszeit, Kondition, Bergerfahrung, zur Verfügung stehende Zeit, Umständen oder eine erforderliche Rücksicht auf Wanderbegleiter sind die Ansprüche selbst an eine einfache Wanderung zu bestimmten Zeiten sehr unterschiedlich. Hier wollen wir Ihnen ein bisschen Orientierungshilfe geben.

Wanderungen bis 100 Höhenmeter

Die hier angegebenen Höhenmeter beziehen sich rein auf die einfache Anstiegsroute zum Tourenziel, nicht den Abstieg oder den Abstecher auf einen Gipfel.

Tour 4 Jenner
Tour 5 Obersee
Tour 9 Soleleitungsweg
Tour 15 Schmugglerweg
Tour 18 Zur Steinlingalm
Tour 26 Wallberg
Tour 27 Siebenhüttenalm
Tour 34 Zum Walchensee
Tour 36 Rund um den Barmsee
Tour 39 Durchs Murnauer Moos
Tour 40 Von Benediktbeuern zum Kochelsee
Tour 43 Rund um den Eibsee
Tour 46 Von Oberammergau nach Linderhof

Ideal für die Anfahrt mit Bahn + Bus

Anfahrt mit der Bahn

Wanderungen, bei denen Sie direkt vom Bahnhof losmarschieren können:

Tour 8 Auf den Predigtstuhl
Tour 20 Ins Herz des Kaisergebirges
Tour 32 Von Lenggries zur Denkalm
Tour 33 Auf das Brauneck
Tour 36 Wanderung zum Barmsee
Tour 37 Runde über den Kranzberg
Tour 38 Durch die Leutaschklamm
Tour 40 Von Benediktbeuern zum Kochelsee
Tour 43 Rund um den Eibsee
Tour 45 Auf den Kofel
Tour 46 Von Oberammergau nach Linderhof
Tour 47 Rund ums Ettaler Manndl
Tour 48 Von Bad Kohlgrub aufs Hörnle

Anfahrt mit Bahn & Bus

Wanderungen, bei denen Sie vom Bahnhof mit einem Bus (ohne Umsteigen) direkt zum Ausgangspunkt kommen:

Dies gilt für nahezu alle Touren mit Ausnahme der Touren 2, 11, 15, 16, 19, 22, 24, 39

Wanderungen mit Gipfeleinlage

Wenn noch etwas überschüssige Energie vorhanden ist, genießen wir auch gerne einen freien Gipfelblick (denn nur bei wenigen Wanderungen ist der Gipfel selbst das Ziel).

Tour 2 Barmsteine
Tour 3 Kneifelspitze
Tour 4 Jenner
Tour 8 Karkopf
Tour 9 Toter Mann
Tour 16 Hochplatte
Tour 19 Heuberg
Tour 21 Pendling
Tour 22 Rehleitenkopf
Tour 23 Schwarzenberg
Tour 26 Wallberg und Setzberg
Tour 31 Zwieselberg
Tour 33 Brauneckgipfel
Tour 35 Herzogstand
Tour 37 Kranzberg
Tour 45 Kofel
Tour 47 Ettaler Manndl
Tour 48 Die drei Hörnle-Gipfel

Wanderungen zu Bergseen

Auf diesen Touren können wir – mit Ausnahme des Frillensees – die Badesachen mit einpacken.

Tour 5 Obersee
Tour 11 Frillensee
Tour 22 Bichlersee
Tour 25 Spitzingsee
Tour 34 Walchensee
Tour 36 Barmsee
Tour 37 Ferchensee und Lautersee
Tour 40 Kochelsee
Tour 43 Eibsee
Tour 44 Pflegersee
Tour 47 Soilesee
Tour 50 Alpsee

Wanderungen mit Übernachtung

Auf diesen Wanderungen bietet sich eine Übernachtung an, weil die Tour etwas länger ist, ein großartiger Sonnenaufgang lockt bzw. die Hütte oder Alm besonders gemütlich ist.

Tour 6 Wimbachgrieshütte
Tour 11 Steineralm
Tour 21 Kufsteiner Haus
Tour 24 Mariandlalm
Tour 28 Buchsteinhütte

Ganzjährig geöffnete Almen, Hütten und Berggasthäuser

Hier sind Einkehrmöglichkeiten genannt, die lediglich für kurze Zeit – also Betriebsurlaub oder Revision der nahegelegenen Bergbahn – geschlossen sind. Diese Ziele eignen sich teilweise auch für Winterwanderungen.

Tour 3 Paulshütte
Tour 4 Jenner-Bergstation
Tour 8 Almhütte Schlegelmulde
Tour 9 Hirschkaser, Gasthaus Söldenköpfl, Gasthaus Gerstreit, Gasthaus Zipfhäusl
Tour 11 Forsthaus Adlgaß
Tour 12 Kaitelalm
Tour 13 Nattersbergalm, Hindenburghaus
Tour 18 Sonnenalm, Steinlingalm
Tour 19 Laglerhütte, Deindlalm, Wagneralm
Tour 20 Pfandlhof, Hinterkaiserhof
Tour 23 Tregleralm
Tour 24 Mariandlalm
Tour 25 Obere und Untere Firstalm
Tour 26 Wallberghaus
Tour 28 Buchsteinhütte
Tour 29 Schwarzentennalm
Tour 30 Aueralm
Tour 31 Blomberghaus
Tour 32 Denkalm
Tour 33 Brauneck-Gipfelhaus, Tölzer Hütte, Quengeralm, Stiealm
Tour 39 Gasthaus Ähndl
Tour 40 Klosterbräustüberl
Tour 42 Berggasthaus Eckbauer
Tour 44 Gasthaus St. Martin, Gasthaus Pflegersee, Werdenfelser Hütte
Tour 48 Hörndlhütte
Tour 49 Berggasthaus Bleckenau

Wanderungen durch Klammen

Bei diesen Touren erkunden wir Wege, die ins Berginnere führen. Vor Nässe wird gewarnt.

Tour 1 Almbachklamm
Tour 6 Wimbachklamm
Tour 10 Weißbachschlucht
Tour 15 Entenbachklamm
Tour 38 Leutaschklamm
Tour 42 Partnachklamm
Tour 49 Pöllatschlucht

Wanderungen mit der Bergbahn

Auf diesen Touren können wir eine Bergbahn einbinden, ja, sie bringt uns in idealer Weise schnell in die Höhe und wir starten dann bereits auf der Höhe unbeschwert los.

Tour 4 Jennerbahn
Tour 8 Predigtstuhlbahn
Tour 16 Hochplattenbahn
Tour 18 Kampenwandbahn
Tour 26 Wallbergbahn
Tour 31 Blombergbahn
Tour 33 Brauneckbahn
Tour 35 Herzogstandbahn
Tour 37 Kranzbergbahn
Tour 42 Eckbauerbahn
Tour 45 Kofelbahn
Tour 47 Laberbergbahn
Tour 48 Hörnlebahn

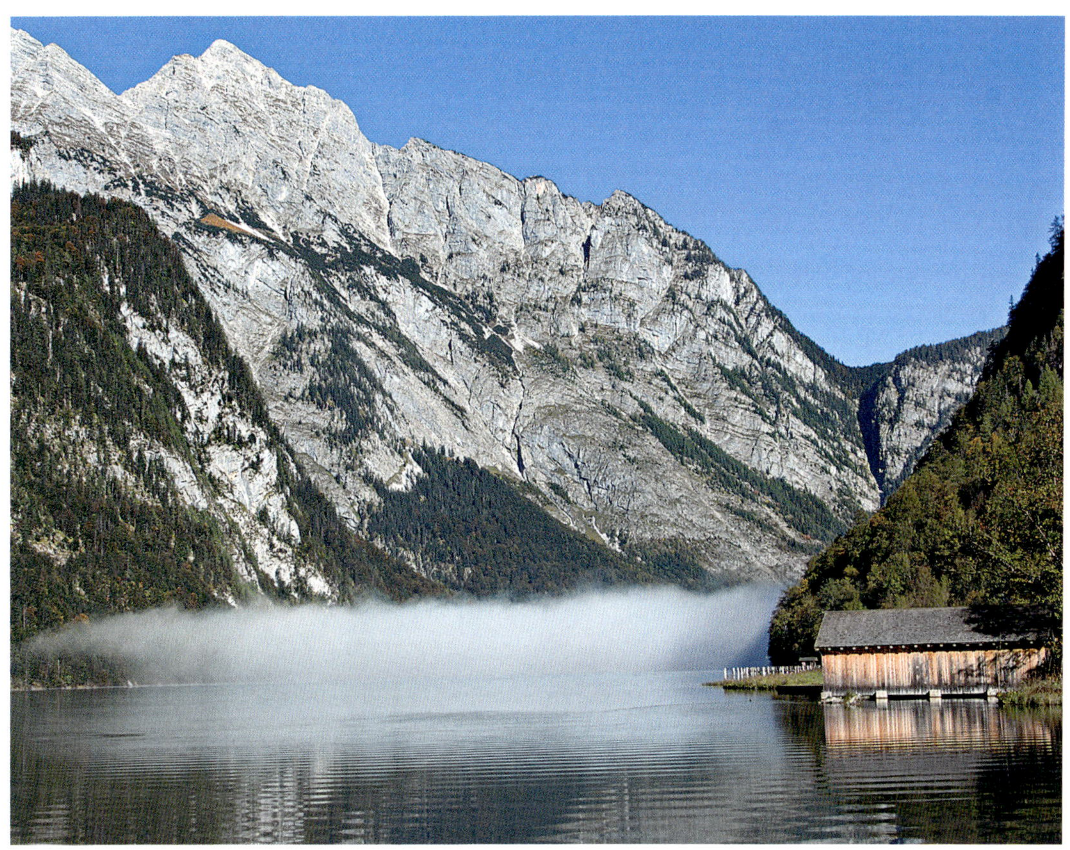

Romantische Stimmung am Königssee

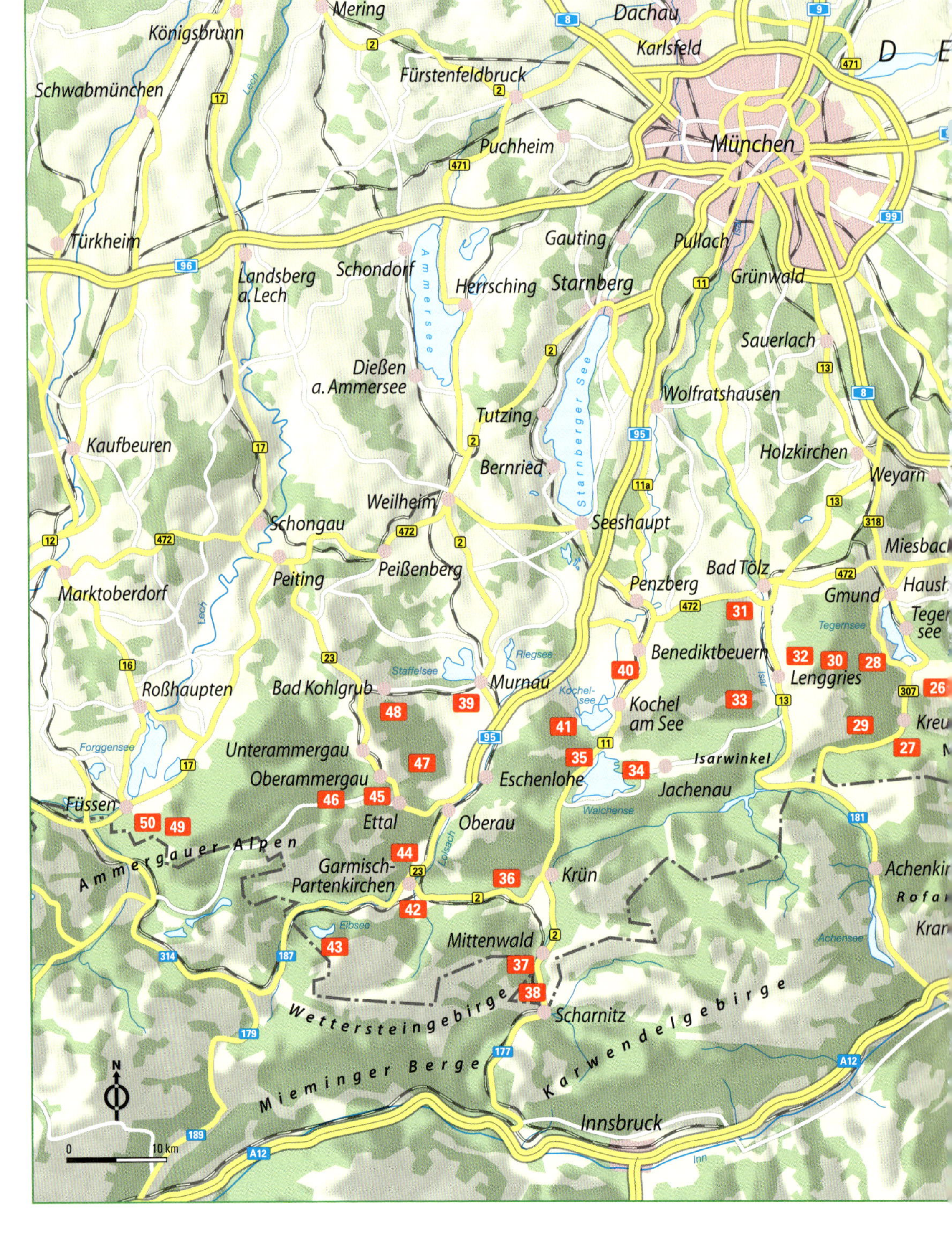

Mering
Königsbrunn
Dachau
Karlsfeld
D
Fürstenfeldbruck
Schwabmünchen
München
Puchheim
Türkheim
Gauting
Pullach
Schondorf
Landsberg a. Lech
Herrsching
Starnberg
Grünwald
Ammersee
Sauerlach
Dießen a. Ammersee
Wolfratshausen
Tutzing
Starnberger See
Kaufbeuren
Holzkirchen
Bernried
Weyarn
Weilheim
Schongau
Seeshaupt
Peißenberg
Peiting
Marktoberdorf
Bad Tölz
Penzberg
Gmund
Tegernsee
Benediktbeuern
Staffelsee
Riegsee
Lenggries
Roßhaupten
Bad Kohlgrub
Murnau
Kochelsee
Kochel am See
Forggensee
Unterammergau
Oberammergau
Isarwinkel
Eschenlohe
Jachenau
Füssen
Ettal
Oberau
Walchensee
Ammergauer Alpen
Garmisch-Partenkirchen
Krün
Eibsee
Mittenwald
Achensee
Wettersteingebirge
Scharnitz
Karwendelgebirge
Mieminger Berge
Innsbruck
Inn
Lech
Loisach
Isar
N
0
10 km
31 32 30 28 26 40 33 29 27 39 48 41 35 34 47 46 45 50 49 44 36 42 43 37 38